AF357303

# LES "PREMIÈRES" DE MOLIÈRE

# Henry LYONNET

# LES "PREMIÈRES" DE MOLIÈRE

Préface de Jules TRUFFIER

PARIS
LIBRAIRIE DELAGRAVE
15, RUE SOUFFLOT, 15

1921

# PRÉFACE

*La superfluité des préfaces est notoire, et cependant on semble y attacher encore quelque prix ; tant il est vrai qu'ici-bas on ne saurait se priver du superflu.*

*La litanie des petits « hors d'œuvre » laudatifs enregistrés en tête des ouvrages de nos pères, les préludes élogieux signés de noms plus ou moins célèbres et tenant lieu pour les auteurs de brevets d'exellence, tous ces appels tant à la curiosité qu'à la bourse des amateurs, ne sont point devenus « vieux jeu » pour le public, ce public que nous croyons sceptique... et qui reste toujours le même.*

*Réjouissons nous donc de ce statu quo, et profitons de la mode tenace qui nous permet aujourd'hui de signaler à l'attention générale un bon livre qu'il « fallait faire ». En avoir eu l'idée eût été déjà très louable ; mais réalisée, cette idée est admirable et digne d'un moliérophile.*

*Les Premières de Molière n'auraient pas besoin pour être remarquées du public des soixante-sept pièces polyglottes placées en tête des Chevilles de Maître Adam Billaut, ni des soixante-dix-sept opuscules précédant la Muse naissante du jeune Beauchasteau, dont, au XVIIe siècle, se délectaient nos aïeux.*

*L'auteur du présent livre est l'un des hommes de France qui le mieux connaissent l'Histoire du Théâtre. Nous devons à M. Henry Lyonnet, outre de précieux ouvrages :* le Théâtre en Espagne, le Théâtre en Portugal, le Théâtre en Italie, Pulcinella et Cie, la Commedia dell'arte en France, les Comédiens révolutionnaires, etc., *cet inestimable Dictionnaire des Comédiens français en deux volumes, devenus rares, dont un habile Mécène des lettres dramatiques nous devrait bien donner une édition nouvelle, considérablement augmentée.*

C'est à juste titre que nous nous plaignions, lors de l'apparition de ce Dictionnaire, de l'absence de documents généraux, groupés et réunis sur notre Théâtre en France, car si l'histoire des monuments, salles, entreprises, directions, etc., reste difficilement réalisable, l'histoire des pièces représentées se pourrait effectuer en recourant aux travaux d'un Joannidès et de ses émules, sans parler des archives inexplorées du Bureau des Théâtres au Ministère des Beaux-Arts. Il n'y faudrait qu'une longue patience et... la certitude de trouver un éditeur. Il en irait de même pour l'histoire des auteurs, grâce aux bulletins de notre Société de la rue Henner ; et quant à l'histoire des comédiens, elle n'est plus qu'à compléter après le premier travail accompli par M. Henry Lyonnet, travail qu'il continue en notes manuscrites. Ne désespérons donc pas de posséder un jour un « Ensemble » de connaissances théâtrales, digne d'un pays où l'Art dramatique tient tant de place.

D'autre part, les trop pesantes Encyclopédies effrayent un peu le public, et les livres coûtent cher aujourd'hui ! Mieux vaut donc, d'abord, sérier les travaux et les offrir séparément, au fur et à mesure de leur apparition.

C'est ce que fait en l'occurrence notre sagace moliériste, qui profite de la célébration du tri-centenaire de Molière pour publier ce «registre» plus détaillé, plus à notre portée que celui de La Grange, et fécond en renseignements de toutes sortes. Le présent recueil des Premières de Molière doit devenir, je le répète, le bréviaire de tout français moliérisant.

Au lendemain de la guerre de 1870-71, une recrudescence d'affection pour l'œuvre de Molière se fit sentir au cœur de maints jeunes gens épris de théâtre. C'est à cette époque que *Georges Monval entrait avec moi au Conservatoire, en même temps que Albert Carré, Baillet, Mmes Barretta, Bartet, Réjane,* etc. *Monval restera le modèle achevé du « Moliériste » militant. Ce fut lui qui décida Ballande à célébrer le bi-centenaire de la mort de Molière au Théâtre Italien en février* 1873, *et qui s'occupa de toutes choses. J'ai conté dans le* Figaro *quelques anecdotes sur cette Exposition de la Salle Ventadour.*

*Dès cette époque, Monval avait tenté de fonder sa Revue :* Le Moliériste ; *mais ses ressources de jeune avocat et d'apprenti comédien étant modestes, ce ne fut qu'à partir d'avril* 1879 *qu'il put offrir au public, le* 1er *de chaque mois, en in-8° carré, imprimé à la presse à bras sur papier vergé des Vosges, en caractères elzéviriens, cet organe de la petite église littéraire dont nous faisions partie, et que l'on compara gaîment aux Annales de propagation de la foi de notre religion spéciale. Le premier numéro contenait un sonnet-frontispice, « Aux Moliéristes » de François Coppée ; le second, un sonnet de Jules Truffier :* «l'Enterrement nocturne de Molière ».

*C'est en cette année* 1879, *que parut à la maison Hachette le tome IV du* Molière *des grands écrivains de la France, cette belle et définitive édition, commencée par le regretté Eugène Despois, continuée puis mise à fin par* MM. Paul Mesnard *et* A. Desfeuilles. *On n'a pas assez proclamé quel admirable outil devint pour nous tous, après la publication des treize volumes et de l'album, cet incomparable monument dont les architectes étaient si modestes, si simplement accueillants. Qu'ils reçoivent ici l'hommage profondément tendre et reconnaissant d'un « comédien français » qui vécut, en somme, du merveilleux labeur de ces maîtres vénérés.*

*Pour en revenir au Moliériste, nous avouerons que cette Revue si féconde en trouvailles piquantes au cours des premiers temps, ne fut plus à la longue — la matière s'épuisant — que le vain refuge de polémiques et de renseignements plus ou moins négligeables. Elle cessa*

*d'ailleurs de paraître en 1889, et, coïncidence curieuse,
ce fut à partir de ce moment que le classique subit une
sorte, je ne dirai pas d'éclipse, mais de « crise ». La
« tranche de vie » faisant fureur, on fut un peu désorienté
par les audaces « d'avant-garde » que l'on prenait pour de
la force. Les jeunes « souriceaux » se disant libérés, trai-
taient du haut de leur supériorité primaire, le Répertoire
de : caduc, et les artistes sincères qui s'en occupaient
« d'esclaves du passé », de « traditionnards »...*

    Sotte et fâcheuse humeur de la plupart des hommes,
    Qui, suivant ce qu'ils sont, jugent ce que nous sommes...

*dit Mathurin Régnier. Il est plus facile de brûler le
Temple d'Éphèse que de le bâtir.*

*Un prurit de dévastation animait ces naïfs révolution-
naires dont le mot d'ordre semblait être avant tout :
«Guerre à la discipline ». Nous avons vu le résultat de ces
dissolvantes théories à quoi l'on doit le malaise actuel du
théâtre de « style ».*

*S'obstiner alors à garder aux vers leur nombre de
syllabes, se faire entendre du public, proclamer la nécessité de cet indispensable « style », ne point confondre la
vulgarité avec le vrai, le naturel ; continuer ce qui doit
être au théâtre, en cultivant la vérité choisie, parce qu'il
n'y a pas deux façons d'être un « artiste » digne de de ce
nom; bref, l'observance de ces vertus cardinales vous désignait à l'animadversion des nouveaux prophètes et de
leurs disciples.*

*Mais, la volte-face étant ce qu'il y a de mieux compris
dans les révolutions, les plus malins ne tardèrent pas à se
calmer, puis à se prétendre plus moliéristes que les enfants
de Molière eux-mêmes ! Des temps meilleurs se levèrent
enfin, grâce à la ténacité de quelques traditionnalistes
impavides sur qui les injures et les menaces n'eurent et
n'auront jamais de prise.*

*C'est à qui, maintenant, se vient offrir pour faire la
chaîne et passer, avec l'eau lustrale, le flambeau de Molière
aux lampadophores plus ou moins convaincus. Or, on ne*

devient pas moliériste du jour au lendemain ; il y faut quelque entraînement, et le présent livre sera d'un grand secours aux prosélytes si bien intentionnés. En quarante-huit heures, ils en sauront autant que nous.

L'auteur — modeste à l'excès — nous assure que son entreprise n'apprendra rien aux moliéristes avertis (ce en quoi il se trompe, car les plus entraînés ont parfois la mémoire courte et demandent à être promptement renseignés). Espérons que son effort ne sera pas vain, puisqu'il réduira de beaucoup, en faveur des esprits curieux, la peine de chercher dans les archives, dans les bibliothèques publiques ou privées, des documents souvent épars et peu connus ; et, — ce qui n'est point à négliger en ces temps de « vie hors de prix » — permettra de se procurer maints livres rares dont l'acquisition, quand elle en est possible, devient de plus en plus inabordable.

M. Henry Lyonnet a voulu donner — et il y a réussi — une idée exacte du milieu dans lequel vécurent, circulèrent Molière et les personnages qu'il coudoya ; des villes et des salles où furent jouées les pièces, parmi différentes atmosphères, des endroits où ces pièces furent conçues, exécutées, interprétées.

Ce ne sont donc point des découvertes sensationnelles mises à jour, ni de profondes études moliéresques à la Beffara, Taschereau, Bazin, Fournier, Soulié, Vitu, Monval, Loiseleur, Larroumet, Michaut, Coüet et autres, que nous offre M. Henry Lyonnet ; c'est un vivant kaléïdoscope qu'il se plaît à développer devant nos yeux, dans la manière de cette « imagerie scénique » si goûtée actuellement, en y employant un texte dont la brièveté, la clarté ne sont pas les moindres agréments.

Le Cycle des « Premières de Molière » est clos avec le Malade imaginaire, et M. Lyonnet a judicieusement remis dans leur cadre les portraits et les tableaux en les exposant sous leur véritable jour. Mais ce dont il faut féliciter l'excellent évocateur, c'est de s'être efforcé de nous donner une idée exacte de cette « vie » du XVII$^e$ siècle si mal connue même des gens de lettres. Nous en avons la preuve par les énormités contenues dans nombre de romans, de pièces ou d'articles d'auteurs notoires, et dans lesquels les personnages de Molière et de son entourage sont déformés comme à plaisir, et disent des choses étonnantes !

M. Henry Lyonnet n'a pas dédaigné non plus quelques petits côtés de notre « petit monde », et ses brèves annotations nous aident souvent mieux que d'interminables dissertations à goûter tant d'œuvres passionnantes dès leur apparition. Nous aimons, pour ainsi dire, mieux encore un chef-d'œuvre, lorsque nous nous imaginons avoir assisté à sa première représentation.

Il manquerait cependant au recueil, avant les débuts de Molière, ce que j'appellerai « la Première des Premières », cette réunion du 30 juin 1643, à Paris, chez les Béjart, où se décida la cause de Jean-Baptiste Poquelin, où fut signé le contrat de l'association initiale de l'Illustre Théâtre.

J'ai cru devoir donner autre part, un aperçu dialogué de ce qui avait pu être dit et fait dans cette journée « historique » de la jeunesse du poète, entre J.-B. Poquelin et ses amis. Je compte publier cette reconstitution dans la « Comédie des Comédiens » que nous préparons avec mon ami Lyonnet, et dont le chapitre premier sera tout naturellement : « Chez-les-Béjart ».

Jules Truffier.

# LES PREMIÈRES DE MOLIÈRE

## CHAPITRE PREMIER

### L'ÉTOURDI ou LES CONTRETEMPS

Comédie en vers en 5 actes.
Lyon : Janvier ou Mars 1653.

*Arrivée de Molière à Lyon. — Premiers déboires à Paris. — La troupe reconstituée à Nantes et sa composition. — Pérégrinations en province. — Passage à Grenoble. — Les spectacles à Lyon et les jeux de paume. — Molière sur la paroisse Saint Paul. — Mariage de du Parc. — Installation d'un théâtre. — Représentation au profit des pauvres. — Première représentation à Lyon de l'Étourdi (mars 1653). — Succès de l'ouvrage.*

Nous sommes à Lyon, à la fin de l'année 1652. Les amateurs de spectacle apprennent qu'une troupe dramatique française vient d'arriver en leur ville, et cette nouvelle n'est pas sans intérêt pour des gensqui, depuis un demi-siècle, ont vu passer les meilleures et les plus célèbres compagnies d'acteurs italiens. Ceux-ci, en effet, se rendant à la Cour de France, appelés par Marie de Médicis, sous les règnes d'Henri IV et de Louis XIII, s'arrêtaient invariablement à Lyon, à l'aller et au retour, inspirant ainsi en cette ville, le goût du répertoire italien.

Mais, cette fois, il s'agit bien d'une troupe *française.* D'où vient-elle ? Du Languedoc, à coup sûr, mais en passant par Grenoble où elle se trouvait encore au mois d'août précédent (1). Cette troupe, qui depuis

---

(1) 16 août 1652. — Baptême à Grenoble d'un enfant du ménage de Brie. Parrain : J.-B. Molière ; marraine : Madeleine Béjart,

1

sept ans parcourait les provinces avec des vicissitudes diverses, était celle appelée « de la Béjart ».

Les débuts de Molière dans la carrière dramatique ont été maintes fois racontés. A l'âge de vingt-et-un ans, le fils du tapissier de la rue Saint-Honoré (1) s'est jeté à corps·perdu dans la comédie en fondant, avec la famille Béjart dont nous parlerons plus loin, l'*Illustre Théâtre*, d'abord au tripot de la Perle, rue de Thorigny, puis, après un premier déplacement à Rouen, au Jeu de paume des Mestayers, à Paris (2). Cette fois, la troupe a obtenu la protection de S. A. R. Gaston, duc d'Orléans. L'ouverture de ce jeu de paume (13, rue de Seine, 12-14, rue Mazarine), situé « aux fossés de Nesle », comme on disait alors, eut lieu le 1er janvier 1644. Le genre tragique fut celui adopté par nos jeunes comédiens.

Tous les biographes de Molière ont répété à satiété que les affaires n'y furent pas brillantes, et l'on connaît les vers du pamphlet de Le Boulanger de Chalussay :

> Les jours suivants n'étant ni festes ni dimanches,
> L'argent de nos goussets ne blessa point nos hanches,
> Car alors, excepté les exempts de payer,
> Les parents de la troupe et quelque batelier,
> Nul animal vivant n'entra dans notre salle.

Notons cependant un fait intéressant : le 28 juin,

(1) Jean Poquelin, dit Jean-Baptiste Molière, fils de Jean Poquelin, tapissier, et de Marie Cressé, son épouse, né rue Saint-Honoré, au coin de la rue des Vieilles-Etuves, avait été baptisé le 15 janvier 1622, à Saint-Eustache.

(2) *Le Jeu de paume des Mestayers ou l'Illustre Théâtre*, d'après les documents inédits, avec plans de restitution par Aug. Vitu, Paris, Alphonse Lemerre, 1883.

Le Bâlois Thomas Platter, venu à Paris en 1599, nous apprend que le total des jeux de paume, y compris ceux des faubourgs, pouvait être évalué à onze cents. En supposant que ce chiffre soit fort exagéré, il faut reconnaître que la moitié en constituerait encore un nombre fort respectable. Le goût pour cet amusement, au dire de ce voyageur, était si prononcé que, toutes les fois que l'on démolissait une maison, on établissait un jeu de paume sur son emplacement. Bon nombre n'étaient pas couverts. On les appelait des « tripots ». — *La Promenade à Paris au XVIIe siècle* par Marcel Poëte, Paris, Colin, 1913, p. 22.

à l'occasion de l'engagement d'un danseur, Jean Poquelin signa pour le première fois DE MOLIÈRE.

Le départ de Monsieur pour la guerre vint tout à coup porter à nos débutants un coup funeste. Le duc de Guise, qui le suit, leur a fait, il est vrai, présent de riches habits :

> La Béjart, Beys et Molière
> Brillants de pareille lumière
> M'en paraissent plus orgueilleux...

disent les *Stances* adressées à ce seigneur pour le remercier des cadeaux qu'il avait faits aux comédiens de toutes les troupes. Mais cette défroque n'emplit pas la caisse, et la compagnie s'endette. On quitte la rive gauche, et le théâtre est remonté au Jeu de paume de la Croix noire, rue des Barrés, au Port Saint-Paul (1). L'ouverture en est fixée au 8 janvier 1645. Les embarras s'accroissent. Du 2 au 4 août suivant, Molière est écroué pour dettes de son théâtre au Grand Châtelet, à la requête du maître chandelier, et il n'en sort que le 5, sous caution, grâce à Léonard Aubry, paveur des bâtiments du roi (2). Cette dette fut garantie par Poquelin père l'année suivante, et, coïncidence singulière, le fils de ce Léonard Aubry épousera plus tard Geneviève Béjart, une des actrices de la troupe reconstituée.

Il nous faut, en réalité, passer à l'année 1648 pour retrouver, à Nantes, la troupe groupée autour de Madeleine Béjart qui en est l'âme, et dirigée par Charles du Fresne, fils d'un peintre du roi, qui cumule les fonctions d'administrateur, de metteur en scène, et de peintre décorateur (3). Dans cette société, nous

(1) *La Salle du théâtre de Molière au Port St-Paul*, par Ph. Colardeau, Paris, J. Bonnassies, 1876.

(2) Eud. Soulié, *Recherches sur Molière*, Paris, Hachette, 1863.

(3) Il existe une lacune fort curieuse en ce qui concerne Molière pendant les années 1646-1647. De récents documents nous ont appris « qu'un comédien de S. A. R. converti par M. Olier » faisait partie de la maison de M. de Fontenay-Mareuil, ambassadeur à Rome en 1647. Or, si nous nous rappe-

allons voir réapparaître Molière, et c'est de Nantes que la troupe, recrutant partout sur son chemin des éléments sérieux, va commencer ses pérégrinations dans le Sud-Ouest et dans le midi de la France.

Madeleine Béjart atteint déjà la trentaine en 1648 (1). Femme de tête, esprit plein de ressources, elle calcule tout, prévoit tout, veille aux intérêts communs. Grâce à elle, la compagnie est la mieux pourvue, la plus magnifique en habits qu'il y ait en province. Pour le moment, elle joue les rôles tragiques, en attendant qu'elle devienne la soubrette idéale du théâtre de Molière.

Joseph Béjart, son frère aîné (2), associé dès le début à toutes les tentatives théâtrales de sa sœur Madeleine, a pour partage les premiers rôles, bien qu'il fût, ou qu'il ait été bègue, chose à peine croyable, mais qui nous est prouvée cependant par un acte dans lequel un médecin d'Angers s'était engagé à le guérir en vingt jours de « la difficulté de parler (3) ».

Geneviève Béjart, leur sœur (4), fait aussi partie de toutes les combinaisons dramatiques de la famille. Mais pour éviter la répétition du nom de Béjart, elle a adopté au théâtre le nom de sa mère, *Hervé*.

Charles du Fresne (5) avait déjà dirigé plusieurs

---

lons que Guise, ex-protecteur de la compagnie, que Modène, ex-amant de Madeleine Béjart, sont à Rome à cette même date, ainsi que le peintre Mignard qui deviendra par la suite un des plus grands amis de Molière, ne peut-on pas se demander si celui-ci, après avoir renoncé au théâtre à la suite de ses déboires, ne serait pas ce comédien converti, dont la présence est signalée en Italie ? Mais nous attendons encore le document qui nous le prouve.

(1) Baptisée à Saint-Gervais le 8 janvier 1618. Fille d'un huissier audiencier à la Grande Maîtrise des eaux et forêts.

(2) Né en 1616 ou 1617, d'une union contractée en 1615.

(3) L'acte fut passé à Paris le 14 avril 1644. Publié par la *Correspondance littéraire*, n° du 25 janvier 1869.

(4) Baptisée à Saint-Paul, le 2 juillet 1624.

(5) Charles de Postel, fils de Claude Du Fresne, peintre du roi, était né à Argentan vers 1611.

entreprises théâtrales lorsqu'il connut les Béjart (1).
En qualité de directeur de troupe, c'est lui qui adresse
aux munieipalités les demandes pour avoir l'autorisation de représenter la comédie (2). Il restera pendant
plus de dix ans attaché à la fortuno de la compagnie
où il tient les seconds rôles tragiques.

René Berthelot, dit du Parc, né à Nantes vers 1630,
était encore fort jeune lorsqu'il se trouvait à Carcassonne avec du Fresne en 1647. Son obésité précoce va
lui servir dans les rôles de valets, et ce René deviendra
bientôt *Gros-René*.

Mais lorsque les biographes écrivent que du Fresno
*entra* dans la troupe de Molière, ils se trompent évidemment, puisque c'est Molière qui, à cette époque, entra
dans la troupe de du Fresne (3).

C'est enfin Pierre Réveillon, comédien qui se trouvait déjà l'année précédente avec du Fresne et du Parc
à Carcassonne (4), et qui fait baptiser sa fille Isabelle
à l'église Saint-Léonard à Nantes, le 18 mai.

Suivons la caravane à Fontenay-le-Comte, Poitiers,
Chateauroux, Limoges (5), Angoulême. A Toulouse

---

(1) C'est ainsi que l'on constate son passage à Lyon, en 1643, où il assista
à Sainte-Croix à un mariage. En octobre 1647, sa présence est signalée à
Carcassonne.

(2) On a retrouvé une requête signée par lui à Fontenay-le-Comte le
9 juin 1648. (*Recherches sur le séjour de Molière dans l'Ouest de la France
en 1648*, par Benjamin Fillon, Fontenay-le-Comte, 1871.)

(3) C'est M. Moland qui, le premier, publia un extrait d'un registre municipal nantais, nous révélant qu'à la date du 23 avril 1648, le sieur Mor-
LIERRE (*sic*) comédien de la troupe du sieur du Fresne, venait solliciter du
corps de ville, la permission pour lui et ses camarades, de monter sur le
théâtre pour y représenter leurs comédies (*Registre des délibérations* de
1645 à 1650, Fol. 188 V°).

(4) Quittance de 500 livres signée du Fresne, du Parc et Réveillon à
Carcassonne, en octobre 1647.

(5) On n'a pas jusqu'ici de document certain établissant que Molière
ait été à Limoges, et cependant, comme l'a fait remarquer dans son étude
*Molière et les Limousins*, Limoges 1883, M. René Fage, on est persuadé
que Molière connaissait cette ville. Le traiteur Petit-Jean, la promenade
du cimetière des Arènes, l'Église Saint-Étienne, cités par M. de Pourceaugnac, ne sont pas de pures inventions, mais des réalités.

certainement avec du Fresne en mai 1649 (1), à Carcassonne et à Narbonne en décembre.

A Carcassonne, nous retrouvons le nom de Nicolas
Desfontaines, acteur-auteur, qui avait fait partie des
premiers camarades de Molière à Paris. Il mourut à
Angers le 4 février 1652 (2).

Enfin, le 10 janvier 1650, Molière est parrain à
St-Paul de Narbonne, et la marraine n'est autre que
Catherine du Rozet qui va devenir sous peu la femme
d'Edme Villequin, sieur de Brie.

Ainsi, peu à peu, se forme cette troupe qui va devenir
la première de toutes les troupes de France. Et quelle
acquisition ! Melle de Brie, l'éternelle ingénue de
Molière (3). Quant à son mari, âgé de 23 ans de plus
qu'elle, il se contentera de jouer les utilités (4). Ce
menu fait nous prouve, en passant, que les de Brie,
comme on l'a dit maintes fois, ne faisaient pas partie
d'une troupe rivale lorsque Molière vint à Lyon en
1652, mais qu'ils étaient déjà avec lui à Narbonne en
1650.

Continuons à tracer à grands traits les principales
étapes de cette odyssée. Le 13 février suivant, du Fresne
est à Agen où ont lieu des réjouissances à l'occasion
de la réinstallation de la Cour des aides (5). Du Fresne,
venant en ce jour rendre ses devoirs à la Maison de
Ville de la part de sa compagnie, dit fort bien qu'il est

----

(1) « 16 may 1649, payé au sieur Dufresne et autres comédiens de sa
troupe la somme de soixante et quinze livres pour avoir du mandement
de Messieurs les Capitouls joué et fait une comédie à l'arrivée en cette
ville du Comte de Roure, lieutenant général pour le roy en Languedoc. »
Cité par Emmanuel Raymond, *Journal de Toulouse*, 6 mars 1864.

(2) Le 21 décembre 1649, à Carcassonne, N. Desfontaines est parrain,
et le 26 décembre, Ch. du Fresne et Madeleine Béjart sont parrain et marraine à Saint Paul de Narbonne.

(3) Catherine Leclerc du Rozet était née vers 1630. On peut fixer la date
de son mariage avec de Brie aux environs de 1650.

(4) Edme Villequin, sieur de Brie, né à Ferrières en Brie e 24 octobre
1607, était le frère du peintre Etienne Villequin.

(5) *La Troupe de Molière à Agen*, par Adolphe Magen, Paris-Bordeaux,
1877.

en cette ville « par l'ordre » de Monseigneur le Gouverneur.

Le 24 octobre, ouverture des États à Pézenas. Le 17 décembre, en cette ville, Molière donne quittance de 4000 livres ordonnée aux comédiens par M.M. des États (1).

Les travaux de l'année suivante restent un peu dans l'ombre. Nous savons toutefois que Molière était à Paris pendant la semaine de Pâques (9 avril), et qu'il y signe une reconnaissance à son père des sommes dues (2). Le 16 août 1652, toute la troupe est à Grenoble où l'on procède au baptême du premier enfant des de Brie, Molière parrain, et Madeleine Béjart marraine (3).

Nous touchons au but.

Le 19 décembre, Molière est à Lyon, et Pierre Réveillon parrain en l'église Sainte-Croix.

Où vont avoir lieu les représentations de la nouvelle troupe ?

Il n'y avait pas alors à Lyon des salles de spectacle roprement dites. Le théâtre qu'avait fondé Jean Neyron, dans le quartier des Augustins, pour y jouer des farces et des moralités, n'existait plus depuis 1541. Et, lorsqu'en 1600, Henri IV et Marie de Médicis vinrent à Lyon, il fallut disposer la salle des clergeons St-Jean pour les représentations que les comédiens taliens devaient donner pendant le séjour de ces ouverains ; plus tard, vers le milieu du XVII$^e$ siècle les comédiens s'établissaient momentanément à Lyon, t louaient une salle de jeu de paume vers St-Paul (4).

Les avis des historiens lyonnais sont partagés. Les

(1) G. Monval, *Chronologie Moliéresque*, p. 84, Librairie des Bibliophiles, aris, 1897.

(2) Eud. Soulié, *Recherches sur Molière*, Paris, Hachette, 1863. Il s'agissait d'une reconnaissance générale de 1965 livres touchées en quatre fois e son père, en 1643, 1646-49, 1651. p. 64 et 227.

(3) Découverte due récemment à M. Prudhomme, archiviste de l'Isère.

(4) *Description historique de Lyon*, p. 166. — *Archives du Rhône* t. VIII, . 488. — *Molière à Lyon*, par A. Péricaud, Lyon, 1835.

uns pensent que le jeu de paume où joua Molière était
situé entre la rue de l'Angile et l'impasse de la Douane,
c'est-à-dire tout proche de St-Paul, ou encore rue
du Bœuf, dans le même quartier. Une note qui accompagne l'article « rue du Bœuf » (1), dit qu'il y avait
encore en 1828 les vestiges de sept jeux de paume
depuis la rue St-George jusqu'au quai de Bourgneuf,
bien que les registres de Saint-Paul ne nous aient fait
connaître jusqu'à présent qu'un jeu de paume dans
l'étendue de cette paroisse, celui du « porc scellé »,
du nom de son enseigne, et démoli en 1861 (2).

Et cependant M. Brouchoud, auteur des *Origines
du théâtre à Lyon*, incline plutôt pour le quartier de la
paroisse Sainte-Croix où cinq maîtres paumiers tenaient
des établissements de cette nature. C'est aussi à
Sainte-Croix que va se marier du Parc. Mais le fait de
se marier à la paroisse de la fiancée implique-t-il que
le fiancé habite sur la même paroisse ?

Il existait à Lyon depuis 1635 un « opérateur »
nommé Giacomo de Gorla, originaire des Grisons,
lequel de Gorla, ou de Gorle, avait comme les opéra-
teurs fameux de cette époque une troupe de comédiens
à son service. Cette troupe était dirigée par un certain
Abraham Mittallat, sieur de la Source, originaire
de Metz. Tous deux étaient associés (3). Le sieur de
Gorla possédait au moins une fille à laquelle il avait
donné les noms de Marquise, Thérèse en 1633. La
jeune Marquise—dont le prénom original fut souvent
confondu avec un titre—était fort belle... Du Parc
s'en éprit follement, et l'épousa à Lyon le 23 février
1653. Molière, du Fresne, Joseph Béjart et Pierre
Réveillon avaient signé le 19 au contrat. Nous verrons

(1) *Archives du Rhône*, t. VIII, p. 91.
(2) C. Brouchoud, les *Origines du théâtre de Lyon*, p. 37, Lyon, N. Scheu-
ring, 1865. — Nous dirons plus loin pourquoi il se trompait.
(3) G. Monval a découvert et publié dans le *Moliériste* de septembre 1886
l'acte de mariage de ce Mittallat qui avait épousé à Sens, le 27 février 1634,
Jeanne Duronserre, fille du sieur de Bellefontaine se disant écuyer.

comment M^elle^ du Parc va devenir, sinon de suite, du moins sous peu de temps, une des principales étoiles de la troupe de Molière.

Voici donc le jeu de paume au quartier Saint-Paul (1), presqu'en bordure de la rive droite de la Saône, peut-être dans une de ces ruelles grimpantes, accrochées au coteau que domine Fourvières. Il est prêt à recevoir acteurs et spectateurs. Deux mots d'abord de cette installation.

Il est impossible, évidemment, de définir quelle était la grandeur de ce jeu de paume, mais nous pouvons procéder par comparaison, puisque nous avons des données sur d'autres jeux de paume qui abritèrent Molière et sa troupe. Car, fait à remarquer, à Paris, à Rouen, à Grenoble et dans bien d'autres villes, ce fut toujours dans des jeux de paume que s'établirent les premières salles de spectacle, et sur leur emplacement que se construisirent les premiers théâtres (2).

Le terrain d'un jeu de paume moyen présentait environ 30 mètres de profondeur. On y parvenait généralement par une allée. Le côté droit, bordé par le « grand mur » n'était percé d'aucune ouverture, disposition nécessaire pour empêcher que des étrangers vinssent troubler le jeu. En face du grand mur, et en retour d'équerre, sous le pignon d'entrée, régnait une galerie réservée aux spectateurs, galerie tardivement protégée par un filet contre des accidents dus aux ricochets des balles.

(1) Cet endroit ne fait aucun doute. Chappuzeau qui avait assisté à ces représentations, écrit (p. 123 de la réimpression de son *Théâtre françois*, Paris, Jules Bonnassies, 1876) que la troupe de Molière avait fait déjà connaître ses mérites « au quartier Saint-Paul, à Lyon ». — Nous lisons d'autre part dans *Lyon ancien et moderne*, publié par Léon Boitel, avant 1844 : « La première représentation de *l'Etourdi* eut lieu à Lyon dans une des salles d'un jeu de paume *situé à Saint-Paul*, et qui, au milieu du XVII^e^ siècle servait aux représentations des troupes de comédiens de passage. La maison existe encore ; elle porte le n° 154, sur le quai de Flandre. » La dénomination du quai a changé, et sans doute aussi le numérotage des maisons. Mais nous ignorons sur quels documents cet auteur s'appuyait.

(2) Arthur Pougin, *Dictionnaire du théâtre*, Article *Jeu de Paume*, p. 449.

La hauteur de l'un et l'autre mur était d'environ cinq mètres. La salle, couverte en tuiles, recevait le jour par des baies placées sous le toit angulaire, entre des poteaux portant sur les murs. Le plafond pouvait s'élever ainsi à une hauteur de 10 à 12 mètres au-dessus du sol pavé de carrés en pierre, afin que les chaussures des joueurs ne rencontrassent aucune inégalité sous leurs pas, tandis que les murailles et le plafond étaient peints en noir de façon que l'on pût suivre de l'œil le parcours des balles qui étaient blanches (1).

Lorsqu'une troupe de comédiens, comme celle de Molière, voulait tranformer un jeu de paume en théâtre, elle y faisait construire des galeries et des loges (2).

Appliquant les données ci-dessus (soit un jeu de paume moyen de 32 mètres), une salle de 18 mètres 56 de long sur 12 mètres de large et 11 à 12 mètres de haut était réservée aux spectateurs. La scène devait occuper 8 mètres 96 de profondeur, et le fond du théâtre 4 mètres 48 pour les dégagements et les loges des acteurs. Le théâtre Déjazet, boulevard du Temple, établi dans le dernier des jeux de paume subsistant à Paris (ancien jeu de paume du Comte d'Artois), renferme 1100 places (3). Enfin les comédiens devaient se préoccuper de rendre praticables les abords de leur théâtre pour permettre aux spectateurs qui arrivaient en carrosse ou en chaise de ne pas enfoncer dans les ornières et la boue du chemin (4).

(1) Aug. Vitu, le *Jeu de paume des Mestayers*, Paris, Lemerre 1883, p. 41. — En Italie, au contraire, on lançait des paumes noires contre des murs blancs.

(2) Extrait du bail du 12 septembre 1643 passé avec les comédiens de l'*Illustre Théâtre* : Permission de jouir du local « à commencer le jour que les dicts preneurs auront commencé de faire porter du bois au dict jeu (des Mestayers) pour faire leur théâtre, galleries et loges pour faire la comédie... » Et plus loin : « mesme remporteront en la dicte fin du dict bail tous leurs théâtres, loges et galleries et tout ce qu'ils auront fait faire ».

(3) Note d'Aug. Vitu.

(4) Marché passé entre Léonard Aubry, paveur ordinaire des bâtiments du roi et les comédiens de l'*Illustre théâtre* pour fournir tout le pavé neuf afin de faciliter l'accès du Jeu de paume des Mestayers, 28 décembre 1643. — Pièce produite par Eudore Soulié, *Recherches sur Molière*, déjà cité.

Quel était à présent le prix des places ?

Une ordonnance de police de l'an 1609, à Paris, avait défendu aux comédiens de prendre plus de cinq sols au parterre, et dix sols aux loges et galeries, à moins de jouer à l'*extraordinaire*, cas où l'on doublait le prix de certaines places. Mais l'ordonnance parisienne de 1609 était bien tombée en désuétude au milieu du xvii<sup>e</sup> siècle. De Villiers écrivait (1) en 1652 :

> Venez apporter votre trogne
> Dedans notre Hôtel de Bourgogne ;
> Venez en foule ; apportez-nous
> Dans le parterre quinze sous,
> Cent dix sous dans les galeries...

On écrit en 1663, au moment des représentations de l'*Attila* de Corneille :

> Un clerc pour quinze sous, sans craindre le holà,
> Peut aller au parterre y siffler *Attila*.

En province les prix variaient selon l'importance des villes et la vogue des troupes (2).

A Lyon, nous savons que les comédiens devaient jouer, au m...s une fois pendant leur saison, au bénéfice des pau... . Les recteurs faisaient établir des billets sur lesquel.. ..aient apposées les armoiries de l'Hôtel-Dieu, et cet... ...eprésentation de gala avait lieu dans la grande salle .. . Gouverneur, qui était en même temps l'Hôtel de l'archevêque. Les places —dont les cartons nous ont été conservés — étaient désignées première loge, seconde loge, amphithéâtre et parterre, et la représentation produisait une somme de 400 livres (3).

---

(1) De Villiers père, Claude Deschamps dit : acteur-auteur, né en 1601. — Théâtre du Marais, Hôtel de Bourgogne, retiré vers 1670, mort en 1681. — V. Henry Lyonnet, *Dictionnaire des Comédiens français*, Art. Villiers

(2) Jules Loiseleur, *les Points obscurs de la Vie de Molière*, p. 186-187 Paris, Isidore Liseux, 1877.

(3) *Les Billets de spectacle de Lyon pour les pauvres de l'Hôtel Dieu*, article de M. E. Aniel, dans le *Moliériste* du 1<sup>er</sup> juin 1880, accompagné de la reproduction de cinq billets.

Tel est le milieu dans lequel Molière va donner sa première pièce, l'*Etourdi*. Est-ce bien sa *première* pièce ? N'a-t-il pas, depuis qu'il court les provinces, esquissé maints canevas dont les fragments lui serviront plus tard pour écrire d'autres pièces sur des bases plus sérieuses ? Quoiqu'il en soit, *officiellement*, l'*Etourdi* est sa première pièce, et celle-ci fut donnée à Lyon au mois de janvier 1653, selon les uns (1), ou au mois de mars, selon les autres (2), cette deuxième supposition étant la plus vraisemblable, le carnaval tombant cette année-là au commencement de mars (3). Or, on sait qu'à l'époque du carnaval les comédiens avaient toujours soin de rehausser leur programme par quelque nouveauté sensationnelle.

Le sujet de l'*Etourdi* avait été emprunté au répertoire italien et l'*Inavvertito, ovvero Scappino disturbato e Mezzettino travagliato* de Barbieri Niccolo, plus connu sous le nom de Beltrame, avait été imprimé pour la première fois à Turin en 1629 et réimprimé à Venise en 1630, dédié à la « Sérénissime Madame Christine de France, Princesse de Piémont » (4). Barbieri, qui jouait sous le nom de Beltrame, était venu à Paris en 1600, au service de Henri IV, puis y avait séjourné de 1613 à 1618 et de 1623 à 1625 (5). Il mourut peu après 1640.

Certes, Molière n'avait pu connaître Beltrame à Paris, mais il connaissait son œuvre restée au répertoire italien, ce répertoire qui charma sa jeunesse, à peu de distance de la maison paternelle (6). Il connaissait par cœur de longue date cet *Inavvertito* qu'il avait

(1) Jules Loiseleur, *Les Points obscurs de la Vie de Molière*, ouvr. déjà cité.
(2) G. Monval, *La Chronologie Moliéresque*, ouvr. déjà cité.
(3) Pâques tombait le 13 avril en 1653.
(4) Christine de France, Madame Royale, seconde fille d'Henri IV et de Marie de Médicis, née au Louvre le 10 Février 1606, mariée à treize ans en 1619 à Victor Amédée, Prince de Piémont, puis Duc de Savoie.
(5) Luigi Rasi, *I Comici Italiani*, Fratelli Bocca, Florence, 1897.
(6) Les Italiens jouaient à l'Hôtel de Bourgogne, rue Tiquetonne, et Molière était né rue Saint-Honoré, au coin de la rue des Etuves.

peut-être même vu représenter en Italie, si l'on peut démontrer un jour, comme nous l'avons expliqué plus haut, qu'il passa à Rome l'année 1647. Seulement, en écrivant son *Etourdi*, il refondit le tout dans un moule français, et de quelle manière !

Dès le début, l'*Inavvertito*, selon la mode italienne de la *Commedia dell' Arte*, ou comédie sur canevas n'avait été qu'un scénario sur lequel avaient brodé les comédiens. Ce n'est que par la suite que Beltrame avait fixé le texte par écrit. De plus, le principal personnage, *Scappino*, jouait sous le masque, et comme Beltrame, le créateur du rôle, était milanais, il avait voulu continuer à parler la langue de son pays, et on avait gardé le costume : celui d'un valet du temps, ou d'un peu avant. Le masque était marron, avec des moustaches châtain. Passant sur la scène française avec Molière, le personnage prit des vêtements rayés (vert et blanc, ou rouge et blanc, ou bleu et blanc). Du masque, en italien *maschera*, il ne conserva que le nom : Mascarille.

Le caractère seul est resté : toujours valet, il change souvent de maître ; intrigant, bel esprit, bavard et menteur, il jouit d'une fort mauvaise réputation. C'est un brouillon, un peu quémandeur, tant soit peu voleur, mais fort bien en cour auprès des soubrettes. Sur la scène italienne ce « masque » s'appelle aussi *Brighella*(1).

Quant aux détracteurs systématiques de Molière, qui lui reprochent d'avoir pris çà et là tel ou tel sujet, qu'ils veuillent bien, s'ils ne peuvent lire l'*Inavvertito* dans l'original, prendre connaissance de l'analyse sommaire qu'en a donnée M. Louis Moland (2). Sans dédaigner Beltrame, ils béniront l'auteur de l'*Etourdi* ou les *Contre-temps*.

----

(1) Maurice Sand, *Masques et Bouffons*, t. II, p. 226, b. cis, A. Lévy fils, 1862.

(2) Louis Moland, *Molière et la Comédie italienne*, p. 149, Paris, Didier et Cᵒ, 1867.

Cette première pièce, dans laquelle Molière tenait le rôle principal, celui de Mascarille, un des plus longs du répertoire, eut à Lyon un succès prodigieux. Quant à ses partenaires, il y a tout lieu de croire que du Fresne jouait le rôle de Lélie (1) et du Parc celui d'Ergaste. Joseph Béjart tint inconstestablement le rôle de Pandolfe, qui fut le dernier dans lequel on le vit plus tard à Paris, et M<sup>elle</sup> de Brie, celui de Célie.

(1) Quelques éditions de Molière indiquent Lagrange comme le créateur du rôle de Lélie. C'est absolument inexact, puisque la pièce fut jouée à Lyon en 1653, et que Lagrange n'entra dans la compagnie qu'en 1659. Il serait plus juste de dire qu'il reprit le rôle à Paris après le départ de du Fresne.

# CHAPITRE II

## LE DÉPIT AMOUREUX

Comédie en vers en 5 actes.
Béziers : décembre 1656.

*Voyage en Languedoc. — Deux troupes rivales à Pézenas. — Le Prince de Conti. — Quartiers d'hiver à Lyon. — Deux témoins irréfutables : Chappuzeau et d'Assoucy. — Comment vivait la troupe en voyage. — Bordeaux. — Première du Dépit amoureux à Béziers (1656). — Molière créa-t-il le rôle de Mascarille dans cette pièce ? — Nouvelles pérégrinations. — La troupe se rapproche de Paris.*

L'accueil fait à Lyon à nos comédiens avait été tel qu'ils résolurent aussitôt de faire de cette ville le centre de leur exploitation, le lieu où ils devaient revenir périodiquement pendant plus de quatre ans, au retour de leurs expéditions dans le midi et le sud-ouest de la France. Certains sujets de la troupe comme Cyprien Ragueneau de l'Estang y prendront même à bail des appartements (1).

Au mois de septembre 1653, la troupe « de Molière et de la Béjart » comme on disait alors, se trouvant en Languedoc, fut subitement mandée à La Grange des Prés, près Pézenas, par l'abbé Daniel de Cosnac, premier gentilhomme de la Chambre du Prince de Conti. Le Prince avait auprès de lui sa maîtresse, Madame de Calvimont, et, comme il se hâtait d'activer

(1) Cyprien Ragueneau, dit de l'Estang, était le fils de Jacques Ragueneau, pâtissier, rue Saint-Honoré. Il avait pris à bail pour trois ans, le 15 octobre 1653, à Lyon, un appartement dans une maison située près de celle des jésuites de Saint Joseph. Il y mourut le 18 août 1654, et fut inhumé en l'église St-Michel (ou St-Nizier ?) Sa fille Marie, née en 1639, femme de chambre de M<sup>lle</sup> de Brie, devait plus tard épouser Lagrange. (H. Lyonnet, *Dictionnaire des Comédiens français*, Art. Ragueneau.)

ses préparatifs de départ pour aller épouser à Paris Marie-Anne Martinozzi, nièce de Mazarin, il n'y avait pas de temps à perdre (1).

Mais au moment où Molière et ses compagnons se disposaient à obéir aux sollicitations de Cosnac, il arriva à Pézenas une autre compagnie de campagne, laquelle avait pour directeur un ancien opérateur du Pont-neuf, nommé Cormier.

La situation se trouva fort embrouillée. Cosnac en tenait pour Molière qu'il avait fait venir, et le Prince pour Cormier qui avait fait des présents à M^me de Calvimont. Pendant ce temps Molière demandait qu'on lui payât ses frais de dérangement (2).

Cosnac, piqué au jeu, résolut de faire monter ses protégés sur le théâtre de Pézenas, et de leur donner mille écus de son argent plutôt que de leur manquer de parole. Tout finit par s'arranger pour le mieux du monde. Le Prince fit venir la troupe au château, où l'on reconnut qu'elle surpassait de beaucoup celle de Cormier « soit par la bonté des acteurs, soit par la magnificence des habits ». Sarrazin, le secrétaire du Prince, devenu l'un des adorateurs de la du Parc, ne songea qu'à la retenir sous ses yeux, et d'un commun accord il fut résolu de congédier la troupe de Cormier (3), tandis que le Prince fit donner pension à celle de Molière, nouvelle confirmée plus tard par Lagrange dans les termes suivants (4) :

« Ce Prince qui l'estimoit (Molière) et qui alors n'aimoit rien tant que la comédie, le reçut avec des marques de bonté très obligeantes, donna des appointements à sa troupe et l'engagea à son service, tant auprès de sa personne que pour les États du Languedoc. »

Si nous entrons dans ces détails qui semblent nous

(1) Cette union eut lieu le 22 février suivant.
(2) *Mémoires de Cosnac* (édités seulement en 1852), t. I, p. 127-128.
(3) Le 20 juillet 1665, ce Cormier épousa à Rouen Madeleine Fisset.
(4) *Registre de Lagrange.* — Nous aurons l'occasion plus loin de nous expliquer au sujet de ce document de premier ordre.

éloigner de notre sujet — la seconde « première » de Molière — ce n'est que pour faire voir l'importance, quasi officielle, que la troupe acquiert avec le temps.

Le 10 novembre, Molière et ses camarades sont à Montpellier et jouent dans la maison du Président d'Atgel. Le 16, ouverture des États, et le 6 janvier, Molière est parrain d'un enfant du Jardin en l'église Saint-Pierre de Montpellier (1).

Il nous paraît presque hors de doute que Molière a regagné ses quartiers d'hiver à Lyon pour l'époque du carnaval. Le 8 mars M^{lle} du Parc accouche en cette ville d'un garçon ; Cyprien Ragueneau de l'Estang y meurt en août, et l'on croit retrouver fin septembre, à Vienne, en Dauphiné, des traces du passage de la troupe de retour à Lyon le 3 novembre (2).

L'ouverture à Montpellier des États du Languedoc par le Prince de Conti, le 7 décembre 1654, rappelle encore Molière en ces parages. Joseph Béjart, l'aîné, auquel ne manque pas le sens de l'à-propos, vient de composer à Lyon un *Recueil des titres, qualités, blasons et armes des seigneurs des États généraux de la Province de Languedoc tenus en la ville de Montpellier l'an 1654* (3). Le 14 mars de l'année suivante, la troupe reçoit 8000 livres pour quatre mois de séjour .

Retour à Lyon, où Molière est témoin, à Sainte-Croix, au mariage de deux comédiens de sa troupe : Martin Foulle et Anne Reynis (29 avril).

Nous interromprons ici notre récit pour citer à la barre deux témoins irréfutables qui nous diront, le premier quelle était la valeur des représentations de

(1) G. Monval, *Chronologie Moliéresque*, p. 75, ouvr. déjà cité.
(2) G. Monval, *Chronologie Moliéresque*, p. 77, ouvr. déjà cité.
(3) Ce recueil In-4°, dont le privilège fut accordé à J. Béjart le 14 mai suivant, ne fut achevé d'imprimer à Lyon, chez Scipion Jafferme, que le 31 juillet. Il valut à son auteur 1.500 livres qui lui furent accordées par délibération des États (quittance du 24 février 1656) et 500 livres le 16 avril 1657, ces dernières payées de mauvaise grâce, l'ouvrage n'ayant pas été commandé. (*Rapport sur un autographe*, par M. de la Pijardière, Montpellier 1873.)

Molière à Lyon, en ces années 1653-1657, et le second, de quelle façon vivait la troupe à Lyon et en voyage.

Le premier est un habitant de Lyon, Samuel Chappuzeau, auteur de *Lyon dans son lustre* publié en 1656. Le second, Charles Coipeau d'Assoucy, qui s'intitulait lui-même l'*Empereur du burlesque*, à la fois poète et musicien, parcourant la France un luth à la main, toujours suivi de deux pages. D'Assoucy, en 1655, passa plusieurs mois avec la troupe.

Samuel Chappuzeau était un parisien (1), fils d'un avocat, et muni lui-même d'un titre d'avocat au Parlement de Paris, « aventurier de lettres », secrétaire en Écosse, professeur en Allemagne, précepteur en Hollande. Chappuzeau se trouvait alors à Lyon en qualité de correcteur d'imprimerie (2). Mais, peu nous importe, c'est un lettré qui habitait Lyon depuis six ans lorsqu'il publie *Lyon dans son lustre*. Il a connu Molière et les comédiens de sa troupe. Il a pu assister à la première représentation de l'*Étourdi* dans le jeu de paume « proche St-Paul », à celle d'*Irène*, tragédie d'un jeune avocat lyonnais, Claude Basset, où Molière, qui partageait avec Joseph Béjart, alternativement, les héros, joua le rôle de Mahomet II.

Ceci dit, lisons Chappuzeau au chapitre *Spectacles publics* : « Le noble amusement des honnêtes gens, la digne débauche du beau monde et des bons esprits pour la comédie, pour n'être pas fixe comme à Paris, ne laisse pas de se jouër icy à toutes les saisons qui la demandent, et par une troupe ordinairement qui, toute ambulatoire qu'elle est, vaut bien celle de l'Hôtel (de Bourgogne) qui demeure en place. » Éloge

(1) Né à Paris « proche du Louvre » en 1625. M. Victor Fournel, en 1863, dans son tome I de *ses Contemporains de Molière*, a publié une intéressante notice sur Chappuzeau, notice complétée par G. Monval dans la préface de la réimpression du *Théâtre françois* de cet auteur, Paris, Jules Bonnassies, 1875.

(2) V. Péricaud aîné, *Documents sur Lyon*.

précieux à recueillir sous la plume d'un connaisseur (1).

D'Assoucy, notre second témoin, est beaucoup plus loquace. Mais comme il s'occupe surtout du côté matériel, il ne s'attardera guère à nous donner le compte-rendu des représentations auxquelles il assistera, mais il nous parlera de son bien-être.

Ce fut vers mars 1655 que notre poète ambulant rencontra la troupe à Lyon. Ce bohême à tous crins, dont l'odyssée pittoresque est au moins curieuse, s'est donc embarqué sur la Saône. Il arrive en cette ville qui, « au respect de Paris, lui parut d'abord un très beau village », donne des séances musicales à tous les couvents de « religieuses chantantes » auxquelles il vend ses œuvres, mais, s'écrie-t-il tout à coup, « ce qui m'y charma le plus (à Lyon), ce fut la rencontre de Molière et de Messieurs les Béjart. Comme la comédie a des charmes, je ne pus sitost quitter ces charmans amys ; je demeuray trois mois à Lyon parmy les jeux, la Comédie et les festins. »

Il habite tout proche des comédiens : « J'étois logé sur la Sône, et mon logis avoit une issue sur le bord de cette rivière. » La troupe part, et d'Assoucy accompagne ses amis : « Je m'embarquay avec Molière sur le Rhône qui mène en Avignon ». Seulement d'Assoucy est un incorrigible joueur. Il s'en va dans un tripot tenu par des juifs, et s'y fait dépouiller de sa dernière pistole. Sa confession est amusante : « Mais comme un homme n'est jamais pauvre tant qu'il a des amis, ayant Molière pour estimateur et toute la maison des Béjards pour amie, en dépit du Diable, de la fortune et de tout ce peuple Hébraïque, je me vis plus riche

______

(1) *Lyon dans son lustre*, un vol. in-4° fut publié à Lyon chez Scipion Jalferme « aux dépens de l'autheur » en 1656, avec privilège du roy. — Chappuzeau, qui était protestant, forcé de s'expatrier après la révocation de l'Édit de Nantes, mourut pauvre... comme il avait toujours été... gouverneur des pages du Duc de Brunswick-Lunebourg, Georges-Guillaume, à Zeil (Basse-Saxe), le 18 août 1701, âgé de 76 ans. Il était devenu infirme et aveugle.

et plus content que jamais. Car ces généreuses personnes ne se contentèrent pas de m'assister comme ami,
ils me voulurent traitter comme parent. Estans commandez pour aller aux États (du Languedoc), ils m.e
menèrent avec eux à Pézenas où je ne sçaurois dire
combien de grâces je reçus ensuite de toute la maison.
On dit que le meilleur frère est las au bout d'un mois
de donner à manger à son frère, mais ceux-cy, plus
généreux que tous les frères qu'on puisse avoir, ne se
lassèrent pas de me voir à leur table tout un hyver (1),
et je puis dire :

> Qu'en cette douce compagnie
> Que je repaissois d'harmonie,
> Au milieu de sept ou huit plats,
> Exempt de soin et d'embarras,
> Je passois doucement la vie.
> Jamais plus gueux ne fut plus gras ;
> Et quoy qu'on chante, et quoy qu'on die
> De ces beaux Messieurs des Estats
> Qui tous les jours ont six ducats,
> La Musique et la Comédie,
> A cette table bien garnie,
> Parmi les plus frians muscats,
> C'est moi qui soufloit la rostie
> Et qui beuvois plus d'ypocras. (2).

« En effet, quoy que je fusse chez eux, je pouvois
bien dire que j'estois chez moy. Je ne vis jamaistant
de bonté, tant de franchise ny tant d'honnesteté que
parmy ces gens-là, bien dignes de représenter dans le
monde les personnages des Princes qu'ils représentent
tous les jours sur le théâtre (3). »

D'Assoucy passe encore six bons mois dans cette

(1) 1655-56.
(2) Il ne faut pas oublier que la troupe se trouvait alors dans un pays où
l'on vivait grassement à l'hôtel pour 15 sous par jour. Mais pour la valeur
de l'argent, tout est relatif, et l'indemnité que Molière toucha pour deux
saisons de représentations durant la tenue des États, ne s'éleva jamais qu'à
11.000 livres.
(3) *Aventures burlesques de Dassoucy*, nouv. édition Colombey, Paris,
Garnier frères, 1876, p. 112 et suiv.

« cocagne », reçoit des présents du Prince de Conti
et du Président de la Cour des aides de Bordeaux, puis
accompagne Molière jusqu'à Narbonne fin février.

Précieux détails qui nous font voir que la troupe de
Molière et de la Béjart menait un train de vie bien différent de celui de ces misérables saltimbanques que
Scarron nous a dépeints et auxquels des critiques mal
renseignés voulaient assimiler les camarades de Molière
en province (1). A cette époque Madeleine Béjart fait
un prêt à la Province (2), et Molière donne à M. Le Secq,
trésorier de la Bourse des États du Languedoc, une
quittance de 6000 livres accordées à la troupe par Messieurs du Bureau des comptes (3).

C'est ainsi que nous arrivons insensiblement à la
seconde « première » de Molière, le *Dépit amoureux*, qui
eut lieu à Béziers à la fin de l'année 1656.

Molière était allé avec sa troupe passer l'été à Bordeaux (4), puis il était revenu à Béziers où s'ouvraient
cette année les États du Languedoc sous la direction
du comte de Bieule, lieutenant du roi, le prince de Conti
étant à Paris. Mais il faut reconnaître que, depuis le
départ du Prince, nos comédiens ne rencontraient
plus les mêmes bonnes dispositions auprès de Messieurs
les États. Tant que le Prince avait été là, l'indemnité
(11.000 livres pour deux années de présence pendant

(1) Consulter à ce sujet la très intéressante étude de M. Henri Chardon,
*La Troupe du Roman comique de Scarron dévoilée et les Comédiens de cam-
pagne au XVII*e *siècle*, Le Mans, 1876.

(2) 1er avril 1655. — *Chronologie Moliéresque.*

(3) Pézenas, 24 février 1656. Cette quittance de six lignes est le plus long
de tous les autographes connus du poète. Elle fut retrouvée par M. de la
Pijardière (*Rapport sur la découverte d'un autographe de Molière* par M. de
la Pijardière, archiviste du Département de l'Hérault, Montpellier 1873,
avec reproduction de l'autographe en fac-simile). — V. aussi le *Moliériste*,
Novembre 1885.

(4) Molière fut parrain le 15 août en l'église Saint-André, au baptême de
J.-B. fils de Foulle Martin et de Anne Reynis que nous avons vu se marier
à Lyon le 29 avril 1655. L'enfant était né à Bordeaux sur la paroisse St-
Christoly, et la marraine était Mlle de Brie. — Nous avons fait une confé-
rence à l'Athénée municipal de Bordeaux, en janvier 1914, sur le séjour de
Molière en cette ville.

la session des États) avait été payée aux comédiens
sans observation. Prodigue volontiers de l'argent des
autres, le Prince faisait même lever des impôts sur les
habitants des petites villes où les comédiens allaient
en excursion (Montagnac, Agde, Marseillan, Mèze,
Gignac), mettant en réquisition les chevaux et les
voitures pour le transport des acteurs, des bagages et
des décors (1). Puis, on jouait aussi dans les châteaux.
Mais, le Prince parti, Molière n'ignorait pas qu'il
ne fallait guère plus compter que sur lui-même.

Ce fut alors qu'il jugea opportun de donner sa seconde
pièce digne de ce nom, *le Dépit amoureux*, espérant
ainsi que le bruit des applaudissements qu'il allait
soulever, fermerait la bouche aux opposants. Joseph
Béjart, pendant ce temps, ne faisait-il pas hommage
de son *Armorial*, augmenté d'un Supplément, et contenant des planches fort coûteuses ?

Mieux encore : le jour de la première représentation
arrivé, Molière fit distribuer gratuitement des billets
d'entrée aux députés. La réponse ne se fit pas attendre :
l'Assemblée des États fit notifier aux comédiens par
l'archer des gardes du roi et la prévôté de l'hôtel « d'avoir
à retirer les billets distribués, et faire payer, s'il leur
semblait bon, les députés qui iraient à la comédie,
défendant expressément à messieurs du bureau des
comptes de, directement ou indirectement, accorder
aucune somme aux comédiens, et au trésorier de la
Bourse de payer, etc. » Cette délibération étant du
6 décembre 1656, nous fixe approximativement sur
la date de la première du *Dépit amoureux* (2).

Telles furent les circonstances dans lesquelles fut
donnée la première du *Dépit amoureux*, qui pouvait
presque s'intituler représentation d'adieux. La source
des gratifications princières était tarie.

(1) J. Loiseleur, *Les Points obscurs de la vie de Molière*, ouvr. déjà cité,
p. 195.
(2) D°, p. 209-210.

L'*Etourdi*, nous l'avons vu, c'était l'*Inavvertito* de Beltrame accommodé de quelques traits de l'*Emilia* de Luigi Groto, ou de l'*Angelica* de Fabritio de Fornaris, mais le tout fondu avec un tel art, avec une telle verve, que le style de l'*Etourdi* passe encore pour le plus vif que l'on ait jamais admiré sur la scène française.

Le *Dépit amoureux*, où l'auteur mit beaucoup plus du sien, avait été inspiré par l'*Interesse* de Nicolo Secchi (1). Mais l'*Interesse*, par la complication de l'intrigue et par le caractère des personnages, formait surtout un excellent canevas pour la *commedia dell'arte* (comédie à l'impromptu). Molière donne au tout une forme précise, inventant pour son compte les meilleures scènes, que personne ne saurait lui revendiquer, celles de la querelle et de la réconciliation d'Éraste et de Lucile, de Gros-René et de Marinette. Ces scènes ne se trouvent ni dans la comédie de Nicolo Secchi, ni autre part, et ce sont, comme on sait, les plus vivantes, les plus impérissables, que l'on conserva lorsque l'on refondit la pièce de cinq en deux actes (2).

Ici, nous placerons une observation. Tous les critiques s'accordent à dire que Joseph Béjart créa le rôle d'Éraste, amant de Lucile, du Parc celui de Gros-René, Louis Béjart (3), récemment incorporé à la troupe

(1) M. Louis Moland dans son *Molière et la Comédie italienne*, Paris, Didier et C<sup>ie</sup>, 1867, a donné, p. 227 et suiv. une analyse complète de cette pièce italienne, le modèle, cette fois encore, ne faisant pas regretter l'adaptation.

(2) Ce ne fut qu'à la fin du xviii<sup>e</sup> siècle que le *Dépit amoureux*, comédie en cinq actes, fut jouée en deux actes, comme de nos jours. Les arrangements (ou dérangements) les plus connus sont ceux de Colson, de Bellecour et de Letourneur dit Valville. Ceux de Richard Fabert (1 acte 1816) et de Pieyre (3 actes 1818) n'ont pas survécu. *L'Annuaire dramatique* de 1821-22 nous dit que la version de Valville, venue de province, déjà adoptée aux théâtres de Feydeau et de la République pendant la Révolution, fut jouée pour la première fois au Théâtre français le 4 janvier 1821. Ce Valville, frère de Letourneur de la Manche, Membre du Directoire, avait débuté au Théâtre français le 17 juin 1776. Il mourut à Nîmes en 1800, âgé de plus de 80 ans.

(3) Béjart, Louis, le cadet, dit l'Éguisé, frère de Joseph, Madeleine et Geneviève Béjart, était né à Paris en 1630.

à Lyon, celui de Valère, de Brie celui de la Rapière (supprimé dans la refonte en deux actes), et M^lle de Brie Lucile, tandis que Madeleine Béjart donnait toute son autorité à celui de Marinette.

Mais quel personnage représentait Molière ? L'opinion générale est qu'il devait représenter Albert, père de Lucile (rôle supprimé dans la refonte). Or, nous risquerons une hypothèse. Pourquoi pas celui de Mascarille ?

La raison en est toute simple : de même que du Parc va jouer désormais plusieurs de ses rôles sous le nom de Gros-René (le *Dépit*, *Sganarelle* ou le *Cocu imaginaire*), pourquoi Molière n'aurait-il pas adopté le nom de Mascarille ? N'a-t-il pas été Mascarille de l'*Étourdi* ? Ne sera-t-il pas Mascarille des *Précieuses ridicules*. Pourquoi pas Mascarille du *Dépit amoureux* ?

Le rôle est trop court, dira-t-on. Oui, dans la version en deux actes que l'on nous donne actuellement, mais pas dans celle en cinq actes. Sans être très long, le rôle de Mascarille n'a pas moins de 308 vers ; un seul monologue en contient 46. Le rôle de Mascarille, dans la pièce en cinq actes, est le digne pendant de celui de Gros-René. Il n'y a aucune raison pour que Molière ne l'ait pas tenu sous son invariable nom de Mascarille, comme il l'affectionnera plus tard celui de Sganarelle.

Rentré en possession de son indépendance, Molière plia bagage, quittant sans regrets ces Messieurs des États de Béziers, pour regagner son séjour favori, Lyon, où les Registres de l'Hôtel-Dieu nous apprennent que le 19 février 1657 fut jouée au profit des pauvres une comédie qui rapporta 234 livres 2 sols et 3 deniers à l'hospice, et qu'il fut prélevé sur la recette 14 louis d'or pour les acteurs (1). Ne peut-on admettre que ce fut *Le Dépit amoureux*, comédie nouvelle, qui motiva cette

(1) M. Péricaud, *Molière à Lyon*, M. Eud. Soulié, M. Jules Loiseleur s'accordent à penser que cette représentation fut donnée par la Troupe de Molière.

grosse recette ? Le *Dépit* dans lequel l'apparition seule du gros du Parc avait le don de mettre la salle en joie.

C'en est fait. Le Prince de Conti a retiré à la troupe de Molière le titre « de Troupe de M. le Prince de Conti » (1) et celle-ci, délivrée de l'obligation de se rendre chaque année aux États du Languedoc, va tourner désormais ses regards vers la capitale.

Dijon peut-être (2), Nîmes, Orange, Avignon voient passer nos comédiens. Puis, après un hiver à Lyon, le dernier (3), c'est la saison du carnaval à Grenoble.

Cependant les pourparlers ont abouti — non avec Paris, ce serait trop beau — mais avec Rouen. C'est la marche au nord qui se dessine. Les derniers jours du carême, la semaine sainte, Pâques (le 21 avril), ont été utilisés pour ce grand voyage. Il a fallu tout liquider à Lyon, sans espoir de retour, et, en attendant la troisième « Première » qui aura lieu désormais à Paris, la troupe va s'installer pour cinq mois à Rouen, là où, quinze ans auparavant, son illustre chef avait fait ses premiers débuts.

(1) Le Prince de Conti en avise de Lyon l'abbé de Ciron, en date du 15 mai 1657.

(2) Une permission en date du 15 juin avait été accordée à la troupe pour donner des représentations au « tripot » de la Poissonnerie. On ignore si elle y vint.

(3) La représentation d'adieux donnée à Lyon au bénéfice des pauvres, le 27 février 1658, avant le départ pour Grenoble, rapporta 101 livres 4 sols. (*Molière à Lyon* de M. Péricaud, et *Rapport* de M. Eud. Soulié.)

# CHAPITRE III

## LES PRÉCIEUSES RIDICULES

Comédie en prose en 1 acte.
Théâtre du Petit-Bourbon: 18 novembre 1659.

*La troupe de Molière à Rouen. — Les deux Corneille. — Une nouvelle recrue : du Croisy. — Molière joue devant le roi au Louvre. — La Salle du Petit-Bourbon lui est accordée. — Débuts à Paris. — Désertion des du Parc. — Retraite de du Fresne. — Nouveaux venus : l'Espy, Jodelet, Lagrange. — Mort de Joseph Béjart. — Première des* Précieuses ridicules *(18 novembre 1659). — Jugements critiques.*

« Les amis de Molière, lisons-nous dans la *Préface* de l'édition de ses œuvres 1682, lui conseillèrent non pas de venir à Paris, mais de s'en approcher, de se poster au moins dans une ville voisine, afin de profiter du crédit que son mérite lui avait acquis auprès de plusieurs personnes de considération, qui, s'intéressant à sa gloire, lui avoient promis de l'introduire à la Cour. »

La ville de Rouen offrait tous les avantages désirables ; d'autre part, la troupe de « Molière et de la Béjart » comme on disait alors, se trouve en excellentes conditions : Molière a 36 ans et trois mois ; Madeleine Béjart 40 ans et cinq mois ; Joseph Béjart, 42 à 43 ans ; Louis Béjart près de 25 ans, et Geneviève Béjart qui joue sous le nom d'Hervé, 25 ans et neuf mois. Du Fresne, qui doit toujours remplir les fonctions d'administrateur, est encore solide à son poste; il a 47 ans. Quant aux nouvelles recrues dont s'est enrichie la troupe, elles sont de premier ordre : M<sup>lle</sup> de Brie, grande, bien faite, jolie, avec un visage qui restera toujours jeune, chantant et dansant à ravir, personnifiant la charme, la douceur et la grâce ; M<sup>elle</sup> du Parc, éclatante de beauté, faisant tourner toutes les têtes :

elle a 25 ans. Enfin les maris de ces deux actrices, de Brie qui se spécialise dans les rôles de bretteurs et de spadassins, et du Parc dont la rondeur met le public en joie sous la figure de Gros-René.

Les deux Corneille habitaient Rouen à cette époque ; Pierre venait de passer la cinquantaine, et Thomas la trentaine. L'arrivée de la troupe de Molière fut un véritable événement pour les deux frères. Le 19 mai, Pierre écrit à un de ses amis : « Je voudrais qu'elle voulût faire alliance avec celle du Marais ; elle en pourrait changer la destinée (1). »

La beauté de M^{lle} du Parc fit une vive impression sur les deux frères qui, selon l'usage de l'époque, lui adressèrent des vers en lui donnant poétiquement le nom d'Iris (2).

Il y avait alors à Rouen deux jeux de paume où les comédiens donnaient de préférence leurs représentations : l'un, dit Jeu de paume des deux Maures, situé rue des Charrettes, à l'encoignure de la rue Herbière, l'autre, dit Jeu de paume des Braques, au bas de la rue du vieux Palais. Ce dernier, dont les quatre murs étaient construits en pierres de taille, mesurait 94 pieds de long et 31 pieds de largeur au dedans.

C'est à ce jeu de paume des Braques que Molière, croit-on, donna ses représentations en 1658, puisque « les comédiens jouant *aux Braques* furent attaqués le 6 juin par une bande de valets qui vouloient entrer malgré les ordonnances de police (3). »

Cependant Molière ne devait pas seulement profiter

---

(1) Le Théâtre du Marais, où Pierre Corneille avait fait représenter ses grands ouvrages, était situé rue Vieille du Temple, entre la rue de la Perle et la rue des Coutures, côté pair actuel, vers les n^{os} 82-84.

(2) Les plus célèbres sont ceux de Pierre connus sous le titre de *Sonnet perdu au jeu*. — Thomas écrivit une élégie de 136 vers et Pierre lui adressa de tendres adieux :

Allez, belle Marquise, allez en d'autres lieux,
Semer les doux périls qui naissent de vos yeux.

(3) La *Troupe de Molière et les deux Corneille à Rouen en 1658* par F. Bouquet, Paris, Claudin, 1880, travail des plus consciencieux.

de son séjour à Rouen pour lier connaissance avec les deux frères Corneille ; il devait rencontrer aussi en cette ville une autre troupe de comédiens dirigée par du Croisy.

Philibert Gassot, sieur du Croisy, comédien de province (1), puis directeur, âgé à cette époque de 32 ans, allait devenir six mois plus tard un des principaux soutiens de la troupe de Molière. D'un talent très souple, bel homme, intelligent, il avait compris du premier coup que son intérêt était de fusionner avec plus fort que lui. Son parti fut vite pris, et, ses engagements terminés, il fut rejoindre Molière à Paris, à Pâques, début de l'année théâtrale, complétant ainsi la supériorité d'une compagnie dont la réputation s'affirmait de jour en jour, tant à cause de l'excellence des pièces que du talent des acteurs et de la richesse du vestiaire.

Cependant, le désir de rentrer à Paris ne cessait de préoccuper Molière, qui se rendit plusieurs fois dans la capitale pour y servir les intérêts de ses camarades et les siens. Dès les premiers jours d'octobre, il avait fini par atteindre son but. Après quelques voyages qu'il avait tenus secrets, il eut l'avantage de faire agréer ses services à Monsieur, frère unique du roi, qui, lui ayant accordé sa protection et le titre de sa troupe, lui permettait de la présenter en cette qualité au roi et à la reine-mère (2).

On juge quelle put être la joie de Madeleine Béjart et du reste de la compagnie en recevant cette bonne

(1) Du Croisy se trouvait à Poitiers en 1652-53. Il avait épousé à Saint-Cybar de Poitiers Marie Clayeau, veuve de Nicolas de l'École Sr. de St-Maurice, née vers 1630 à Saint-Hermine en Bas-Poitou. Actrice médiocre, elle suivit son mari dans ses pérégrinations et jusque chez Molière.

(2) Préface de l'édition de Molière 1682. L'abbé de Cosnac que nous avons vu près du Prince de Conti en Languedoc, était devenu premier aumônier de Monsieur. Mais on peut supposer, d'autre part, avec M. Moland, que le peintre Mignard, grand ami de Molière — rencontré peut-être (?) à Rome en 1647 — sûrement en Avignon — et fort en crédit auprès du Cardinal Mazarin, lui fut aussi d'une grande utilité.

nouvelle qui, dans la première quinzaine d'octobre,
mettait fin à leur séjour à Rouen. Évidemment, ce
n'était pas tout encore ! Il s'agissait de plaire, de réus-
sir, et de se montrer, sinon supérieurs, du moins égaux
aux comédiens de l'Hôtel de Bourgogne qui avaient
la faveur du roi.

Le 24 octobre, — date mémorable — un théâtre fut
dressé dans la salle des Gardes du Vieux Louvre. Cette
salle, dite aujourd'hui Salle des Cariatides du Musée
des antiques, est celle où Henri IV avait épousé sa
première femme, et où il fut apporté mourant le
vendredi 14 mai 1610. Elle fut construite par Pierre
Lescot, sous Henri II, et renferme des sculptures de
Jean Goujon.

Les nouveaux venus furent écoutés avec plaisir ;
on fut surtout satisfait « de l'agrément et du jeu des
femmes ». Les fameux comédiens de l'Hôtel de Bourgogne, qui avaient tant à craindre de leurs concurrents,
assistaient à cette représentation.

Nous laisserons la parole aux contemporains : « La
pièce (*Nicomède*) (1) étant achevée, M. de Molière vint
sur le théâtre, et après avoir remercié Sa Majesté (2)
en des termes très modestes de la bonté qu'elle avoit
eue d'excuser ses défauts, et ceux de toute sa troupe
qui n'avoit paru qu'en tremblant devant une assemblée
aussi auguste, il lui dit : « *Que l'envie qu'ils avoient
eue d'avoir l'honneur de divertir le plus grand Roy du
monde, leur avoit fait oublier que Sa Majesté avoit à son
service d'excellens originaux, dont ils n'étoient que de très
foibles copies (3) ; mais que puisqu'elle avoit bien voulu
leurs manières de campagne, il le supplioit très hum-
blement d'avoir agréable qu'il lui donnât un de ces petits*

(1) Tragédie en 5 actes, en vers de Pierre Corneille, créée en 1652.

(2) Louis XIV était alors un jeune homme de 20 ans.

(3) Flatterie à l'égard des comédiens de l'Hôtel de Bourgogne qui s'inti-
tulaient « Comédiens du Roy ».

*divertissemens qui lui avoient acquis quelque réputation, et dont il régaloit les Provinces* (1).

« Ce compliment, dont on ne rapporte ici que la substance, fut si agréablement trouvé, et si favorablement reçu, que toute la Cour y applaudit, et encore plus à la petite comédie, qui fut celle du *Docteur amoureux*. Cette comédie, qui ne contenoit qu'un acte, et quelques autres de cette nature, n'ont point été imprimées ; il les avoit faites sur quelques idées plaisantes, sans y avoir mis la dernière main ; et il trouva à propos de les supprimer, lorsqu'il se fut proposé pour but, dans toutes ses pièces, d'obliger les hommes à se corriger de leurs défauts. Comme il y avoit longtemps qu'on ne parloit plus de petites comédies, l'invention en parut nouvelle, et cell  ui fut représentée ce jour-là, divertit autant qu'el   surprit tout le monde ; M. de Molière faisoit le Docteur, et la manière dont il s'acquitta de ce personnage le mit dans une si grande estime, que Sa Majesté donna ses ordres pour établir sa troupe à Paris. »

La Salle du Petit-Bourbon lui fut accordée.

L'Hôtel du Petit-Bourbon longeait le quai, comme un prolongement du Louvre dont la colonnade n'était pas encore construite. Il était remarquable par l'étendue de ses bâtiments, recouvrant toute la partie méridionale de la Place du Louvre actuelle, par ses galeries et sa chapelle. Quand le Connétable de Bourbon trahit la France, en combattant contre elle à Rebec (1524), où Bayard expirant lui reprocha sa félonie, son hôtel avait été confisqué au nom du roi, et peint en *jaune*,

(1) Cette *farce* n'était pas une exception dans le répertoire de la troupe qui jouait encore *Gros René écolier*, le *Docteur pédant*, *Gorgibus dans le sac*, le *Fagoteux*, la *Jalousie de Gros René*, le *Grand bénêt de fils aussi sot que son père*, *Gros René petit enfant*, la *Casaque*, *Joguenet ou les Vieillards dupés*, les *Trois Docteurs rivaux*, le *Maître d'école*, le *Médecin volant*, la *Jalousie du Barbouillé*. Toutes ces farces ou parades non imprimées sont-elles de Molière ou arrangées par Molière ? Tout ce que l'on peut affirmer, c'est qu'il y puisa des éléments pour écrire plusieurs de ses pièces, telles que *Georges Dandin*, le *Médecin malgré lui* et les *Fourberies de Scapin*.

couleur infamante, par le bourreau. Si l'on veut admettre la légende de Charles IX tuant les huguenots le jour de la Saint-Barthélemy, c'est d'une des fenêtres de l'Hôtel du Petit-Bourbon et non de celle de la Galerie des antiques, au Louvre, qu'il aurait tiré sur les protestants fuyant le long des quais (1).

La Grande Salle du Petit-Bourbon avait été notamment utilisée pendant la tenue des États généraux en 1614 (2). Elle servit ensuite aux représentations théâtrales de la Cour et aux ballets du roi. C'est là que les comédiens espagnols et italiens vinrent, à diverses époques, essayer leur répertoire devant le public parisien. La salle n'était pas louée, mais prêtée seulement par ordre du roi, aux troupes qui y jouaient la comédie. Mais elle avait dû subir des remaniements successifs, tout en conservant sa forme et son caractère d'architecture, avec son premier rang de loges, ses deux étages de galeries et son parterre, lorsque les comédiens italiens et la troupe de Molière s'y établirent à demeure en 1658 (3).

Les choses s'arrangèrent à merveille entre les deux troupes. Il fut convenu que la troupe de Molière paierait aux Italiens 1.500 livres pour les couvrir d'une partie de leurs frais d'installation, et que, si les Italiens continuaient à jouer le mardi et le dimanche, les Français joueraient les lundi, mercredi, jeudi et samedi. Les débuts en public furent fixés au 2 novembre avec l'*Étourdi* ou les *Contretemps*, pour la première fois à Paris, en attendant le *Dépit amoureux* donné le 9 dé-

(1) Gustave Pessard, *Nouveau Dictionnaire historique de Paris* Art. Place du Louvre. — L'Hôtel du Petit Bourbon, dont nous avons reproduit la vue extérieure dans notre *Dictionnaire des Comédiens français*, t. II, p. 503, est parfaitement visible deux fois, de profil et à vol d'oiseau, sur le plan de Gomboust, 1653.

(2) Dessin d'Ed. Wattier, d'après une ancienne estampe du cabinet de M. le Chevalier Hennin, gravé sur bois par Andrew Best, in-4°. Cette gravure a été reproduite, p. 317, t. VII, *Magasin pittor.* 1840.

(3) Paul Lacroix, *Iconographie Moliéresque*, Paris, Aug. Fontaine, 1876, p. 69.

cembre suivant. Pendant ce temps Molière avait été fixer sa demeure sur le quai voisin de l'École (quai du Louvre) en la maison de l'Image St-Germain, et jouait le répertoire cornélien dont il avait reçu les traditions à Rouen. Mais si *Héraclius*, *Cinna*, *le Cid* passaient sans encombre, *Rodogune* et la *Mort de Pompée* étaient outrageusement accueillis.

C'est que Molière ne manquait pas d'ennemis qui l'eussent vu, volontiers, reprendre la route de Rouen ou de Lyon. D'abord les Comédiens de l'Hôtel de Bourgogne (Rue Françoise et rue Mauconseil, où passe actuellement la rue Étienne-Marcel), constituant la *Troupe royale*, devant qui les nouveaux venus avaient dû s'excuser modestement de jouer *Nicomède* en cadets de tragédie. Ensuite, ceux du Marais (rue Vieille du Temple) que nous allons voir travailler à désorganiser la Troupe de Monsieur, c'est-à-dire de Molière ; enfin les Italiens, qui auraient préféré être seuls au Petit-Bourbon, sans avoir à partager leur salle avec des concurrents français.

En effet, à Pâques 1659, ouverture de l'année théâtrale, voici quelques changements survenus dans la troupe : du Parc, dit Gros-René, le camarade du Languedoc et de Lyon, passe au Marais avec sa femme, la belle du Parc, ou mieux le mari a suivi sa femme. Mais cette défection ne causera au couple que des désillusions, et nous verrons plus loin les deux transfuges revenir au bercail.

Du Fresne, qui avait suivi les Béjart depuis onze ans — depuis Nantes — et qui avait été administrateur de la troupe, prend sa retraite pour s'en aller vivre avec quelque bien dans son pays natal, à Argentan, où il se maria ou remaria en 1664 (1). Par contre, l'Espy, plus connu du public sous le nom de Gorgibus (2), et

(1) Du Fresne mourut, croit-on, vers 1684, à l'âge de 73 ans.

(2) François Bedeau, dit l'Espy, dit Gorgibus, était le frère aîné de Jodelet. Il appartiendra à la troupe jusqu'en 1663.

le fameux Jodelet, son frère cadet (1), le Cliton du *Menteur*, le *Jodelet* de Scarron, venant du Marais, entrent dans la troupe, ainsi que du Croisy et safemme, déjà rencontrés l'année précédente à Rouen. Enfin Lagrange, qui deviendra l'historien de la troupe, mais qui omet dans son *Registre* de nous dire d'où il venait.

Charles Varlet, sieur de Lagrange (du nom de sa mère), était né près d'Amiens vers 1639. Orphelin de bonne heure, instruit, possédant une éducation distinguée, mais sans fortune, Lagrange avait embrassé, ainsi que son frère Achille Varlet dit de Verneuil (2), la profession de comédien. Une sœur, Justine, était entrée en religion.

La famille Varlet habitait Paris, au moins depuis 1642, mais on ignore par quelles suites de circonstances Molière s'attacha ce jeune homme de vingt ans, le type rêvé de l'amoureux de bonne [com]que qui, dans tout le théâtre du Maître, personnifiera désormais la jeunesse, la grâce, la tendresse ; l'honnête homme accompli qui va noter au jour le jour sur son fameux *Registre* « Extrait des affaires et recettes de la Compagnie depuis Pasques de l'année 165[.] tout ce qui lui paraîtra digne d'être connu (3).

Tout d'abord un évènement funeste : le 11 mai 1659, la Troupe de Monsieur donnait deux représentations de l'*Etourdi* l'une au Petit-Bourbon pour le public, l'autre au Louvre pour le roi. La première de ces deux représentations, se passa bien, mais à la Cour Joseph Béjart se trouva si souffrant qu'il eut peine à terminer son rôle de Lélie. Le 22, ses camarades fermaient leur théâtre, et le 26, Molière conduisait au tombeau cet

(1) Julien, Geoffrin Bedeau, frère cadet [du] précédent. Hôtel du Marais 1620, Hôtel de Bourgogne 1634, Hôtel du [M]arais 1642.

(2) Comédien de campagne, puis du th[éâtr]e du Marais 1668. Il n'entra dans la troupe où figurait son frère qu'apr[ès] la mort de Molière.

(3) Éd. Thierry : *Ch. Varlet de la Grange et son Registre*. Paris, Claye, 1876, p. 8. — Préface précédant la publication du Registre, faite chez ce même éditeur, par les soins de la Comédie française en janvier 1876.

ami de sa jeunesse, qui, frappé le premier sur la scène, lui donnait l'exemple d'achever son rôle avant d'aller mourir (1).

En juillet, grande nouvelle : la troupe italienne repasse les monts, et Molière reste seul maître du Petit-Bourbon. Il pourra désormais jouer le *dimanche*, le mardi et le vendredi, les mêmes jours que l'Hôtel de Bourgogne et le Marais, et à la même heure : on annonce 2 heures sur les affiches, mais la coutume est de commencer beaucoup plus tard. La troupe du Marais s'intitule « Comédiens du Roy entretenus par S. M. » celle de l'Hôtel de Bourgogne « la seule troupe royale » ; celle de Molière reste « la Troupe de Monsieur » (2).

Cependant Molière veut frapper un grand coup au début de la saison d'hiver. Il fait afficher pour le mardi 18 novembre la première représentation des *Précieuses ridicules*.

Voyons avec quel soin minutieux il va procéder pour la distribution des rôles de sa pièce. La troupe compte actuellement onze parts, car il s'agit bien ici d'une association en commun, et non d'une exploitation individuelle. Ces parts sont réparties entre :

| | |
|---|---|
| Molière | Melles Béjart (Madeleine) |
| Béjart Cadet | De Brie |
| De Brie | Hervé (Geneviève Béjart) |
| L'Espy (Gorgibus) | Du Croisy |
| Jodelet | |
| Du Croisy | |
| Lagrange | |

(1) Joseph Béjart mourut sur le quai de l'École (quai du Louvre) et, après des obsèques célébrées à Saint-Germain l'Auxerrois, fut inhumé au Cimetière Saint-Paul (rue Saint-Paul et rue Saint-Antoine). (*Le Charnier de l'ancien cimetière St-Paul* par l'abbé Valentin Dufour, p. 15, Paris, *Revue universelle des Arts*, 1866, et article du même dans le *Moliériste*, n° 50, mai 1883.) — Le 10 juillet eut lieu son inventaire au profit de sa mère, ce qui nous prouve qu'il ne laissait pas de veuve. Mais pourquoi G. Monval le fait-il mourir à 51 ans ? Alors que selon toutes probabilités il était né vers 1617 ? V. Jal *Dictionnaire critique* Art. Béjart.

(2) La troupe de Molière est tellement assurée de se fixer désormais à

Molière joua-t-il, dès le début, ces rôles de Mascarille
sous le masque ? Nous serions tentés de le croire,
d'après ce passage de la *Vengeance des Marquis* : « Il
contrefait d'abord les marquis avec le masque de
Mascarille, il n'osait le jouer autrement ; mais à la
fin il nous a fait voir qu'il avait le visage assez plaisant,
pour représenter sans masque un personnage ridicule. »
Il ne faut pas oublier d'autre part que le mot Mascarille vient en ligne directe de *Maschera* (masque en
italien), et que ce personnage était toujours joué sous
le masque dans la comédie italienne. Quant au frontispice des œuvres de Molière, représentant Mascarille
des Précieuses et Sganarelle, on peut observer que
le visage de Sganarelle est clair, et celui de Mascarille
terriblement noir. Il ne peut s'agir que d'un nègre, ce
qui n'est pas, ou d'un personnage masqué.

Par une manœuvre fort habile Molière laissera dans
sa pièce nouvelle aux deux frères Bedeau les noms par
lesquels ils sont connus du public. A l'Espy, dit Gorgibus, homme frisant la soixantaine, il donnera le rôle
de *Gorgibus*. Quant à Jodelet, le fameux Jodelet,
transfuge du Marais, il lui laissera le nom de *Jodelet*.
Ainsi le public se trouvera en pays de connaissances.
Ce dernier sera le « vicomte de Jodelet » que lui,
Molière, toujours sous les traits de *Mascarille*, type
qu'il affectionne depuis l'*Etourdi*, présentera en disant
aux précieuses : « Mesdames, agréez que je vous présente ce gentilhomme-cy. Sur ma parole, il est digne
d'être connu de vous. »

Et comme Jodelet avait l'habitude au Marais de
paraître toujours le visage enfariné, tel notre Pierrot,
Molière a voulu lui conserver ce signe particulier, d'où
cette phrase que les commentateurs n'expliquent
jamais, sans doute parce qu'ils ne l'ont pas comprise :

Paris que Madeleine lui vend ses « vieilles décorations » *Registre de Lagrange*,
p. 9. — Ce qui prouve, soit dit en passant, qu'en province le matériel était
sa propriété.

« Ne vous étonnez pas de voir le vicomte de la sorte ;
il ne fait que sortir d'une maladie qui luy a rendu le
visage pasle comme vous le voyez. »

— « Ce sont fruit des veilles de la Cour et des fatigues
de la guerre », répond Jodelet.

Tout le public reconnait alors Jodelet qu'il avait
l'habitude d'applaudir depuis plus de vingt ans rue
Vieille du Temple, et éclate en applaudissements.

Les deux amoureux ? Là encore, Molière veut les
présenter au public parce qu'ils sont nouveaux. Il
leur conservera leurs noms de théâtre ; ils seront
du Croisy et Lagrange dès le lever du rideau :

DU CROISY — Seigneur Lagrange ?

LAGRANGE — Quoi ?

DU CROISY — Regardez-moi un peu sans rire...

Et voici la pièce engagée.

Les précieuses ? M<sup>lle</sup> *Catherine* de Bric fait assurément l'une d'elles *Cathos* (1), et l'autre, *Madeleine
Béjart, Madelon.* Les noms sont percés à jour. Ici, nous
rectifierons l'erreur commune : M<sup>lle</sup> du Parc ne pouvait représenter une des précieuses, pour cette bonne
raison qu'elle avait quitté la troupe depuis Pâques.
Quant à de Bric, voué aux utilités, il pourra fort bien
être Almanzor, le laquais des précieuses, tandis que
nous reconnaissons sous le sobriquet de Marotte
Marie Ragueneau de l'Estang, fille de ce Cyprien
Ragueneau, mort à Lyon, et devenue femme de chambre
de M<sup>lle</sup> de Bric. Elle suit la troupe depuis Lyon,
sans être comédienne en titre, mais rendant des services
tantôt comme buraliste, tantôt comme distributrice
de douces liqueurs, etc. Qui aurait cru alors que cette
modeste Marotte deviendrait un jour la femme de
Lagrange (2) ?

(1) Accouchée d'une fille le 17 octobre précédent, sa grossesse ne pouvait
plus être un obstacle à son service.

(2) En avril 1672. Cette distribution, en ce qui concerne les femmes, est
absolument celle donnée par Du Monceau (Monval) dans le *Moliériste*
d'avril 1882, p. 30.

Ainsi donc, tout le personnel artistique — à l'exception de M^lle du Croisy (utilité) est employé. Molière a su tirer parti de tout son monde.

Cependant les *Précieuses* qui n'ont qu'un acte, ne peuvent suffire à toute une représentation. Aussi Molière commence-t-il par *Cinna*, pour finir par sa nouvelle pièce, le premier jour à *l'ordinaire*, c'est-à-dire à 15 sols au parterre (1). Or voici que la recette qui, les jours ordinaires oscillait entre 300 livres (*Cinna*) et 70 livres (*le Menteur*), monte subitement à 533 livres, soit 43 livres au partage pour chaque comédien, frais déduits. En présence de ce succès inusité, la troupe affiche pour le mardi 2 décembre *Alcionée* (2) et les *Précieuses* à *l'extraordinaire*, c'est-à-dure avec le parterre à 30 sols. La recette bondit à 1400 livres, pour se maintenir encore à des chiffres fort élevés pendant deux mois, toutes les fois que cette pièce est sur l'affiche (3). Aussi les comédiens enthousiasmés votent-t-ils à leur auteur et directeur une première gratification des 500 livres, suivie de plusieurs autres plus petites, pour arriver au total de 1000 livres (4).

Bientôt les *Précieuses*, accompagnées le plus souvent de l'*Etourdi*, vont faire le tour de la haute société — où l'on joue le soir — sans faire tort à la représentation en public pendant la journée, lorsque les deux tombent le même jour. Ces «visites» — tel est le terme adopté — ont lieu chez M. Le Tellier, M. de Guénégault, chez M^me Sanguin pour M^r le Prince, chez M. le Chevalier de Grammont, chez M^me la Maréchale de l'Hospital. Chaque « visite » non tarifée sans doute, rapporte

---

(1) *Registre de Lagrange*, p. 13.

(2) *Alcionée* ou *Combat de l'Honneur et de l'Amour*, tragédie de Du Ryer, 1639.

(3) 1004-730-1000-867-1200, etc. tandis que les recettes ordinaires ne dépassent pas pour le même temps 285 livres.

(4) *Registre de Lagrange* p. 13 et 15. — A noter qu'il n'y avait pas alors de droits d'auteurs, et que ceux-ci recevaient des comédiens une somme fixe pour avoir le droit de représenter leurs ouvrages.

à la communauté de 220 à 330 livres. La prospérité matérielle de l'entreprise est assurée.

Quelles étaient les causes de ce succès retentissant et mérité ? Parmi les principales, à notre avis, il faut tenir compte de l'actualité brûlante, de la satire divertissante des ridicules du moment. Cette fois, il ne s'agit plus d'imitations plus ou moins fidèles de la scène italienne ; il n'est plus question d'embrouiller ou de débrouiller des intrigues. Molière apporte une comédie de mœurs, entreprise hardie, car les plus grands noms de la noblesse et de la littérature vont se reconnaître. Parle-t-on autrement à l'Hôtel de Rambouillet (1) ? Aussi s'explique-t-on l'exclamation de ce spectateur qui, pendant la représentation, s'écria : « Bravo, Molière ! Voilà la véritable comédie ! »

Les *Précieuses* sont la condamnation du langage métaphorique et du raffinement dont l'immortel trio de cette pièce nous offre la caricature, en exagérant et grossissant ce qu'il fallait tourner en ridicule, selon le droit du poète comique. Mais c'est aussi une belle défense de notre langue française, et, à ce titre seul, nous devrions en être reconnaissant à Molière qui savait en même temps spirituellement se moquer de la récitation ampoulée de ses grands confrères de l'Hôtel de Bourgogne.

MASCARILLE. — Entre nous, j'en ai composé une (comédie) que je veux faire représenter.

CATHOS. — Hé! A quels comédiens la donnerez-vous?

MASCARILLE. — Belle demande ! Aux grands comédiens (ceux de l'Hôtel de Bourgogne) ; il n'y a qu'eux qui soient capables de faire valoir les choses ; les autres sont des ignorans qui récitent comme l'on parle ; ils ne sçavent pas faire ronfler les vers, et s'arrester au bel endroit ; et le moyen de connoistre où est le beau

---

(1) L'Hôtel de Rambouillet, rendez-vous de tous les précieux et précieuses de l'époque, se trouvait à deux pas du Louvre, rue Saint-Thomas du Louvre, emplacement actuel des jardins, derrière le monument de Gambetta.

vers, si le comédien ne s'y arreste et ne vous avertit par là qu'il faut faire le brouhaha. »

Le hasard a voulu — chose assez rare — que deux contemporains nous aient laissé une trace de l'impression produite par la pièce : Loret dans sa *Muze historique*, et M^lle des Jardins, plus connue sous le nom de M^me de Villedieu, laquelle fit paraître peu de temps après la représentation un *Récit en prose et en vers de la farce des Précieuses* (1).

Nous commencerons par Loret :

Lettre 48^e du (samedi) 6 décembre 1659.

APOSTILLE.

Cette Troupe de comédiens,
Que Monsieur avoüe être siens,
Reprézentant sur leur Téâtre
Une action assez folâtre,
Autrement, un suzet plaizant,
A rire sans cesse induizant
Par des choses facézieuses,
Intitulé *Les Précieuzes*,
Ont été si fort visitez
Par Gens de toutes qualitez,
Qu'on n'en vid jamais tant ensemble
Que ces jours passez, ce me semble,
Dans l'Hôtel du Petit-Bourbon,
Pour ce sujet mauvais, ou bon.
Ce n'est qu'un sujet chymérique,
Mais si boufon et si comique,
Que jamais les pièces Du-Ryer,
Qui fut si digne de laurier ;
Jamais l'*Œdipe* de Corneille,
Que l'on tient être une merveille ;
La *Cassandre* de Bois-Robert ;
Le *Néron* de monsieur Gilbert,
*Alcibiade*, *Amalazonte* (de Mr. Quinaut),
Dont la Cour a fait tant de conte ;
Ny le *Fédéric* de Boyer,
Digne d'un immortel loyer,

(1) Récit réimprimé par Ed. Fournier dans les *Variétés historiques et littéraires* de la Bibliothèque elzévirienne, par E. Despois dans son édition des *Œuvres de Molière* et par M. Paul Lacroix dans la *Nouvelle Collection Moliéresque*.

> N'ûrent une vogue si grande,
> Tant la Pièce semble friande
> A pluzieurs, tant sages que fous ;
> Pour moy j'y portay trente sous ;
> Mais oyant leurs fines paroles
> J'en ry pour plus de dix pistoles (1).

M<sup>lle</sup> des Jardins, née en 1632, avait connu Molière pendant ses années de vie nomade ; elle était restée liée avec lui et lui rendit toujours justice. Molière, en retour, lui joua en 1665 sa tragi-comédie le *Favory*. Elle a donc assisté à une représentation des *Précieuses* et veut nous raconter la pièce sous forme d'une lettre écrite à une personne de qualité. Récit original, serrant de près le texte, mais abandonnant fréquemment la prose pour continuer la narration en vers.

À vrai dire, ce récit ne nous apprend rien de nouveau, mais nous y trouvons un renseignement très précieux à savoir que Molière jouait le rôle de Mascarille tout-à-fait « en charge ».

« Imaginez-vous donc, Madame, que sa perruque estoit si grande qu'elle balayoit la place à chaque fois qu'il faisoit la révérence, et son chapeau si petit qu'il estoit aisé de juger que le marquis le portoit bien plus souvent dans la main que sur la teste ; son rabat se pouvoit appeler un honneste peignoir, et ses canons sembloient n'estre faits que pour servir de cache aux enfants qui jouent à la clinemusette... ses souliers estoient si couverts de rubans qu'il ne m'est pas possible de vous dire s'ils estoient de roussy de vache d'Angleterre, ou de maroquin », et après s'être extasiée sur la hauteur démesurée de ses talons, M<sup>lle</sup> des Jardins se demande « comment des tallons si hauts et si délicas pouvoient porter le corps du marquis, ses rubans, ses canons et sa poudre ».

L'auteur termine son récit en mettant en vers le dialogue entre Mascarille et les deux précieuses.

<hr>

(1) La *Muze historique* de Loret, Édit. P. Daffis, Paris 1878, Ch. L. Livet, t. III, p. 137.

La description de ce costume — sauf quelques exagé-
rations — est donc conforme à celui de la gravure servant de frontispice à l'édition des œuvres de Molière
1666 (Mascarille et Sganarelle). Elle fut souvent reproduite, notamment dans le tome XXVIII du *Magasin
pittoresque*, p. 280, et c'est elle qui sert encore d'en-
tête aux lettres de la Société actuelle de l'Histoire du
Théâtre.

# CHAPITRE IV

## SGANARELLE

### ou

## LE COCU IMAGINAIRE

Comédie en vers en 1 acte
Théâtre du Petit-Bourbon : 28 mai 1660

*Honorable succès de Sganarelle. — La Troupe à Vincennes. — Le nom de Sganarelle. — Mort de Jodelet. — Démolition du Petit-Bourbon. — A la recherche d'une salle. — Celle du Palais-Royal. — Description de ce théâtre. — Disposition des places. — Les spectateurs sur la scène. — Une organisation théâtrale au XVII<sup>e</sup> siècle.*

Le début de l'année 1660 vit continuer la vogue des *Précieuses*, et comme ce genre de « farce » en un acte (car les *Précieuses* passèrent pour une « Farce » (1), plaisait à son auditoire et remplissait la caisse, Molière alla chercher dans les canevas qu'il arrangeait autrefois en province, des sujets comiques dans le but de retenir la faveur du public.

S'inspirant d'une pièce italienne *Il ritratto o Arlecchino cornuto per opinione* (Le portrait ou Arlequin cocu imaginaire) il mit sur pied, et en vers, son *Sganarelle ou le Cocu imaginaire* dont il donna la première avec *Nicomède* le dimanche 30 mai, avec 350 livres de recette.

(1) Les lazzi dont les comédiens agrémentaient cette pièce, selon la mode italienne, pouvaient permettre cette dénomination ; les traditions du reste s'en sont conservées : le costume ridicule de Mascarille, le nombre infini de gilets dont se dépouille Jodelet, les répliques du genre de celle-ci (Mascarille faisant tâter le derrière de sa tête) : C'est un coup de cotret... non, de mousquet veux-je dire, que je reçus la dernière campagne que j'ai faite.

Sans aller aux nues comme les *Précieuses, Sgana-relle* qui visait les travers de la bourgeoisie fut joué 34 fois de suite, c'est-à-dire trois fois par semaine pendant trois mois avec des recettes fort respectables, dépassant parfois 700 livres, ce qui valut à l'auteur trois gratifications de 500 livres chacune (1). Le 29 juillet, la troupe va jouer au bois de Vincennes, pour le roi, l'*Etourdi* et les *Précieuses* (2) ; le 31 le *Dépit* et le *Cocu*, et le 21 août encore une fois le *Cocu* auquel le roi prenait plaisir. Enfin, Monsieur, dont c'est la Troupe, ne l'oublions pas, veut connaître le 30 août, au Louvre, les *Précieuses* et le *Cocu* (3).

Nous avons dit plus haut que l'on cite ordinairement, comme ayant fourni la trame du *Cocu*, un canevas italien dont nous avons donné le nom. D'autres critiques prétendent, au contraire, que ce canevas, tel que Cailhava le traduisit plus tard, est certainement d'une date plus récente que la comédie de Molière. Comment décider en pareil cas jusqu'à quel point notre poète fut imitateur, ou bien imité ? Le mieux ne serait-il pas de conclure qu'il existait, avant Molière, quelque imbroglio sur l'équivoque du portrait. Ce

(1) « 13 juin. Donné par la Troupe à M<sup>r</sup> de Molière 500 livres. — 13 août. Donné par la Troupe à M<sup>r</sup> de Molière encor pour le *Cocu* 500 livres. — 7 septembre. Achevé de payer M<sup>r</sup> de Molière pour le *Cocu*, en luy donnant pour la 3<sup>e</sup> fois 500 livres. » — *Registre de Lagrange*, p. 21, 23 et 24.

(2) Il faut se rappeler que le roi, absent depuis de longs mois, marié à Fontarabie le 3 juin, et à Saint-Jean de Luz le 9, ne se trouvait pas à Paris lors des premières représentations des *Précieuses* ni du *Cocu*. Il ne fit son entrée solennelle dans sa capitale avec la reine que le 26 août — origine du nom de la Place du Trône.

(3) Bien que Lagrange n'indiquât pas sur son *Registre*, l'encaissement d'aucune pension ou gratification royale, nous savons que Molière reçut le 30 juin de cette année, de M. Lambert, sieur de Bautru, trésorier de l'épargne de S. M. la somme de 500 livres, pour le 1<sup>er</sup> semestre de 1660 (Signature J.-B. P. Molière), pour frais et dépenses occasionnés par son séjour à Paris (*Chronologie Moliéresque*, p. 110). Il n'y a donc pas lieu de s'étonner si la troupe ne recevait rien à chaque représentation à la Cour. — Vers le même temps, — 12 juillet — une troupe de comédiens espagnols, venus à la suite de la jeune reine, avait joué trois fois au Petit-Bourbon. Les comédiens de Paris leur offrirent un souper le 21. Cette troupe, dirigée par José de Prado, s'intitulait « Comédiens de la reine ».

quiproquo appartient en propre à l'école italienne de la *Commedia dell'arte.*

En revanche, fait observer un commentateur, rien n'est plus français que l'esprit qui anime d'un bout à l'autre le dialogue ; on y trouve le tour naïf et des réminiscences nombreuses de nos conteurs du seizième siècle. Par le ton de la raillerie, Sganarelle est incontestablement de notre veine gauloise; ainsi les deux écoles, l'italienne et la française, y sont merveilleusement réunies et conciliées (1).

Ce titre de Sganarelle, dont Molière va s'affubler dans plusieurs de ses créations, était-il absolument nouveau ? Il l'avait déjà employé dans la petite farce du *Médecin volant* qu'il avait promenée dans le midi de la France, et d'où il tirera plus tard les éléments de son *Médecin malgré lui.* Mascarille, c'est le valet, toujours. Sganarello, type moins déterminé, sera, selon les circonstances, valet aussi (dans *Dom Juan*), paysan, mari ridicule, père ou tuteur (2).

Si nous regardons de près la distribution des rôles de la nouvelle pièce, nous remarquerons tout d'abord qu'auprès de Molière-Sganarelle, l'Espy tient encore un rôle sous le nom de Gorgibus, sous lequel il est invariablement présenté au public ; que du Parc, déserteur de l'année précédente, est rentré au bercail et a repris sa place sous le nom de Gros-René ; que Lagrange — Lélie continue sa carrière d'amoureux - c'est le Lelio de la comédie italienne (3) — ; que de Brie, en remplis-

---

(1) Louis Moland, *Molière et la Comédie italienne*, p. 255, 256, Paris, Didier et C¹ᵉ, 1867.

(2) Il existe à la Bibl. nat. une curieuse estampe de Simonin représentant « le vray portrait de M. de Molière en habit de Sganarelle », costume se rapprochant de celui des *Zanni* de la Comédie italienne : veste et culotte galonnées sur les coutures avec des lamelles d'étoffe, manteau, collerette et béret à la main. Mais ce costume fut diversifié par Molière lui-même. Ce portrait, gravé à l'eau-forte par F. Hillemacher, a été reproduit en tête de l'*Iconographie Moliéresque* de Paul Lacroix.

(3) Maurice Sand, dans ses *Masques et Bouffons*, t. I, a longuement parlé de ce personnage de la Comédie italienne, dont le nom fut adopté par de nombreux comédiens, dont le plus célèbre fut Louis Riccoboni (1674-1753).

sant le rôle de Villebrequin, avait accepté de bonne grâce à la scène la plaisanterie que l'on était habitué à faire entre comédiens sur son nom de Villequin. Quant aux femmes, il est à présumer, suivant leurs emplois, que Madeleine Béjart se présentait sous les traits de la suivante de Célie, tandis que M<sup>lles</sup> de Brie et du Parc — cette dernière réintégrée avec son mari — se partageaient les deux autres rôles.

Et Jodelet ? Hélas ! Jodelet est mort pendant la clôture de Pâques, le vendredi saint 26 mars, et a été enterré à Saint Germain l'Auxerrois. Il était dit que ce vieux comédien du Marais devait finir sa carrière chez Molière.

L'année théâtrale commencée à Pâques 1660 battait donc son plein depuis six mois, lorsqu'un événement des plus imprévus vint s'abattre sur la troupe, risquant de briser à tout jamais son élan. Or il faut bien songer qu'à cette époque Molière n'est encore l'auteur que de quatre pièces imprimées, dont deux en un acte représentées à Paris.

Le dimanche 10 octobre, la troupe avait donné comme à l'ordinaire une représentation du *Dépit amoureux* dans la salle du Petit-Bourbon, lorsque le lendemain, lundi, sans avertissement préalable, le théâtre fut envahi par des ouvriers qui en commencèrent la démolition, sur l'ordre de M<sup>r</sup> de Ratabon, surintendant des bâtiments du roi.

Plainte de nos comédiens au roi, à qui M<sup>r</sup> de Ratabon pour toute excuse déclara que cet emplacement lui était indispensable pour la construction de la colonnade du Louvre, ajoutant que, puisque l'intérieur de la salle avait été aménagé pour les ballets de Sa Majesté, il n'avait pas cru « qu'il fallait entrer en considération de la comédie » pour la réalisation de son projet. Or, les fondements de la colonnade n'ayant été posés que cinq ans plus tard, certains voulurent voir dans le gesto du surintendant les arguments sonnants de l'Hôtel de Bourgogne (1).

Quoiqu'il en soit, voilà Molière, à l'improviste, sur le pavé. Nous laisserons la parole à Lagrange : Grâce au roi à qui la troupe avait le bonheur de plaire, la troupe fut gratifiée de la Salle du Palais-Royal, Monsieur l'ayant demandée pour réparer le tort qu'on avait fait à ses comédiens : « Le Sr. de Ratabon (surintendant des bâtiments du roi) reçut un ordre exprès de faire les grosses réparations de la salle du Palais-Royal. Il y avait trois poutres de la charpente pourries et étayées et la moitié de la salle découverte et en ruine. La troupe commença quelques jours après à faire travailler au Théâtre, et demanda au roi le don et la permission de faire emporter les loges du Bourbon et autres choses nécessaires pour leur nouvel établissement ; ce qui fut accordé à la réserve des décorations que le Sr. de Vigarani, machiniste du roi, nouvellement arrivé à Paris, se réserva sous prétexte de les faire servir au palais des Tuileries ; mais il les fit brûler jusqu'à la dernière, afin qu'il ne restât rien de l'invention de son prédécesseur qui était le Sr. Torelli, dont il voulait ensevelir la mémoire.

« La Troupe, en butte à toutes ces bourasques, eut encore à se parer de la division que les autres comédiens de l'Hôtel de Bourgogne et du Marais voulurent semer entre eux, leur faisant diverses propositions pour en attirer, les uns dans leur parti, les autres dans le leur. Mais toute la Troupe de Monsieur demeura stable ; tous les acteurs aimaient le Sr. de Molière leur chef, qui joignait à un mérite et une capacité extraordinaire une honnêteté et une manière engageante qui les obligea tous à lui protester qu'ils voulaient courir sa fortune et qu'ils ne le quitteraient jamais, quelque proposition

(1) Karl Mantzius, *Molière*, ouvrage traduit du danois par Maurice Pellisson ; Paris, Armand Colin, 1908, p. 162.

qu'on leur fît et quelque avantage qu'ils pussent trouver ailleurs (1) ».

Le morceau est trop beau, trop sincère pour que nous eussions osé en retrancher une ligne. Il nous fait connaître le dévouement inaltérable de ces comédiens pour leur chef qu'ils jugent à sa juste valeur, et ces révélations privées, — car Lagrange n'écrivait pas pour des lecteurs — nous sont un gage précieux de l'estime réciproque de Molière et de ses fidèles collaborateurs.

Loret, de son côté mentionne l'événement dans les termes suivants (2) :

> On a mis bas le Téâtre
> Fait de bois, de pierre et de plâtre,
> Qu'ils avoient (les comédiens) au Petit-Bourbon :
> Mais notre Sire a trouvé bon
> Qu'on leur donne et qu'on leur apreste,
> (Pour exercer après la Feste
> Leur Métier docte et jovial),
> La Sale du Palais Royal,
> Où diligemment on travaille
> A leur servir, vaille que vaille.

Voici donc la Troupe momentanément sans une salle, au début d'octobre 1660, à l'époque de l'année où les théâtres font recettes, et réduite à aller joüer la comédie en ville, tandis que le Sr. de l'Espy est spécialement chargé de surveiller les charpentiers, serruriers maçons et autres ouvriers. Heureusement le roi fait remettre à nos comédiens 3000 livres pour cinq «visites» au Louvre et une à Vincennes. Ce sont toujours le *Dépit amoureux*, l'*Etourdi* et les *Précieuses* qui forment la base de ces représentations (3).

Loret, dans sa *Muze historique* (Lettre du 30 Octobre)

---

(1) *Registre de Lagrange*, p. 25-26.
(2) Loret, *Muze historique*, Lettre du 30 octobre 1660, t. III, p. 273, Edit. Daffis, 1878.
(3) Pièces auxquelles il faut ajouter le *Médecin volant*, *Dom Japhet*, le *Cocu*, *Jodelet prince*, *D. Bertrand* et la *Jalousie de Gros René* (chacune une fois).

1660), T. III, P. 273, Edit. Daffis 1878, a rendu ainsi
compte d'une de ces « visites » chez Mazarin :

> De Monsieur, la Troupe Comique
> Eut, l'autre jour, bonne pratique,
> Car Monseigneur le Cardinal
> Qui s'étoit un peu trouvé mal,
> Durant un meilleur intervalle,
> Les fit venir, non dans sa salle,
> Mais dans sa chambre justement,
> Pour avoir le contentement
> De voir, non pas deux Tragédies,
> Mais deux plaizantes Comédies,
> Sçavoir celle de l'*Etourdy*,
> Qui m'a, pluzieurs fois, ébaudy,
> Et le marquis de *Mascarille*,
> Non vray Marquis, mais Marquis Drille
> Où l'on reçoit, à tous momens,
> De nouveaux divertissemens.
> Jule, et plusieurs Grandes Personnes
> Trouvèrent ces deux pièces bonnes :
> Et par un soin particulier
> D'obliger leur autheur Molier,
> Cette généreuse Eminence
> Leur fit un don en récompense
> Tant pour luy que ses Compagnons,
> De mille beaux écus mignons.

C'est la première fois que, dans sa Gazette rimée,
Loret cite le nom de Molière, qu'il écrit *Molièr*.

Lagrange qui, sur son Registre, avait marqué d'un
lozange noir la date fatale de lundi 11 octobre — démolition du Petit-Bourbon — se hâte de tracer un joli
rond bleu à celle du 20 janvier 1661, en ayant soin
d'écrire en grosses lettres :

LA TROUPE A COMMANCÉ AU PALAIS ROYAL
  LE 20 JANVIER 1661 par le *Despit amoureux* et
le *Cocu imaginaire,*   Reçeu   500 livres
                        Partagé   37,10

Il n'en est pas moins vrai que cette installation
avait déjà coûté plus de 2000 livres, et qu'il va falloir

encore solder des comptes pendant plusieurs mois, au détriment des recettes, bien entendu (1).

Cette désignation de « Théâtre du Palais-Royal » a égaré bien des gens peu familiers avec la topographie de Paris au XVII⁰ siècle, le théâtre actuel portant ce nom n'ayant été construit par l'architecte Louis qu'en 1784 (2).

Le souvenir du Théâtre du Palais-Royal occupé par Molière nous est rappelé seulement par une plaque apposée sur le mur du Palais-Royal proprement dit, à l'angle gauche de l'entrée de la rue de Valois : « Ici s'élevait la salle de spectacle du Palais Cardinal, etc... occupée par la troupe de Molière de 1661 à 1673. » Cette salle, construite par J. Lemercier en 1637, d'après les ordres du Cardinal de Richelieu, située à droite en entrant dans la cour du Palais-Royal (alors appelé Palais-Cardinal) abrita l'Opéra après la mort de Molière et fut détruite par un incendie en 1763.

A l'extérieur, rien n'indiquait qu'il y eut là une salle de spectacle : elle avait été érigée uniquement pour les divertissements privés du Cardinal. Quand elle fut affectée à la troupe de Molière, puis à l'Opéra, le public dut y arriver par une impasse qui devint plus tard l'entrée de la rue de Valois.

Nous avons dit, en parlant des jeux de paume, que lorsque le théâtre naquit en France, il n'existait pas d'édifice construit exprès pour des représentations théâtrales. Le fameux Hôtel de Bourgogne n'échappait pas à cette règle. Ce ne fut que plus tard que l'on adopta pour les salles de spectacle la courbe, inspirée par la forme des théâtres antiques, et se rapprochant plus ou moins de celle d'un fer à cheval, tout en con-

(1) *Registre de Lagrange*, p. 27 à 31.

(2) 49 Rue Montpensier. Tour à tour Salle Beaujolais, Théâtre des Variétés, Théâtre de la Montansier, Théâtre du Péristyle du Jardin Egalité, Théâtre de la Montagne, Variétés Montansier et enfin Théâtre du Palais-royal 1831.

servant pour l'édifice entier le rectangle allongé du xvııe siècle (1).

Mais, qu'il s'agisse d'un jeu de paume ou d'un local quelconque, on devine sans peine le grave inconvénient qui devait résulter d'un plancher horizontal, et non en pente. C'est pourquoi Richelieu qui, pour la représentation de sa tragi-comédie de *Mirame* (1639), avait fait construire cette salle, la première en France bâtie avec l'intention d'y donner des représentations théâtrales, avait conseillé à Lemercier, son architecte, d'élever graduellement la majeure partie du parterre. Nous en laisserons la partie descriptive à Sauval (2).

« Ce lieu, écrit-il, est une longue salle parallélogramme, large de neuf toises en dedans (17 m. 82), œuvre que le Cardinal et Mercier (Lemercier) s'efforcèrent de rendre le plus admirable de l'Europe. » Puis, après avoir expliqué que le Cardinal fit faire plusieurs projets par divers architectes : « On se tint à celui de Mercier (Lemercier) comme plus solide, plus commode et plus majestueux tout ensemble.

« La manière de ce théâtre est moderne, et occupe, comme je l'ai dit, une longue salle couverte carrée longue. La scène est élevée à un des bouts, et le reste occupé par vingt sept degrés de pierre, qui montent mollement et insensiblement, et qui sont terminés par une espèce de portique, ou trois grandes arcades. Mais cette salle est un peu défigurée par deux balcons dorés, posés l'un sur l'autre de chaque côté, et qui, commençant au portique, viennent finir assez près du théâtre.

« Le tout ensemble est couronné d'un plafond ou perspective où Le Maire a feint une longue ordonnance de colonnes corinthiennes, qui portent une voûte fort

(1) D'après une notice de Royer (*Hist. Univ. du Th.* t. III, p. 47) ce serait l'Italien Carlo Fontan qui aurait inventé la forme du fer à cheval en 1675, deux ans après la mort de Molière, forme adoptée par François d'Orbay lorsqu'il construisit la nouvelle salle de la Comédie française en 1688, rue des Fossés Saint-Germain des Prés (rue de l'Ancienne Comédie).

(2) *Antiquités de Paris*, t. II, p. 163.

hauto enrichie de « rozons », et cela, avec tant d'art,
que non seulement cette voûte et le plafond semblent
véritables, mais rehaussent de beaucoup le couvert de
la salle, et lui donnent toute l'élévation qui lui manque. »

Plus loin, Sauval s'extasie sur la couverture du
théâtre, couverture de plomb posée sur une fort légère
charpente, et particulièrement sur huit poutres de
chêne, chacune de deux pieds (66 cm) en carré sur dix
toises (19 m. 80) de long. Ces poutres colossales avaient
été taillées dans les forêts royales de Moulins.

Reste à savoir combien de spectateurs pouvait
contenir une telle salle. Sauval dans son admiration
dit trois mille ! Une étude très approfondie de « la
Scène de Molière et son organisation » (1) nous rapproche beaucoup plus de la réalité.

Lorsque Sauval nous dit que la scène était élevée
à un des bouts de cette salle vaste et que le reste était
occupé par vingt sept degrés sur une longueur de 10 à
11 toises (plus de 20 mètres) il oublie de nous parler
du parterre, espace où l'on se tenait debout entre
l'amphithéâtre et la scène (2). Or, nous savons que
du temps de Lulli, qui fut le successeur direct de Molière
au Palais-Royal, ce parterre contenait 300 personnes
serrées les unes contre les autres. Un escalier ou perron
de cinq marches — du temps de Richelieu au moins —
reliait le milieu de la scène au parterre (3). Derrière

(1) *Introduction à l'Avare de Molière* par le Prof. H. Fritsche. Berlin,
Weidmannsche Buchhandlung, traduite en français par M. Metzger, *Le
Moliériste*, juin, juillet et août 1887.

(2) L'usage de se tenir debout au parterre, conservé longtemps en France,
existe encore dans certaines villes d'Italie. Seulement ce parterre debout
est placé en arrière des fauteuils d'orchestre, et non devant la scène.

(3) Paul Lacroix, *Iconographie moliéresque*, p. 72-73, Paris, Aug. Fontaine,
1876. — N° 239. Louis XIII à la comédie dans la salle du Palais-Royal. Gravé
par Balthasar Moncornet, in-f° en largeur. La salle est telle qu'elle était
à la représentation de *Mirame*, avant que Molière eût obtenu la permission d'y faire établir des loges. Cette gravure, reproduite p. 39 dans
l'ouvrage de M. Karl Mantzius, Paris, Colin, 1908, est indiquée par erreur
comme la vue de la salle du Petit-Bourbon. — N° 240. Plan de l'ancienne
salle de spectacle du Palais-Royal, fait immédiatement après la mort de

ce parterre, séparé ou non par une grille ou par un couloir, se trouvait donc l'amphithéâtre dont les marches assez larges pour recevoir un spectateur assis, étaient recouvertes de planches ; mais il est à supposer que les premières marches inférieures étaient ou enlevées, ou inoccupées, sinon il eût été impossible de cette place de voir par dessus la tête des spectateurs du parterre.

Étant donné la largeur de la salle (17 m. 82) il est facile de supposer que chaque marche, en défalquant l'espace occupé par les couloirs latéraux indispensables et un passage de milieu, pouvait recevoir trente personnes. Nous arrivons ainsi en chiffres ronds à 700 pour l'amphithéâtre.

Nous savons que les galeries latérales s'élevaient sur deux étages, et nous en connaissons la longueur. L'auteur du travail cité compte un maximum de 8 personnes par rangs de loges, avec deux bancs placés l'un derrière l'autre, ce qui fait environ 330 spectateurs pour 4 rangs de loges de ce genre. Si nous admettons à présent que 70 personnes pouvaient encore trouver place sous les arcades du fond de la salle, arcades signalées par Sauval, nous arrivons au chiffre de 1400 personnes, auquel il convient d'ajouter encore les quelques places sur la scène dont nous allons parler plus loin. Or, le chiffre de 1450 spectateurs, maximum, concorde parfaitement avec celui des plus fortes recettes de Molière, soit 2000 livres. Rappelons-nous qu'on payait 15 sous au parterre, et un demi-louis d'or ou 5 livres aux places les plus chères (1).

Nous ignorons si le plancher de la scène était un peu plus élevé vers le fond, mais nous savons que le rideau, qui se levait en se tirant en l'air comme aujourd'hui,

Molière, lorsque cette salle fut donnée par le roi à Lulli pour y transporter le Th. de l'Académie royale de musique. Deux dessins d'architecte à la plume, mai 1673. Cabinet des estampes, de la Bibl. nat. Topographie de Paris, Quartier du Palais royal.

(1) *Le Moliériste* déjà cité, juin 1887, p. 75.

venait tomber près de la dernière loge du coin. On ne
connaissait pas encore la boîte du souffleur, et ce
modeste, mais très utile fonctionnaire, se tenait dans
une coulisse latérale (1). Quant aux musiciens — généralement six violons — on les reléguait dans la plus
mauvaise loge du 2e rang, et par conséquent près de la
scène (2).

Ce fut aux représentations du *Cid*, donné en décembre
1636 au théâtre du Marais, que, pour la première fois,
on vit des grands seigneurs, des magistrats, des officiers
envahir la scène pour y occuper des places. Sur ce point
on a le témoignage de Mondory, directeur-acteur de ce
théâtre (1594-1651) qui fut le créateur du rôle de Rodrigue. Dans une lettre adressée à Guez de Balzac
le 18 janvier 1637, il dit en effet : « Notre lieu s'est
trouvé si petit que les recoins du théâtre, qui servaient
les autres fois comme de niches aux pages, ont été
des places de faveur pour les cordons bleus, et la scène
y a été d'ordinaire parée de croix de chevalier de
l'Ordre. »

La mode s'en mêla ; tous les petits marquis voulurent
avoir place sur la scène, et les directeurs avisés jugèrent
bon de tirer parti de cet engouement ; ils garnirent
les côtés de chaises de paille, et firent payer six livres
(environ trente à quarante francs de notre monnaie),
le droit de s'y asseoir (3).

Il est facile de deviner de quelle façon les acteurs se
trouvaient ainsi à l'étroit sur tous les théâtres. La

(1) Chappuzeau, *Le théâtre françois* déjà cité, p. 145-146. — H. Lyonnet,
*Bulletin de l'Histoire du Théâtre*, 1918, *Le Souffleur.*

(2) Chappuzeau dit encore : « Ci-devant on les plaçait (les musiciens)
derrière le théâtre, ou sur les ailes, ou dans un retranchement entre la
scène et le parterre, comme en une forme de Parquet. Depuis peu (1675),
on les met dans une des loges du fond, d'où ils font plus de bruit que de
tout autre lieu où on pourrait les placer. »

(3) Paul Gaulot, le *Public sur la scène*, *Le Figaro*, 4 janvier 1914. —
Molière a critiqué cet usage dans les *Fâcheux*. Il n'en est pas moins vrai
qu'il en tirait profit comme ses confrères. V. aussi Adolphe Jullien, *Les
Spectateurs sur le Théâtre*, Paris, A. Detaille, 1875. Cet abus ne fut aboli
qu'en 1759.

scène du Palais royal était heureusement un peu plus large que les autres, bien que son cadre fût peu élevé. Mais combien la mise en scène devait souffrir de cet empiétement, d'où cette unité de lieu imposée aux auteurs par cette méthode, exception faite pour les représentations de pièces dites « à machines » comme *Psyché.*

Sur les 32 pièces de Molière, sous le rapport de l'unité du décor, par conséquent du lieu, sauf quelques prologues et intermèdes qui n'étaient représentés qu'occasionnellement, 29 se jouaient à une seule et même place ; 3 seulement exigeaient des changements de décors : *Dom Juan, Psyché* et le *Médecin malgré lui.* De ces 29 pièces, 11 se jouent dans la rue ou sur une place publique, 12 dans une chambre ou un salon, 6 dans un jardin, un parc, ou une forêt (1).

Avec Chappuzeau qui fut le contemporain de Molière, nous allons nous initier à l'administration d'une entreprise théâtrale dans le milieu du xviie siècle.

Indépendamment des comédiens, qui, chez Molière, étaient de véritables associés, voici donc les *officiers de théâtre*, nom pompeux qui comprend les *hauts officiers* « qui ne tirent pas de gages » et les *bas officiers* ou gagistes.

Parmi les premiers qui se contentent de l'honneur de leur charge, nous relevons le Trésorier, le Secrétaire et le Contrôleur. Ainsi, chez Molière, Lagrange qui nous a laissé son précieux Registre mentionnant la recette de chaque jour et la distribution des frais, était incontestablement le Secrétaire.

Les gagistes sont le concierge, le copiste, les violons, le receveur au bureau, les contrôleurs de portes, les portiers, les décorateurs, les assistants (figurants), les ouvreurs de loges, de théâtre et d'amphithéâtre, le chandelier, l'imprimeur et l'afficheur.

Les distributrices de limonades et autres liqueurs

_______

(1) *Le Moliériste,* juillet 1887, p. 102.

ne reçoivent pas de gages, mais paient une assez forte redevance à l'État pour avoir le droit d'exercer leur petit commerce.

Au concierge est remis le soin de « l'Hôtel ». Il ouvre et ferme les portes, procède au nettoyage, et fait sa ronde après le spectacle par crainte d'incendie.

Le copiste est tout à la fois copiste, archiviste et souffleur. Il se tient, pour exercer cette dernière fonction, à l'une des ailes du théâtre.

Le receveur qui distribue les billets est seul : c'est le même bureau qui reçoit la recette pour le Théâtre (sur la scène), l'Amphithéâtre, les Loges et le Parterre.

Les contrôleurs des portes placent les spectateurs selon la place à laquelle ils ont droit. Les Portiers, en pareil nombre que les Contrôleurs, sont commis pour empêcher les désordres qui pourraient se produire. Ces Portiers furent remplacés plus tard par des soldats du Régiment des Gardes.

Les décorateurs, dont le nombre ne dépasse pas deux pour les pièces sans mise en scène, font la police du plateau. Il est de leur devoir de se pourvoir de *deux moucheurs* pour les lumières qui sont des chandelles de suif. « Ils doivent s'en acquitter promptement (de cet office), nous dit encore Chappuzeau, pour ne pas faire languir l'Auditeur entre les actes ; et avec propreté, pour ne pas lui donner de mauvaise odeur. L'un mouche le devant du théâtre, et l'autre le fond, et surtout ils ont l'œil que le feu ne prenne pas aux toiles. » Du reste, en prévision d'accident, des muids pleins d'eau et nombre de seaux remplis d'eau sont à la disposition de la main. Les déchets des lumières font partie des petits profits des décorateurs.

Les « Assistants », que nous appelons de nos jours « Figurants » se recrutent surtout parmi les domestiques des comédiens ; les ouvreurs (et non ouvreuses) de loges, de théâtre et d'amphithéâtre, au nombre de quatre ou cinq, donnent aux gens de qualité les meilleures places ; il ne leur est point défendu d'en revecoir quelques « douceurs ».

Le chandelier doit fournir de bonnes lumières du poids, de la longueur et grosseur qu'elles sont commandées. Quand le roi vient au théâtre, les chandelles sont remplacées par des bougies.

L'imprimeur doit rendre le lendemain du jour qu'on a annoncé, et de grand matin, le nombre ordinaire d'affiches bien imprimées sur bon papier, l'original lui ayant été envoyé dès le soir par celui qui annonce, et qui a coutume de le dresser. L'afficheur doit être ponctuel pour poser de bonne heure ses affiches à tous les carrefours et lieux qui lui sont indiqués. Les affiches (en 1675) étaient rouges pour l'Hôtel de Bourgogne, vertes pour l'Hôtel de la rue Mazarine (ancienne troupe de Molière), et jaunes pour l'Opéra (1).

(1) Arthur Pougin, *Dictionnaire du Théâtre*, Art. Affichage. Les affiches de ce genre parvenues jusqu'à nous sont fort rares. Nous en avons pu voir quelques-unes dans les expositions théâtrales. Le Musée de la Comédie-française (Catalogue Monval) n'en possède que des photographies. Des originaux sont conservés à la Bibl. de l'Arsenal, à la Bibl. de l'Opéra. Celle de l'Hôtel de Bourgogne mesure 0,29 de haut sur 0,34 de large. D'autres 0,30 de haut sur 0,45 de large. On y voit figurer la désignation de la troupe, le titre de la pièce, le nom de l'auteur, le jour de la représentation, et souvent l'annonce du spectacle suivant, et tout au bas (du moins sur celle dont nous avons un modèle sous les yeux), l'adresse : « C'est à l'Hostel du Marais, vieille rue du Temple, à deux heures ». Mais le nom des comédiens qui joueront dans la pièce n'y figure jamais. Cet usage ne viendra que plus de cent ans plus tard.

Loret n'a-t-il pas dit dans sa *Muze historique.* T. III, p. 437. Edit. Daffis.

    Les affiches marquent l'endroit,
    L'heure, le prix et la journée,
    Et c'est toujours l'après-dînée.

# CHAPITRE V

## DOM GARCIE DE NAVARRE
## ou LE PRINCE JALOUX

**Comédie en vers en 5 actes.**
**Théâtre du Palais-Royal : 4 Février 1661**

*Fonctions de l'Orateur.* — Dom Garcie de Navarre ou le Prince jaloux. — *Echec de la pièce.* — *Six troupes à Paris.* — *Abandon du genre héroïque.* — *La maison de la rue Saint-Thomas du Louvre.* — *Armande Béjart.* — *Projets de mariage de Molière.*

Si nous ajoutons à ces données exactes — puisque contemporaines — sur l'organisation d'une entreprise théâtrale au XVIIe siècle, qu'il y avait encore dans chaque compagnie dramatique un *Orateur*, et si nous en définissons la fonction, nous aurons à peu près tout dit pour donner l'idée complète de ce que pouvait être une représentation dans cette salle du Palais-Royal où Molière va jouer pendant douze ans.

L'*Orateur* est choisi parmi les comédiens. Aujourd'hui nous l'appellerions « le Régisseur parlant au public ». Mais cependant il est quelque chose de plus que le régisseur, car non seulement il compose l'affiche du lendemain, mais il est encore chargé de se présenter à l'issue de la représentation pour faire valoir en termes choisis le programme de la représentation suivante.

Fonctions extrêmement délicates, si l'on songe qu'il faut toujours trouver quelques phrases bien tournées pour capter la confiance du public. Il commence donc par remercier l'assemblée de sa présence, il annonce la pièce prochaine, il glisse quelques éloges pour cette œuvre, afin de provoquer la curiosité. Tout cela en termes brefs, qui ne sentent pas l'apprêt. Il ne sort de cette réserve qu'en présence du Roi, de Monsieur, ou de quelque Prince du sang ; alors le compliment, quelque peu médité, peut être appris par cœur et récité de mémoire.

L'annonce s'allonge à la veille d'une pièce nouvelle qu'il est besoin de vanter ; et surtout le jour de la fermeture de l'année théâtrale, qui survient le vendredi précédant le premier dimanche de la Passion. Ce sont de véritables adieux au public. Mais où l'orateur aura à se surpasser, ce sera dans le discours d'ouverture après Pâques, non seulement pour faire part des changements survenus dans la troupe, mais pour étaler aux yeux du public ébloui un programme plein de promesses pour toute l'année qui commence, et « faire reprendre au peuple le goût de la comédie », dont il s'est déshabitué pendant les derniers jours du carême.

Les théâtres de Paris au xvii<sup>e</sup> siècle eurent des *orateurs* éminents, qui laissèrent derrière eux de brillants souvenirs. Les habitués attendaient impatiemment la harangue de l'orateur, et y prenaient autant de plaisir qu'à la pièce. L'Hôtel de Bourgogne eut Bellerose, Floridor, Hauteroche, ce dernier auteur lettré (1).

Le Théâtre du Marais eut Mondory, Dorgemont, Floridor également, lorsqu'il fit partie de la troupe, Laroque qui garda l'emploi vingt sept ans (2).

L'*Orateur* devait encore répondre au public quand il était interpellé, mettre de son côté les rieurs par de vives réparties, payer de sa personne quand on avait

---

(1) Les troupes ne choisissaient jamais comme « orateur » qu'un acteur ayant tout à fait l'oreille du public. C'était le cas pour ceux que nous venons de nommer : Bellerose, qui fut un des meilleurs acteurs du règne de Louis XIII, et le créateur du *Menteur*, mort en 1670. — Floridor universellement estimé, et d'origine noble, mort en 1671. — Hauteroche, 1616-1684.

(2) Mondory, déjà cité, 1594-1651, visage agréable et expressif. — Dorgemont qui lui succéda au Marais comme orateur en 1637 créa, croit-on, le rôle de don Diègue du *Cid*. Il était mort avant 1673. Nous avons déjà parlé de Floridor ci-dessus.

à faire à des mousquetaires, des laquais ou des pages pris de vin.

Or, si une comparaison nous est permise, tandis que l'orateur de l'Hôtel de Bourgogne était réputé pour sa belle prestance et son éloquence, et celui du Marais pour sa fermeté et sa vaillance, Molière plaisait surtout pour son « honnesteté » comme on disait alors, et pour ses traits d'esprit à l'impromptu. La gravure de Simonin, que nous avons citée au précédent chapitre, et connue sous le nom du « vray portrait de M<sup>r</sup> de Molière en habit de Sganarelle » nous le représente précisément adressant un compliment au public. Nous le verrons s'acquitter de cette tâche pendant trois ans encore, jusqu'au jour où il se débarrassera de cette véritable « corvée » sur son fidèle et dévoué Lagrange.

Voici donc Molière en ce moment seul maître de la salle du Palais-Royal où, à peine installé, il rêve de frapper un grand coup en donnant une pièce nouvelle de lui : *Dom Garcie de Navarre* ou le *Prince jaloux*, comédie en cinq actes, en vers, dont la première représentation eut lieu le vendredi 4 février 1661. Pour cette fois — qui n'est pas coutume —, ce coup sera un coup d'épée dans l'eau.

Nous allons en chercher les raisons.

Molière qui, au fond, est un grand timide, n'ose pas encore voler de ses propres ailes. Sur quatre pièces signées de lui, trois ont été empruntées à des sujets italiens. Pour sa cinquième, il ne se sent pas encore de force à marcher seul, et c'est à une pièce italienne, intitulée *le Gelosie fortunate del Principe Rodrigo* (les *heureuses jalousies du prince Rodrigue*, du poète florentin Giacinto, Andrea Cicognini) qu'il va emprunter en entier sa pièce du genre dit héroïque, *Dom Garcie de Navarre.*

Ainsi parle, preuves en mains, l'auteur de *Molière et la Comédie italienne* (1).

_________

(1) Louis Moland, ouvrage déjà cité, p. 261.

— Pardon, objecte un autre (1), qui, dans ses *Etudes critiques de littérature comparée* rapporte tout, non sans raison souvent, au théâtre espagnol, la sorte de jalousie de Dom Garcie de Navarre qui caractérise le héros de Molière est, par excellence, de couleur espagnole. Dans le théâtre castillan, les *caballeros* sont d'une incroyable susceptibilité pour tout ce qui touche à l'amour ; la moindre chose provoque leur jalousie ; ils sont prompts à soupçonner leurs dames et à commettre les actions les plus extravagantes pour des motifs insignifiants.

— La pièce est italienne, à n'en pas douter, et comme telle passionnée, déclare de son côté M. Louis Moland. Les sentiments des personnages y ont toute leur énergie et tout leur abandon ; les emportements de Rodrigue sont de véritables fureurs ; ses retours sont sans réserve; aux injures brutales succèdent d'amoureuses litanies où se déroule tout ce que la langue italienne possède d'expressions de tendresse :

— *O mio bene !*
— *O mio cuore !*
— *Ti ricevo, mia vita !*
— *Ti ritrovo, ô mio tesoro !*

Oui, mais Cignognini écrivait en prose italienne, et Molière écrivait en vers français, donc dans un style plus châtié.

Après avoir analysé le caractère de Dom Garcie, irréfléchi et ombrageux, et celui d'Elvire d'une fierté toute castillane, le défenseur du théâtre espagnol ajoute en manière de conclusion : « Du reste, il n'y a pas un seul personnage de cette comédie qui n'ait une allure espagnole ; l'intrigue, le dialogue qu'anime un souffle de passion, le dénouement même sont tout-à-fait dans le goût de la *comedia* (2).

Soit ; mais puisque Molière a suivi de très près le

(1) *Molière et l'Espagne*, Paris. Champion 1907, p. 157.
(2) Guillaume Huszar, Ouvr. déjà cité, p. 158.

dialogue italien, il faudrait admettre que Cicognini
s'était inspiré d'une comédie espagnole dont le texte
ne nous est pas parvenu.

Coup d'épée dans l'eau, nous avons dit, car ce genre,
la comédie héroïque, a l'inconvénient de réunir les
défauts de la comédie et ceux de la tragédie ; genre dans
lequel il ne s'est produit en français rien de bon, genre
sans intérêt, dont la paternité appartient bien au
théâtre espagnol, et dont Molière et Corneille, qui
avait aussi tenté de l'aborder, auraient dû lui laisser
et l'honneur et l'ennui (1).

L'échec fut dur pour Molière que le public renvoyait
tout simplement à la bouffonnerie. Ceux qui avaient
applaudi Mascarille et Sganarelle ne pouvaient concevoir Dom Garcie. Le grand homme, ou, du moins,
celui qui va le devenir, le comprit si bien qu'il aban-
donna le rôle dès la seconde représentation (2).

La première de *Dom Garcie* avait été donnée avec
*Gorgibus dans le sac* (3) et 600 livres de recette. Le
surlendemain, dimanche, le bureau perçoit encore
500 livres. Mais à la troisième, le mardi, ce ne sont plus
que 168 livres. Vite, il faut avoir recours à une reprise
du *Cocu* pour faire passer un second dimanche *Dom
Garcie*, avec 700 livres, la plus forte recette avec cette
pièce. La cause est perdue néanmoins ; la septième
ne fait encaisser que 70 livres, et Lagrange écrit tris-
tement sur son Registre : « Part, néant. » *Dom Garcie* n'a
plus qu'à quitter l'affiche. Il faut en revenir à l'*Etourdi*
aux *Précieuses*, au *Dépit amoureux* et au *Cocu*.

L'entreprise n'est pas des plus faciles à mener.

(1) Notes de G. Monval, *Th. complet de J.-B. Poquelin de Molière*. Edit.
D. Jouaust, t. II, p. 367, Paris 1882. — *Dom Garcie* a été imité une fois en
Angleterre, dans *The Masquerade*, représenté en 1719, et écrite par Charles
Johnson, un avocat, devenu plus tard aubergiste.—H. Van Laun, le *Molié-
riste*, 1er août 1880, p. 235.

(2) Notes de G. Monval, Edit. Jouaust, t. II, p. 368.

(3) Petite farce attribuée à Molière, et non imprimée. Ce titre semble
déjà indiquer le canevas de la célèbre scène des *Fourberies de Scapin*, où
celui-ci fait mettre Géronte dans le sac.

D'abord, cette installation nouvelle au Palais-Royal a considérablement grevé le budget de nos comédiens. A chaque page de son *Registre* Lagrange écrit en marge de petites notes du genre de celles-ci : « Retiré pour les frais de la salle du Palais-Royal », ou « Retiré pour les charpentiers 480 livres. » Les représentations ne se passent pas toujours dans le calme le plus absolu, et ce n'est pas sans raison que le dimanche 20 mars on donne à St-Germain, portier, *pour sa blessure*, 55 livres. Ce bon serviteur avait eu à lutter contre les traîneurs de rapières et la valetaille qui voulaient toujours entrer sans payer (1).

Bref, *la part* de cette année théâtrale (vendredi 9 avril 1660 - 1ᵉʳ avril 1661) n'aura pas, pour toutes ces raisons, été des meilleures, car chaque associé n'a pu inscrire, côté recettes, que les sommes suivantes :

| | | | |
|---|---|---|---|
| Théâtre du Petit-Bourbon | 1679 livres | 9 sols | |
| »        du Roy | 250 | » | |
| »        du Palais-Royal | 547 | » | 17 » |
| | 2477 livres | 6 sols | |

Enfin, avant de recommencer après Pâques, au Palais-Royal, « Mᵣ de Molière, nous dit Lagrange, demanda deux parts au lieu d'une qu'il avait. La Troupe lui accorda *pour lui ou pour sa femme s'il se mariait.* Ainsi, la Troupe ayant continué sur le pied de douze parts depuis 1660, 9 avril, fût augmentée d'une part en 1661 » (2).

Ce mariage ne devait avoir lieu qu'un an plus tard.

Comme directeur, comme auteur, Molière devait se trouver singulièrement embarrassé à ce tournant de sa carrière.

Directeur, il lui faut soutenir la concurrence de ses

(1) Registre de Lagrange, p. 31. Cet évènement n'est pas le seul de son genre. Il se reproduira plusieurs fois.
(2) Registre de Lagrange, p. 31. Il est indispensable, toutefois, de tenir compte de la valeur proportionnelle de l'argent.

redoutables rivaux. Jamais Paris n'a encore abrité autant de troupes dramatiques et comiques à la fois. C'est ce que nous apprend Loret dans sa lettre du 1<sup>er</sup> janvier 1661 (1) :

> Une Troupe toute nouvelle,
> Qui se dit à Mademoizelle,
> Qu'on attendoit, de longue main,
> Joüe au Fauxbourg de Saint-Germain.
>   Celle de Monsieur se prépare
> A donner maint spectacle rare.
>   Les Comédiens du Marest
> Font un inconcevable aprest,
> Pour joüer, comme une Merveille,
> Le *Jazon* de monsieur Corneille.
>   Ainsi, pour plaire aux beaux Esprits,
> On void cinq Troupes dans Paris,
> Y comprize celle d'Espagne ;
> Et dans la prochaine Campagne,
> C'est-à-dire en Avril ou May,
> Où le temps devient doux et gay,
> Nous aurons celle d'Italie,
> De Scaramouche et d'Aurélie,
> (Ou, si l'on veut, Aurélia)
> Avec Trivelin, tant-y-a
> Que voilà six Troupes comiques ;
> Et je croy qu'aux siècles antiques,
> Paris, quoy que séjour des Rois,
> N'en vid jamais tant à la fois.

Il n'est pas aisé de lutter avec l'Hôtel de Bourgogne dans le genre héroïque. Les comédiens du Marais, qui traînent à leur suite une foule de vieilles farces démodées et n'ont à leur service qu'une interprétation médiocre, sont moins à craindre. Et puis, le centre aristocratique de Paris se déplace. La Place-Royale a eu ses beaux jours sous Louis XIII. Le soleil, à présent, brille au Louvre. Sous ce rapport, la salle du Palais-Royal est merveilleusement située. C'est elle qui doit attirer et retenir la « société ». Mais il faut du nouveau, de l'inédit. Entre les tragiques de la rue Mauconseil,

(1) Loret, *La Muze historique*, Edit. Daffis, 1878, t. III, p. 303.

et les bas comiques de la rue Vieille du Temple, il faut chercher une voie.

Auteur, en homme d'esprit qu'il est, Molière a compris, avec son grand sens théâtral, qu'il faut servir à présent, à la Cour et à la ville, autre chose que de vieux canevas italiens, aussi habilement démarqués fussent-ils, en excellents vers français, et il nous semble assister à une espèce de conseil de famille tenu dans cette grande maison de la rue St Thomas du Louvre, maison dont nous nous occuperons plus loin, et où demeurent tous ensemble la tribu des Béjart, le ménage de Brie et Molière.

Femme de tête et d'initiative, en qualité aussi d'ancienne directrice, Madeleine Béjart prend la parole avec autorité, du haut de ses quarante ans sonnés : « Molière, tu as passé l'âge des essais ; tu dois, dès à présent, voler de tes propres ailes. Tu as toujours aimé les rôles de héros, je le sais. Laisse là les héros, ils ne te réussissent guère. C'est dans la comédie que tu remportes, comme auteur et comme acteur, tes plus beaux succès. Tu vois bien que les Parisiens ne te connaissent que sous les noms de Mascarille ou de Sganarelle. Pourquoi te fatiguer à décalquer des sujets empruntés au répertoire italien ? Tu raffines, tu épures, c'est fort bien. Mais notre public veut autre chose. Il veut un théâtre qui soit français.

« Abandonne la déclamation ampoulée à ces beaux messieurs de l'Hôtel et les basses farces au Marais. Crée un genre, qui, par le style, puisse rivaliser avec celui dont se servent les premiers, et qui, par la gaîté, sans t'écarter du bon goût, fasse oublier les autres.

« C'est de ton propre fond qu'il te faut tirer à présent le suc qui doit alimenter ton théâtre. Dix-huit ans d'apprentissage ne te suffisent-ils donc pas ? Nous ne sommes plus là-bas, en Languedoc où il s'agissait seulement de contenter quelques lourdauds venus aux États. Nous sommes les comédiens de Monsieur, frère du roi. Nous jouons à la Cour. Il faut plaire, charmer, éblouir. C'est sur toi seul, auteur, acteur, directeur qu'il te faut compter. Nous sommes là, mon frère, ma sœur, nos camarades, les de Brie, les du Parc, Lagrange, du Croisy, tous enfin, pour te soutenir et t'encourager dans cette lutte suprême qui commence. Écris-nous des pièces, Molière, et donne-nous des rôles. La chute de *Dom Garcie* est pour toi une leçon salutaire, car elle t'indique la route à suivre et délie les liens étrangers où ton génie restait emprisonné. »

C'est ainsi que Molière, après avoir fait son examen de conscience, va prendre sa plume pour écrire dans un esprit nouveau cette suite de chefs-d'œuvre, ininterrompue pendant douze ans.

Au sortir de cette salle du Palais-Royal, que nous connaissons à présent de fond en comble, nous suivrons un instant, avant d'aller plus loin, Molière encore célibataire dans sa vie domestique.

Le premier logement du quai de l'École, habité par les Béjart et Molière, alors que la troupe partageait la possession du théâtre du Petit-Bourbon avec les Italiens, a été quitté pour se rapprocher du Palais-Royal. Tous ensemble ont établi leur demeure dans une vaste maison sise au coin de la rue St-Honoré et de la rue St-Thomas du Louvre, ayant vue sur ces deux rues et sur la Place du Palais-Royal qui se développait à l'extrémité de la rue St-Thomas. Cette maison, relevant de la paroisse St-Germain l'Auxerrois, porta successivement les noms de *Maison de la Crosse*, puis du *Singe* (1).

La rue St-Thomas du Louvre fut supprimée en 1849 pour le percement de la rue de Rivoli (dégagement des abords du Louvre entre la rue de l'Arbre-Sec et la Place des Pyramides) (2). Mais le *Plan monumental*

---

(1) Jules Loiseleur, *Les Points obscurs de la vie de Molière*. Paris, Liseux, 1877. — Note sur les différents domiciles de Molière, p. 393.

(2) G. Pessard, *Dictionnaire historique de Paris*, Art. Place du Palais-Royal et rue de Rivoli.

*de Paris au* xviie *siècle* par Jacques Gomboust (1653), nous en fait connaître l'emplacement sur sa Planche VIII.

Supposez une ligne droite partant du quai du Louvre, passant derrière le monument actuel de Gambetta, pour aller aboutir dans l'axe de l'entrée principale de la cour du Palais-Royal, et vous aurez une idée exacte du tracé de cette rue dans laquelle se trouvait le fameux Hôtel de Rambouillet (1). La maison occupée par Molière faisant l'angle de la rue St-Honoré, se trouvait donc sur l'emplacement de la Place actuelle agrandie, à quelques mètres de son théâtre où il pouvait se rendre en traversant la petite place d'alors.

Dans cette maison habitent, outre Molière, la vieille Marie Hervé, veuve de Joseph Béjart et mère de toute la tribu de ce nom, Madeleine Béjart sa fille aînée, Geneviève Béjart qui se mariera en 1664 avec Léonard de Loménie de la Villaubrun, bourgeois de Paris ; Louis Béjart, leur frère ; le ménage de Brie ; la future femme de Molière, Armande Béjart. C'est dans cette maison que Molière se mariera l'année suivante, et nous savons par les pièces signées à différentes époques qu'il y demeurait en 1662, qu'il y habitait encore en 1670, après le décès de son père, et lorsqu'il prêtait de l'argent à Lulli ; en 1671, après la mort de Marie Hervé ; en mars 1672, après la mort de Madeleine Béjart ; en juillet 1672, lorsqu'il prenait en location son appartement de la rue de Richelieu où il devait mourir lui-même l'année suivante (2).

Seulement, comme cette adresse était triple : rue St-Thomas du Louvre, rue St-Honoré, Place du Palais-Royal, il en est résulté que beaucoup de moliéristes n'ont pas compris qu'il s'agissait toujours de la même maison. Un seul coup d'œil jeté sur le plan de Gomboust

(1) Second du nom, car le premier, situé sur l'emplacement de la cour d'honneur du Palais-Royal, avait été démoli pour la construction du Palais, dit Cardinal, sous Richelieu.

(2) Eudore Soulié, *Recherches sur Molière*, p. 203, 220, 239, 242, 249, et 258.

eût suffi pour les convaincre qu'il ne pouvait être question d'aucune autre.

Dans cette maison de la *Crosse* ou du *Singe*, va se jouer de 1661 à 1662 tout un drame de famille, angoissant pour Madeleine Béjart, troublant pour Molière, déconcertant pour la jeune Armande, que nous venons d'y voir introduite.

Armande Béjart ? Nom qui sonne comme celui d'une énigme. Une énigme qui fit couler des torrents d'encre. D'où sort-elle, cette Armande à qui l'acte de baptême, introuvable jusqu'à ce jour, donnait pour mère la vieille Marie Hervé, et qui passait aux yeux de tous les contemporains pour la fille — et non la jeune sœur — de Madeleine Béjart ?

Problème indéchiffrable, disons-nous, mais dont la recherche échappe à notre sujet qui consiste à montrer surtout, au point de vue de l'histoire du théâtre, dans quelles conditions et dans quel milieu furent données les premières représentations des comédies de Molière.

Nous avons résumé autre part (1) le peu que l'on sait de la première jeunesse d'Armande passée dans le midi de la France. Un pamphlet, écrit après la mort de Molière (2) a même précisé : dans le Languedoc,

(1) Henry Lyonnet, *Dict. des Comédiens français*, Art. M^lle Molière, t. II, p. 447.

(2) La *Fameuse Comédienne* ou *Histoire de la Guérin*, pamphlet réédité par Ch. L. Livet, Paris, 1878, sous le titre de *Intrigues de Molière et de sa femme*.

Parmi les diverses opinions émises au sujet de la naissance d'Armande Béjart, on lit dans les *Mémoires de Brossette* sur la vie de Boileau : « M. Despréaux m'a dit que Molière avait été amoureux premièrement de la comédienne Béjart dont il avait épousé la fille ». Taschereau, Bazin, Jules Loiseleur, A. Houssaye, L. Lacour la considèrent comme fille de Madeleine. Certains en désignent même le père : le Comte de Modène. G. Monval, toujours si bien renseigné, écrit à propos de celui-ci : « On ne pourrait le regarder comme père d'Armande qu'en identifiant cette dernière avec la Françoise née en 1638 de M. de Modène et de Madeleine Béjart, à quoi je me sentirais, je l'avoue, assez disposé. » (*Intermédiaire des chercheurs et des curieux* XXVI, 134). N'oublions pas que, d'une part, on ne retrouve pas les traces de cette Françoise, et que d'autre part, le Comte de Modène n'a

chez une dame de qualité. On croit généralement qu'elle fut retirée de chez cette dame vers l'âge de dix ou douze ans et qu'elle parut pour la première fois sur un théâtre, à Lyon, en 1653, dans la troupe de Molière. On l'appelle alors d'un nom enfantin, *M<sup>lle</sup> Menou*, et Chapelle, écrivant à son ami Molière en vers, selon la mode de l'époque, lui parle de « branche fleurie », de « naissants appâts », lui conseillant de ne montrer cette poésie qu'à M<sup>lle</sup> Menou seulement, car, ajoute-t-il, ces vers sont faits à son image.

M<sup>lle</sup> Menou est attachée dès lors au sort de la troupe entière en province, à Paris. Elle grandit sous les yeux de Molière... Alors commence dans cette maison commune des scènes intimes qu'il est facile de deviner, et que Grimarest nous a laissé entendre. Molière est devenu amoureux de la jeune Menou, malgré les vingt ans qui les séparent. Madeleine, qui a compris le manège, sème des obstacles sous ses pas. Armande, inconsciente, à moins qu'elle n'aspire à devenir la femme de son directeur, dans l'espoir de recevoir en présents de riches costumes et de somptueuses parures, ne se montre pas autrement rebelle.

Cependant Molière semble bien résolu à se marier dès Pâques 1661, et ce qui nous le prouve surabondamment c'est la note de Lagrange déjà citée. En

parrain, avec Madeleine Béjart marraine, d'Esprit-Magdeleine, fille de Molière (Saint-Eustache, 4 août 1665).

Jal (*Dict. critique*) ne veut s'incliner que devant les actes, et l'on n'a pas retrouvé l'acte de baptême d'Armande.

Mais pourquoi cette fausse déclaration au moment du contrat ? La raison nous en paraît toute simple : en forçant la vieille Hervé à prendre à son compte cette maternité tardive, on laissait ignorer aux profanes que Madeleine était fille-mère ; on faisait croire que, mère, c'était elle qui donnait à sa fille une dot assez ronde, alors qu'il est prouvé que la vieille Hervé, restée sans un sol à la mort de son mari, avait toujours vécu depuis lors à la charge de ses enfants. Secret de Polichinelle pour les intimes, assurément. Mais les apparences étaient sauvées.

M. L. Lacour qui publie aux Éditions d'Art, un remarquable travail sur les *Maîtresses et la Femme de Molière*, nous a donné le premier volume (les Maîtresses) en 1914. Nous attendons avec impatience le second (la Femme) dont l'apparition fut retardée par la guerre.

demandant à l'avenir deux parts au lieu d'une, et en stipulant que cette part supplémentaire sera celle de sa femme s'*il se mariait*, il ne peut mieux dévoiler ses intentions prochaines.

Détermination que. Grimarest (1) nous confirme en ces termes, après nous avoir laissé entendre que Madeleine fut longtemps opposée à ce projet: « Mais comme elle (Madeleine) l'observait de fort près, il (Molière) ne put consommer son mariage pendant plus de neuf mois. » Les choses en étaient arrivées à un tel point, nous apprend-t-il encore, que Molière aurait même pris un moment la partie de se marier sans rien dire.

Telle était l'état d'âme — si l'on peut employer ce terme — de Molière, au moment où sa situation théâtrale devenait passablement compliquée pour les raisons que nous avons dites : inauguration d'une salle nouvelle, concurrence, chute de *Dom Garcie*, nécessité de produire.

Il faut donc, coûte que coûte, maintenir la réputation de la troupe. La clôture annuelle de Pâques (1-25 avril) donne bien quelque répit, mais on en profite surtout pour monter une pièce de S. Chappuzeau, le *Riche impertinent*, qui, jouée le 6 mai, ne put se maintenir que 6 fois consécutives sur l'affiche.

Relâche encore de 15 jours pour le jubilé (29 mai-12 juin). Enfin la sixième production de Molière est prête, et va pouvoir paraître aux chandelles au Palais-Royal.

(1) J. L. Le Gallois de Grimarest, (1659-1713) auteur d'une *Vie de M. de Molière*, qu'il ne faut consulter qu'avec méfiance, bien que l'auteur dise qu'il tient une partie de ses renseignements de Baron, qui fut l'élève de Molière.

# CHAPITRE VI

## L'ÉCOLE DES MARIS

Comédie en vers en 3 actes.
Théâtre du Palais-Royal : 24 Juin 1661

*Distribution et Dédicace de l'École des Maris. — Succès de la
pièce. — Le surintendant Fouquet. — Le Château de Vaux. —
La troupe de Molière mandée à Vaux, puis à Fontainebleau
devant le roi. — Fouquet commande à Molière une comédie-
ballet. — Molière danseur et chanteur.*

*L'Ecole des Maris*, comédie en trois actes en vers,
fut représentée pour la première fois sur le Théâtre
du Palais-Royal le 24 juin 1661. Nous en connaissons
la distribution.

| | | |
|---|---|---|
| Sganarelle . . } frères . . . | | MOLIÈRE |
| Ariste . . . . } | | L'ESPY |
| Valère, amant d'Isabelle . . . | | LAGRANGE |
| Ergaste, valet de Valère . . . | | DU PARC. |
| Un Commissaire . . . . . . | | DE BRIE. |
| Un Notaire . . . . . . . . | | .... |
| Isabelle, . . . . } sœurs . . | | M^lle DE BRIE. |
| Léonor. . . . . } | | ARMANDE BÉJART |
| Lisette, suivante de Léonor . . | | MADELEINE BÉJART. |

Dans la dédicace adressée à « Mgr. le duc d'Orléans,
frère unique du Roy », nous lisons, entre autres choses,
cette phrase : « Mais, MONSEIGNEUR, ce qui doit me
servir d'excuse, c'est qu'en cette avanture je n'ay eu
aucun autre choix à faire, et que l'honneur que j'ay
d'estre à *vostre Altesse Royale* m'a imposé une nécessité absoluë de luy dedier le premier ouvrage que je
mets de moy-mesme au jour. Ce n'est pas un present
que je luy fais, c'est un devoir dont je m'acquitte... »

Ainsi, Molière, par cet aveu, semble reconnaître que toutes ses pièces précédentes, y compris les *Précieuses*, ne sont pas entièrement de son crû. L'exagération est certainement voulue par la flatterie. Il n'en reste pas moins vrai que l'*Ecole des Maris* marque le début d'une nouvelle période : celle où l'auteur va marcher seul.

La distribution de cette pièce provoque encore quelques réflexions. C'est la première fois que nous voyons apparaître *sous son nom* Armande Béjart, qui, dans le rôle de Léonor, représente la jeune pupille que Sganarelle-Molière prétend épouser, ce dernier ne craignant pas de se montrer sous des traits quelque peu ridicules.

La première de l'*Ecole des Maris* fut, en somme, un petit évènement pour les habitués du théâtre, qui attendaient avec impatience une nouveauté. Mais comme la pièce n'avait que trois actes, on donna pour commencer le *Tyran d'Égypte* (1).

La défiance du premier jour dissipée, la nouvelle comédie marcha vers un franc succès. On peut s'en assurer en jetant un coup d'œil sur le montant des recettes (2).

| | | | | |
|---|---|---|---|---|
| 24 juin | 1<sup>re</sup> représentation | . . . . . | 410 | livres |
| 26 » | 2<sup>e</sup> » | . . . . . | 650 | » |
| 28 » | 3<sup>e</sup> » | . . . . . | 701 | » |
| 29 » | 4<sup>e</sup> » | . . . . . | 760 | » |
| 1 juillet | 5<sup>e</sup> » | . . . . . | 750 | » |
| 3 » | 6<sup>e</sup> » | . . . . . | 812 | » |
| 5 » | 7<sup>e</sup> » | . . . . . | 805 | » |
| 8 » | 8<sup>e</sup> » | » 15 loges louées | 1131 | » |
| 10 » | 9<sup>e</sup> » | » 11 loges louées | 1132 | » etc. |

La semedi 9 juillet on avait encore joué, entre deux représentations pour le public, chez M<sup>me</sup> de la Tri-

_______

(1) Le *Tyran d'Egypte*, pièce nouvelle de Gilbert, avait été jouée pour la première fois par la Troupe de Molière, dans cette salle du Palais-Royal, le 25 février 1661. — C'était la onzième représentation.

(2) *Registre de Lagrange*, aux dates indiquées.

mouille. Bref, le bruit de la réussite de l'*Ecole des maris* avait dépassé les limites du quartier du Palais-Royal. Fouquet, le surintendant Fouquet, alors au comble de sa puissance et de sa splendeur, voulant encore rehausser l'éclat de la fête qu'il se préparait à donner à la Reine d'Angleterre, à Monsieur et à Madame, fit appeler Molière et sa troupe à son château de Vaux-le-Vicomte.

Nicolas Fouquet, vicomte de Melun et de Vaux, marquis de Belle-Isle, avait alors quarante six ans. De riche naissance, il avait acheté en 1650 la charge de Procureur général au Parlement de Paris. Après avoir rendu des services d'argent à Mazarin, à la Reine-Mère et à la Cour, pendant la période troublée de la Fronde, il était devenu surintendant des Finances en 1653. Tâche ardue, car il avait trouvé le Trésor vide. Engageant une partie de ses biens pour subvenir aux frais de la Cour et de l'armée, il fut l'homme utile. De là à se croire indispensable il n'y avait qu'un pas. Dès lors, le prêteur ne va pas seulement se rembourser. S'il remet les finances sur pied, c'est pour mieux les dilapider. Son orgueil ne connaît plus de bornes ; ses prodigalités sont inouïes. Une île est à vendre : il l'achète, et la fortifie pour s'en faire une place de sûreté en cas d'accident. Son faste dépasse celui du roi. C'est au château de Vaux-le-Vicomte, à quatre kilomètres au Nord-Est de Melun, près du village de Maincy, qu'il va accomplir les folies qui devaient lui être fatales.

Il y avait en cet endroit une demeure seigneuriale. Fouquet la fit reconstruire en entier par l'architecte Levau (1), qui la transforma en une magnifique résidence qui passe encore pour un chef-d'œuvre.

« Ce palais, a écrit Voltaire (2), et les jardins lui avaient coûté dix huit millions de livres, qui en valent

(1) Levau (Leveau dit), Paris, 1612-1670.
(2) *Siècle de Louis XIV*, t. II.

près de trente six aujourd'hui (1). Il avait bâti le palais deux fois, et acheté trois villages entiers, dont le terrain fut enfermé dans ces jardins immenses plantés en partie par Le Nôtre (2), et regardés alors comme les plus beaux d'Europe. Les eaux jaillissantes de Vaux, qui parurent depuis au-dessous du médiocre après celles de Versailles, de Marly et de Saint-Cloud, étaient alors des prodiges. Mais quelque belle que soit cette maison, cette dépense de dix-huit millions, dont les comptes existent encore, prouve qu'il avait été servi avec aussi peu d'économie qu'il servait le roi. » Il est vrai qu'il s'en fallait de beaucoup que Saint-Germain et Fontainebleau, les seules maisons de plaisance habitées par le roi, approchassent de la beauté de Vaux.

Le château, auquel on accédait par deux ponts-levis, était entouré de larges fossés remplis d'eau vive. L'avant-cour était décorée de portiques. Tous les bâtiments étaient vastes et magnifiques. Le parc englobait 600 arpents, disent les uns, 800 arpents disent les autres (3).

« Ce monument, peut-on lire dans le Guide Joanne (4) est empreint de cachet de noblesse et de grandeur qui frappe vivement l'imagination... La décoration des appartements a peu changé depuis Fouquet. Les peintures sont de Charles Le Brun (5) et Mignard (6). »

(1) Du temps de Voltaire, soit environ 125 millions de notre monnaie, ou peut-être plus encore.

(2) Le Nôtre, André, Paris, 1613-1700. Architecte et dessinateur de jardins, il mit le premier à la mode les portiques, grottes, rochers, rocailles, statues, labyrinthes, berceaux et treillages qui ornent ses jardins.

(3) J. A. Dulaure, *Histoire des environs de Paris*, Paris H. Boisgard, 1853, p. 323. P. Lacroix, dans son *Iconographie Moliéresque* signale la vue en perspective de Vaux-le-Vicomte du côté du jardin, par Israël Silvestre, H. 510ᵐᵐ., L. 77 m.

(4) *Guide aux environs de Paris.*

(5) Charles Le Brun, 1619-1690, était parisien. Protégé par le chancelier Séguier, Fouquet se l'était attaché en lui faisant 12.000 livres de pension, outre le paiement de ses ouvrages. Il trouva dans ses travaux de Vaux la source de sa fortune auprès de Mazarin, de la Reine-Mère et du Roi.

(6) Mignard, Nicolas, né à Troyes 1606-1668, était l'ami intime de Molière dont il peignit plusieurs fois le portrait.

Partout, dans cette maison, les armes et la devise de Fouquet : un écureuil avec les paroles « *Quò non ascendam ?* » (où ne monterai-je pas ?). Le roi devait se les faire expliquer un jour, tandis que les courtisans remarquaient que l'écureuil peint partout était poursuivi par une couleuvre — or la couleuvre figurait dans les armes de Colbert.

Fouquet, ignorant sans doute qu'il ne faut jamais humilier un maître, et que les fêtes trop éclatantes cachent ou préparent souvent des désastres particuliers, n'eut dès lors d'autre ambition que celle d'éblouir le roi. Déjà, en juillet 1660, Loret nous a parlé d'une première fête (1) :

> Fouquet bien aimé des Puissances
> Seul Sur-Intendant des Finances,
> De plus, Procureur Général,
> Etant, de ses biens, libéral,
> Traita, Lundy, la Cour Royale
> Par un superbe et grand Régale
> Dans sa belle Maizon de Vaux, etc.

Une seconde fête, au moins, avait eu lieu six mois plus tard (2) :

> Samedy, Monseigneur Fouquet
> Avoit, ce dit-on, le Bouquet,
> C'est-à-dire, en autre langage,
> Que cet illustre Personnage,
> Sur-Intendant de la Toizon
> Dans son opulente Maizon,
> Bien éclairée et bien musquée,
> Receut toute la Cour masquée,
> Qui fut, lors, selon sa grandeur,
> Traitée avec tant de splendeur,
> Par ce Magistrat très habile,
> Et sa Femme belle et civile,
> Que nôtre Prince Omnipotent,
> En sortant parut fort content.

(1) Loret, *La Muze historique.* Lettre du 24 juillet 1660.
(2) Loret, d° Lettre du 22 janvier 1661. — Cette fête masquée donnée à la veille du carnaval, avait eu lieu à Paris, dans l'Hôtel du Surintendant, rue du Temple, sur l'emplacement des numéros 101 et 103 actuels.

Le 11 juillet suivant, Fouquet prépare encore une splendide fête, non pour le roi, cette fois, mais pour la Reine d'Angleterre, pour Monsieur et pour Madame (1).

La Troupe de Molière est mandée en hâte. Les illustres invités entendront la nouveauté du jour, l'*Ecole des maris*, et comme on a joué au Palais-Royal le 10, qui était un dimanche, avec une fort belle recette, nos comédiens se mettent en route pour Vaux le 11 au matin. Loret nous a laissé un court aperçu de ce que fut cette représentation (2).

> Après qu'on eut de pluzieurs Tables
> Desservy cent mets délectables
> Tous confits en friands apas,
> Qu'icy je ne dénombre pas :
> Outre concerts et mélodie,
> Il (Fouquet) leur donna la comédie ;
> Sçavoir l'*Escole des maris*,
> Charme (à prézent) de tout Paris,
> Pièce nouvelle et fort prizée,
> Que sieur Molier a compozée,
> Sujet si riant et si beau,
> Qu'il fallut qu'à Fontainebleau,
> Cette Troupe ayant la pratique
> Du sérieux et du comique,
> Pour Reynes et Roy contenter,
> L'allât, encor, reprézenter...

On remarquera seulement qu'en la circonstance Fouquet avait eu la primeur de la pièce nouvelle, et que le roi passait après son surintendant. Petits froissements d'amour-propre, qui se paient tôt ou tard, et comment !

Voici donc la troupe, qui a joué le 10 à Paris et le 11 à Vaux, en route pour Fontainebleau, où elle jouera le 13, après-midi, devant le roi, à la Mi-Voie, l'*Ecole des Maris* et le *Cocu*. Le soir, même spectacle chez Madame la surintendante, et le 14 chez le Marquis

(1) La Reine d'Angleterre, c'est-à-dire la femme de Charles II. Monsieur, frère du roi, avait épousé récemment Henriette d'Angleterre, fille de Charles I<sup>er</sup>, et petite-fille d'Henri IV.

(2) Loret, *La Muze historique*, Lettre du 17 juillet 1661.

de Richelieu, l'*Ecole des Maris*, devant les filles de la Reine. Enfin départ la nuit pour Paris, par la route d'Essonne, localité que l'on atteint le 15 à la pointe du jour. A midi, la caravane comique au grand complet a réintégré le Palais-Royal où l'on a affiché pour le jour même : *Huon de Bordeaux* et l'*Ecole des maris*, pièce toujours demandée (857 livres de recette et 9 loges louées). Lagrange qui nous fournit ces détails ajoute que le marquis de Richelieu donna à la troupe 80 pistoles d'or, soit 880 livres, et le surintendant 1500 livres pour le déplacement (1).

Ce qu'il aurait pu dire aussi, c'est que Molière avait quitté Vaux-le-Vicomte avec la perspective d'une commande pour la grande fête projetée pour le mois suivant en l'honneur du roi. Quelques jours plus tard la commande deviendra ferme, à livrer en 15 jours, et l'ordre est exprès : il faut du nouveau, de l'inédit, de la comédie, de la musique et des ballets.

Autre tournant de la carrière du poète. Nous l'avons vu forcé de donner des ouvrages de son crû. Le voici qui, pour plaire à sa nouvelle « clientèle », va se voir obligé d'ajouter à sa prose ou à ses vers des « agrémens » comme on disait alors, c'est-à-dire de la musique et de la danse.

« Que Louis XIV ait eu du goût pour la belle poésie, nous ne le nions pas, écrit M. Maurice Pellisson dans sa remarquable étude sur les *Comédies-Ballets de Molière* (2), mais il est certain que la danse et la musique étaient ses arts de prédilection. En musique, il n'était pas seulement amateur, mais connaisseur ». Nous savons d'autre part que le Cardinal Mazarin lui avait fait venir d'Italie un maître de guitare qui lui enseigna fort convenablement son art en dix-huit mois, et qu'il ne fallait pas qu'un musicien se hasardât à faire une

(1) *Registre de Lagrange*, p. 34.
(2) Maurice Pellisson, les *Comédies-Ballets de Molière*, Paris, Hachette in-16, 1914, p. 19.

fausse note en sa présence. Quant à la danse, dont ce monarque raffolait, il prit pendant longtemps des leçons de M. de Beauchamps, qui s'intitulait, du reste, « maistre des ballets du roy » (1). Nombreux sont les titres des ballets qui nous sont parvenus, dans lesquels le roi figurait comme danseur.

La danse, d'ailleurs, faisait fureur à cette époque dans tous les rangs de la société. Molière, en écrivant des comédies-ballets, allait donc, non seulement plaire au roi, mais au public.

L'auteur cité plus haut, tout en constatant que Molière auteur de comédies-ballets est mal connu ou méconnu, fait remarquer, non sans raison, que certaines de ses pièces, privées de ces « agrémens » — pour maintenir le mot — n'ont plus leur physionomie propre. Évidemment. Mais il reconnaît aussi volontiers que la représentation intégrale de cette sorte d'ouvrage ne saurait aller sans frais extraordinaires, sans parler de difficultés de différents genres.

Quoi qu'il en soit, cette partie oubliée du théâtre de notre grand comique, à laquelle nous allons être forcément obligé de toucher, est-elle donc si négligeable ? — « En étudiant les comédies-ballets, conclut M. Maurice Pellisson, nous nous sommes efforcé de montrer que, lorsqu'on les ignore, lorsqu'on ne les connaît qu'en partie, ou lorsqu'on les dédaigne, on ne saurait être en état de rendre à Molière toute la justice qui lui est due. »

C'est absolument notre avis. Aussi tiendrons-nous compte de cette observation en parlant des « premières » où la musique et la danse voisinent avec la comédie.

Et puis Molière était-il donc si profane en matière

<hr>

(1) Il y eut toute une dynastie de ces de Beauchamps, sur lesquels on trouvera des détails biographiques dans le *Dictionnaire critique* de Jal, article Beauchamps (les). — « Plusieurs maistres de danse dispersés en différents quartiers sont aussi d'une habileté distinguée. M. de Beauchamps, maistre des ballets du roy, est le premier homme de l'Europe pour la composition. — Rue Bailleul. — L'Académie de danse chez M. de Beauchamps, rue Bailleul. (*Almanach ou Livre commode des adresses de Paris*, 1691.)

de danse et de musique pour ne pas correspondre aux désirs du roi et au goût du jour ? Molière, comme tous les comédiens, toutes les comédiennes de son temps, savait danser, et chanter quand il le fallait.

A Montpellier, en 1655, Molière dansait dans le ballet des *Incompatibles* où il représentait un poète et une harangère (1). Dans le rôle de Lysandre des *Fâcheux*, nous allons le voir — au chapitre suivant — danser une courante devant les hôtes royaux de Fouquet. « Molière, écrivit un contemporain, n'était ni trop gras ni trop maigre ; il avait la taille plus grande que petite, le port noble, la jambe belle... » (2) Et, sans poser en chanteur, Molière ne craindra pas de mettre des morceaux de musique dans ses rôles. Outre l'impromptu chanté dans les *Précieuses ridicules*, ne chantera-t-il pas encore dans les *Fâcheux*, dans la *Princesse d'Élide*, dans le *Médecin malgré lui*, dans la *Pastorale comique*, dans le *Sicilien* ? N'est-ce pas lui qui dans le *Misanthrope* rappellera à Oronte, en la chantant, la chanson :

> J'aime mieux ma mie,
> O gué,
> J'aime mieux ma mie !

Dans sa troupe, Madeleine Béjart, Mlle de Brie, Mlle du Parc, Armande Béjart dansent admirablement. Cette dernière, qui possédait une fort jolie voix, chantait également en italien.

Qui donc oserait soutenir que, lorsque Molière commença à composer des comédies-ballets, il n'était pas préparé à ce genre, bien de son époque, et vers lequel ses goûts et ses aptitudes l'attiraient ?

(1) Paul Lacroix a reproduit ce ballet à la suite de sa *Jeunesse de Molière* et M. Despois au t. I de son édition sur Molière. Cité par Jules Loiseleur.
(2) *Lettres au Mercure sur Molière*, Paris, nouvelle édition Moliéresque, Jouaust, 1887, p. 54.

# CHAPITRE VII

## LES FACHEUX.

Comédie en vers en 3 actes.
Vaux-le-Vicomte : 17 Août 1661.
Théâtre du Palais-Royal : 4 Novembre.

*Fête de Vaux-le-Vicomté offerte au Roi par Fouquet. — La première des Fâcheux. — Lettre de La Fontaine. — Le compte-rendu de Loret. — Les Fâcheux à Fontainebleau. — Succès à Paris. — Arrestation de Fouquet. — Distribution des rôles.*

La fameuse fête offerte par Fouquet en l'honneur du roi à Vaux-le-Vicomte ayant été fixée au 17 août, Molière reçut l'ordre de se tenir prêt avec une pièce nouvelle pour cette date, coûte que coûte. C'est lui-même qui nous le dit (1) :

« Jamais entreprise au théâtre ne fut si précipitée que celle-cy, et c'est une chose, je croy, toute nouvelle qu'une comedie ait esté conceuë, faite, apprise et représentée en quinze jours. »

Pour aller au plus vite, Molière ne cherche donc pas en cette circonstance un sujet de comédie à proprement parler. Il écrit une pièce du genre dit « à tiroirs », une sorte de revue, comme nous dirions de nos jours. Il s'en explique, du reste, fort bien lui-même.

« Mais, dans le peu de temps qui me fut donné, il m'estoit impossible de faire un grand dessein, et de resver beaucoup sur le choix de mes personnages et sur la disposition de mon sujet ».

(1) *Avertissement placé en tête de l'Édition des Fâcheux.*

Alors, que fait-il ?

Il songe à faire défiler sous les yeux de ses spectateurs toutes sortes de types de *fâcheux*, c'est-à-dire d'importuns, de gêneurs, de raseurs, de barbeurs, — le nom change, selon l'époque — mais ce genre de personnage reste toujours « fâcheux ».

« Je pris ceux qui s'offrirent d'abord à mon esprit, et que je creus les plus propres à réjoüir les augustes personnes devant qui j'avois à paroistre ; et pour lier promptement toutes ces choses ensemble, je me servis du premier nœud que je pus trouver ».

Ce nœud, dont parle Molière, c'est Éraste, qui sera comme nous dirions, le « compère », Eraste devant qui vont défiler tous les types variés, et qui se permettra une petite réflexion sur chacun d'eux. Il n'en est jamais autrement dans une revue.

Puis l'auteur veut encore nous faire savoir comment des danses ont été intercalées entre ses actes :

« Le dessein estoit de donner un ballet ; et, comme il n'y avoit qu'un petit nombre choisi de danceurs excellens, on fut contraint de separer les entrées de ce ballet, et l'avis fut de les jetter dans les entre-actes de la comedie, afin que ces intervalles donnassent temps aux mesmes baladins de revenir sous d'autres habits ».

Enfin l'auteur nous révèle la façon dont il se prit pour faire agréer sa pièce : « D'abord que la toille fut levée, un des acteurs, comme vous pourriez dire moy, parut sur le theâtre en habit de ville, et, s'adressant au Roy, avec le visage d'un homme surpris, fit des excuses en desordre sur ce qu'il se trouvoit là seul, et manquoit de temps et d'acteurs pour donner à Sa Majesté le divertissement qu'elle sembloit attendre. En mesme temps, au milieu de vingt jets d'eau naturels, s'ouvrit cette coquille que tout le monde a veuë, et l'agreable nayade qui parut dedans s'avança au bord du théâtre, et, d'un air héroïque, prononça les vers que Monsieur Pelisson (sic) (1) avoit faits, et qui servent de prologue ».

De cette « première », nous ne pouvons mieux faire que de reproduire le compte-rendu que La Fontaine en fit à son ami de Maucroix en date du 22 août 1661 (2). Cette lettre, dont nous ne reproduirons que les principaux passages relatifs à la représentation des *Fâcheux* dit entre autres choses :

« Je ne te conterai donc que ce qui s'est passé à Vaux le 17 de ce mois. Le roi, la reine mère, Monsieur, Madame, quantité de princes et de seigneurs s'y trouvèrent : il y eut un soûper magnifique, une excellente comédie, un ballet fort divertissant...

«... Le souper fini, la comédie eut son tour : on avait dressé le théâtre au bas de l'allée des sapins.

> En cet endroit qui n'est pas le moins beau
> De ceux qu'enferme un lieu si délectable,
> Au pied de ces sapins et sous la grille d'eau,
> Parmi la fraîcheur agréable
> Des fontaines, des bois, de l'ombre et des zéphyrs,
> Furent préparés les plaisirs
> Que l'on goûta cette soirée.
> De feuillages touffus la scène était parée,
> Et de cent flambeaux éclairée :
> Le ciel en fut jaloux. Enfin figure-toi
> Que, lorsqu'on eut tiré les toiles,
> Tout combattit à Vaux pour le plaisir du roi :
> La musique, les eaux, les lustres, les étoiles.

Les décorations furent magnifiques, et cela se passa sans musique.

> On vit des rocs s'ouvrir, des termes se mouvoir,
> Et sur son piédestal tourner mainte figure.
> Deux enchanteurs pleins de savoir
> Firent tant, par leur imposture,
> Qu'on crut qu'ils avaient le pouvoir
> De commander à la nature.

(1) Pellisson, l'ami de Fouquet qui partagea sa disgrâce (1624-1693).

(2) Ce de Maucroix était alors à Rome où il s'était rendu sous le faux nom d'abbé de Crussy pour remplir une mission secrète que Fouquet lui avait donnée.

L'un de ces enchanteurs est le sieur Torelli (1).
Magicien expert et faiseur de miracles ;
Et l'autre, c'est Le Brun (2), par qui Vaux embelli
Présente aux regardants mille rares spectacles :
Le Brun, dont on admire et l'esprit et la main,
Père d'inventions agréables et belles,
Rival des Raphaëls, successeur des Apelles,
Par qui notre climat ne doit rien au romain.
Par l'avis de ces deux la chose fut réglée.

> D'abord aux yeux de l'assemblée
> Parut un rocher si bien fait,
> Qu'on le crut rocher en effet ; ·
Mais, insensiblement se changeant en coquille, (3)
> Il en sortit une nymphe gentille
> Qui ressemblait à la Béjart (4)
> Nymphe excellente dans son art,
> Et que pas une ne surpasse.
Aussi récita-t-elle avec beaucoup de grâce
Un prologue estimé l'un des plus accomplis
> Qu'en ce genre on pût écrire,
> Et plus beau que je ne dis,
> On bien que je n'ose dire';
> Car il est de la façon
> De notre ami Pellisson.

> Aussi, bien que je l'admire,
Je n'en tairai puisqu'il n'est pas permis
> De louer ses amis.

(1) Torelli, dont le nom est déjà venu sous notre plume en parlant du Petit-Bourbon (1608-1678) était un gentilhomme de Fano (Italie) où il mourut, après y avoir construit un magnifique théâtre. Louis XIV l'avait attiré en France, et c'est à la Cour de France qu'il fit sa fortune.

(2) Voir la note au chapitre précédent.

(3) Cette coquille émerveilla positivement l'assemblée :

> Peut-on voir nymphe plus gentille
> Qu'était Béjart l'autre jour,
> Lorsqu'on vit ouvrir sa coquille ?
> Tout le monde disait à l'entour,
> Lorsqu'on vit ouvrir sa coquille :
> Voici la Mère d'Amour.

*Recueil manuscrit de chansons historiques et critiques* in-f°, t. IV, p. 285, cité par M. C. A. Walckenaer, *La Fontaine*, Firmin-Didot, 1857.

(4) M. C. A. Walckenaer déjà cité, se trompe dans ses notes (Édit. La Fontaine) en croyant que cette Béjart était Armande. Il s'agit de Madeleine Béjart « Nymphe excellente dans son art » — et « Mère d'Amour » — « commandant aux divinités ». De telles expressions ne peuvent s'appliquer à une jeune fille de vingt ans encore inconnue.

« Dans ce prologue, la Béjart, qui représente la nymphe de la fontaine où se passe cette action, commande aux divinités qui lui sont soumises de sortir des marbres qui les enferment, et de contribuer de tout leur pouvoir au divertissement de sa Majesté : aussitôt les termes et les statues qui font partie de l'ornement du théâtre se meuvent, et il en sort, je ne sais comment, des faunes et des bacchantes qui font l'une des entrées de ballet. C'est une fort plaisante chose que de voir accoucher un terme, et danser l'enfant en venant au monde. Tout cela fait place à la comédie, dont le sujet est un homme arrêté par toutes sortes de gens, sur le point d'aller à une assignation amoureuse

> C'est un ouvrage de Molière.
> Cet écrivain par sa manière, .
> Charme à présent toute la Cour.
> De la façon dont son nom court,
> Il doit être par delà Rome (1) :
> J'en suis ravi car c'est mon homme.
> Te souvient-il bien qu'autrefois
> Nous avons conclu d'une voix
> Qu'il allait ramener en France
> Le bon goût et l'air de Térence ?
> Plaute n'est plus qu'un plat bouffon,
> Et jamais il ne fut si bon
> Se trouver à la comédie;
> Car ne pense pas qu'on y rie
> De maint trait jadis admiré,
> Et bon *in illo tempore :*
> Nous avons changé de méthode ;
> Jodelet n'est plus à la mode, (2)
> Et maintenant il ne faut pas
> Quitter la nature d'un pas.

« On avait accommodé le ballet à la comédie, autant qu'il était possible, et tous les danseurs représentaient des fâcheux de plusieurs manières : en quoi certes ils ne parurent nullement fâcheux à notre égard : au

(1) Où se trouvait de Maucroix.
(2) Jodelet cité ici comme le type du bas comique. Nous avons dit qu'il venait de mourir.

contraire, on les trouva fort divertissants, et ils se retirèrent trop tôt au gré de la compagnie. Dès que ce plaisir fut cessé, on courut à celui d'un feu » (1).

C'est-à-dire d'un feu d'artifice.

Passons à la description de Loret (2) :

> Après ce somptûeux Repas,
> Pour goûter de nouveaux apas,
> On alla sous une Feuillée
> Pompeuzement apareillée,
> Où, sur un Téâtre charmant,
> Dont à grand'peine un Saint-Amand,
> Un feu Ronsard, un feu Malherbe,
> Figureroient l'aspect superbe,
> Sur ce Téâtre, que je dis,
> Qui paraissoit un Paradis,
> Fut, avec grande mélodie,
> Récitée une Comédie,
> Que Molier, d'un esprit pointu
> Avoit compozée, *in promptu,*
> D'une manière assez exquize,
> Et sa Troupe, en trois jours, aprize :
> Mais qui, (sans flatter peu, ny point)
> Fut agréable au dernier point,
> Etant fort bien reprézentée,
> Quoy que si peu préméditée.
>   D'abord, pour le commencement
> De ce beau Divertissement,
> Sortit d'un Rocher en coquille,
> Une Nayade, ou belle Fille,
> Qui récita quarante vers
> Au plus grand Roy de l'Univers,
> Prônant les vertus dudit Sire ;
> Et, certainement, j'oze dire
> Qu'ils ne seroient pas plus parfaits
> Quand Apollon les auroit faits.

Puis, après avoir rappelé qu ces vers sont de Pellisson, « amy solide et fidelle » :

> Durant la susdite Action,
> On vid par admiration

(1) *Œuvres complètes de Jean de La Fontaine*, Paris, Firmin Didot, 1857, p. 639 et suiv.

(2) Loret, la *Muze historique*, t. III, p. 391, déjà citée. Lettre du samedi 20 août 1661.

(Quoy qu'en aparence, bien fermes)
Mouvoir des Figures, des Termes,
Et douze Fontaines couler
S'élevans de dix pieds en l'air.
   Mais il ne faut pas que je die
Le reste de la Comédie,
Car bientôt Paris la verra,
On n'ira pas, on y courra ;
Et chacun prêtant les oreilles
A tant de charmantes merveilles,
Y prendra plaisir à gogo,
Et rira tout son saoul ; *ergo,*
Pour ne pas faire, aux Acteurs, outrage,
Je n'en diray pas davantage.

La pièce avait pleinement réussi. Le roi, venu de Fontainebleau, ayant dans sa calèche Monsieur, la Comtesse d'Armagnac, la duchesse de Valentinois et la Comtesse de Guiche ; la reine-mère et plusieurs dames dans son carrosse ; Madame en litière, repartirent à deux heures après minuit. Mais le roi, en complimentant Molière, lui avait indiqué une autre scène à faire : celle du chasseur, ne dédaignant pas ainsi de collaborer avec un comédien. Il avait fait plus encore : il l'avait invité à venir donner la seconde représentation de son ouvrage à Fontainebleau d'où la reine ne s'absentait guère, étant alors enceinte de plus de sept mois. Et c'est ainsi que nos comédiens, rentrés à Paris le 20 août, en repartaient le 23 pour Fontainebleau. Dans l'intervalle on avait joué le dimanche 21, au Palais-Royal, *Nicomède* (1) et l'*Ecole des Maris*.

Le 25 était le jour de la fête du Roi. Pour cette seconde Molière avait ajouté en hâte la scène du chasseur, et le ballet avait été renforcé par la présence d'une demoiselle Giraut qui nous est connue par la lettre suivante de Loret (2) :

   La pièce tant et tant loüée,
   Qui fut dernièrement joüée

(1) *Nicomède*, Tragédie de Pierre Corneille, 1652.
(2) *La Muze historique*, déjà citée. Lettre du 27 août 1661.

Avec ses agrémens nouveaux,
Dans la belle maison de Vaux,
Divertit si bien notre Sire,
Et fit la Cour tellement rire,
Qu'avec les mesmes beaux aprêts,
Et par commandement exprès,
La Troupe Comique excellente
Que cette pièce reprézente,
Est allée, encor de plus beau,
La joüer à Fontainebleau,
Etant, illec, fort approuvée,
Et, mesmement, enjolivée
D'un Balet gaillard et mignon,
Dansé par maint bon Compagnon,
Où cette jeune Demoizelle
Qu'en surnon, Giraut on apelle,
Plût fort à tous par les apas
De sa personne et de ses pas.

Dans un article du *Moliériste* VIII, p. 152, Mondorge
(G. Monval) écrit à propos de la *Reprise des Fâcheux*
(30 juin 1886) que Molière jouait le chasseur, le danseur, le joueur et Caritidès. C'est beaucoup pour un
seul. Quant au chasseur, il n'y a pas de doute. L'inventaire de ses habits de théâtre nous le dit assez : « Le
juste-au-corps de chasse, sabre et la sangle, ledit juste-
au-corps garni de galons d'argent fin, une paire de
gants de cerf, une paire de bas à boîtes de toile jaune. »
Bref, la troupe après deux représentations à Fontainebleau, reprenait le cours de ses représentations à
Paris le 2 septembre. Elle reçut pour ses deux voyages
(Vaux et Fontainebleau) 15,428 livres (1) chiffre qui
peut paraître considérable pour l'époque, et qui ne se
peut expliquer que par les frais occasionnés par la
richesse des habits, la mise en scène des ballets, les
décors et trucs de Torelli, les appointements supplé-
mentaires des danseurs, danseuses et musiciens, et
enfin pour les frais de déplacement.

De si belles fêtes devaient être suivies du coup de
foudre que l'on sait. Quelques jours plus tard, le 5 sept.

_______

(1) G. Monval, *Chronologie Moliéresque*, p. 122.

(19 jours après la célèbre fête de Vaux) Fouquet était
arrêté par d'Artagnan à Nantes où il avait suivi le roi.
Mazarin en mourant, et Colbert en prenant le pouvoir
l'avaient perdu dans l'esprit du monarque. Il fallait
à présent rendre des comptes, et expliquer la prove-
nance d'un tel faste. C'est ce que Loret nous raconte
dans sa lettre hebdomadaire du 10 septembre :

> Notre Roy, qui par politique,
> Se transportoit vers l'Armorique, (Bretagne)
> Pour raizons qu'on ne sçavoit pas,
> S'en revient, dit-on, à grands pas.
>   Je n'ay sceu par aucun message,
> Les circonstances du voyage :
> Mais j'ay du bruit commun apris,
> C'est-à-dire de tout Paris,
> Que, par une expresse Ordonnance,
> Le Sieur Sur-Intendant de France,
> Je ne sçay pourquoy, ny comment,
> Est arrêté prézentement
> (Nouvelle des plus surprenantes)
> Dans la Ville et Château de Nantes.

Plus loin, Loret, tout en se reconnaissant l'obligé
de Fouquet, qui lui sembla toujours « bon et sage », le
plaint de tout son cœur, et déclare qu'il serait heureux
de pouvoir lui rendre service s'il le pouvait.

La Fontaine, de son côté, ne cessa jamais de défendre
son ancien protecteur qu'il eut le courage de ne pas
abandonner dans le malheur. Par son élégie « Pour
M. Fouquet, aux nymphes de Vaux », en vain essaya-t-
il d'adoucir les rigueurs du roi. Sa lettre à son ami de
Maucroix, annonçant l'arrestation du surintendant,
montre assez la part qu'il prit à cet événement. Sa
lettre à Fouquet (30 janvier 1663), son ode au roi (1663)
nous prouvent que le fabuliste ne fut pas un ingrat.
Mais Fouquet condamné au bannissement, peine
changée en prison perpétuelle, devait expier dix-neuf
ans encore dans la forteresse de Pignerol — et jusqu'à
la mort — ses malversations et son orgueil démesuré.

Ne quittons pas enfin ce château de Vaux, sans

rappeler qu'il devint par la suite la propriété du maréchal de Villars, dont il prit le nom de Vaux-Villars.
Le duc de Villars, fils du maréchal, cessa d'entretenir
la cascade, bouleversa les jardins, et vendit cette
belle propriété au duc de Praslin, alors ministre de la
marine, d'où le nom nouveau Vaux-Praslin. Elle était
encore dans cette famille en 1853. Le Bottin de 1920
l'indique comme propriété de M. F. Sommier, sous le
nom de Château de Vaux-le-Vicomte.

La première représentation des *Fâcheux* en public,
au théâtre du Palais-Royal, eut lieu seulement le 4 nov.
suivant, mais bien qu'elle ait été donnée avec ses
« agrémens », comme on disait alors, nous doutons fort
que les ballets y aient été aussi somptueux qu'à Vaux
et qu'à Fontainebleau. Les faunes et les dryades, si
bien à leur place dans les jardins de Vaux « au bas de
l'allée de sapins » n'avaient plus autant raison d'être
rue St-Honoré. Quoiqu'il en soit, les *Fâcheux* eurent
39 représentations consécutives.

Reste à fixer quelle fut la distribution des rôles.
L'opinion longtemps maintenue fut que Molière devait
jouer le rôle d'Eraste, le principal—celui du «compère»,
comme nous avons dit. Mais que penser alors de cette
note relevée sur le *Registre de Lagrange* en date du
14 novembre, c'est-à-dire après la cinquième représentation à Paris : « Icy je tombay malade d'une fièvre
continue double tierce, et j'eus deux rechutes. Je fus
deux mois sans jouer. Mr du Croisy prist mon rosle
d'Éraste ».

Or, si Lagrange était le titulaire du rôle d'Éraste
—un rôle d'amoureux d'ailleurs, et par conséquent de
son emploi—quel rôle pouvait remplir Molière dans sa
pièce ? Nous répondrons sans hésiter le ou les plus
difficiles : au premier acte Lysandre, l'homme qui
chante, parle et danse sa courante tout ensemble, et
au second acte (à Fontainebleau sans aucun doute)
celui de Dorante, le chasseur, dans la scène indiquée

par le roi. Nous remarquerons seulement en passant que si l'on supprimait cette scène le second acte serait bien court, ce qui ferait supposer qu'à Vaux on en jouait une autre à la place.

A moins que Molière ait joué le rôle d'Éraste à Vaux, et l'ait laissé à Lagrange dans la suite — sûrement pour les représentations à Paris, tout occupé qu'il était alors des préparatifs de son prochain mariage. Armande Béjart nous semble tout indiquée pour le rôle d'Orphise, l'Espy pour celui de Damis, du Parc pour celui de La Montagne (1).

Molière préleva comme droits d'auteur, sur les recettes de sa troupe, cent louis d'or, lesquels — détail curieux — furent remis entre les mains de Madeleine Béjart qui n'avait pas cessé depuis seize ans d'être sa caissière. Elle la sera encore après son mariage (2).

(1) On a repris quelquefois, par curiosité, les *Fâcheux*. Coquelin aîné, fidèle sans doute à la tradition, y jouait les deux rôles de Lysandre (le chanteur) et de Dorante (le chasseur) dans la même soirée. Ce récit de chasse lui valait une ovation : « Ce défilé de fâcheux, écrivait Sarcey dans son feuilleton du 5 juillet 1886, avait fini par lasser le public, qui commençait à n'y plus prêter la même attention ; Coquelin entre, il semble aussitôt que la scène s'illumine. Un murmure de joie court dans tout l'auditoire ; on voit se redresser toutes les têtes. C'est qu'aussi cette entrée avait été admirable. A le voir arriver sur la scène à grandes enjambées, habit rouge, bottes énormes et sonnantes, et sur la tête un chapeau où se balançaient deux plumes de couleur différentes, on sentait qu'il descendait à peine de cheval, qu'il était encore tout chaud de l'événement ; quand il a dit :

> Tu me vois enragé d'une assez belle chasse
> Qu'un fat... C'est un récit qu'il faut que je te fasse.

un rire a circulé de l'orchestre aux loges. Ce récit, c'est une merveille... » Qui oserait prétendre que Molière ne l'avait pas écrit pour le débiter lui-même ?

(2) *Registre de Lagrange*, p. 38, 39, 44.

# CHAPITRE VIII

## L'ÉCOLE DES FEMMES

Comédie en vers en cinq actes.
Théâtre du Palais-Royal : 26 Décembre 1662.

*Les Comédiens Italiens au Palais-Royal. — La femme de Molière,
son mariage. — L'Ecole des femmes. — Mlle de Brie, éternelle
Agnès. — Les 42 ans d'Arnolphe. — Succès à la ville et à la
cour.*

L'année 1662 commença par un petit changement
survenu dans l'ordre des représentations au Théâtre
du Palais-Royal. Les comédiens italiens qui venaient
de passer cinq mois à Fontainebleau, pendant la grossesse, les couches et le rétablissement de la reine (1)
avaient obtenu l'autorisation de s'installer aussi dans
la salle de la rue St-Honoré, et d'y alterner leurs représentations avec les représentations françaises, comme
ils avaient fait autrefois au Petit-Bourbon.

Il fut donc convenu que les Italiens joueraient les
lundis, mercredis, jeudis et samedis, et la Troupe de
Molière les mardis, vendredis et dimanches. Dans
l'ordre économique, Molière fit observer toutefois à ses
confrères italiens, que, lorsqu'il avait pris possession,
en octobre 1658, du Petit-Bourbon, on lui avait demandé
1500 livres pour participation aux frais de l'installation.
Aujourd'hui les rôles étaient renversés, ainsi que les
jours de représentations. Il était donc de toute justice
que les Italiens payassent à leur tour la moitié des

(1) La reine était accouchée du Grand Dauphin à Fontainebleau le
1er novembre, et cette délivrance avait été fêtée le jour même par des danses
exécutées par des comédiens espagnols qui se trouvaient à la Cour, outre
les comédiens italiens.

frais de l'établissement au Palais-Royal. Ainsi, du reste, en décida le roi, et les nouveaux venus versèrent 2000 livres à leurs camarades français.

Mais bien autres sont les préoccupations de Molière à cette époque. Il s'agit pour lui, malgré tous les empêchements suscités dans sa propre maison par Madeleine, de signer le contrat, ce contrat qui va le lier pour toujours à Armande.

Il ne nous appartient pas — nous le répétons — de prendre ici partie dans la discussion qui consiste à éclaircir ce point obscur : Armande, fille ou sœur de Madeleine ? Nous ne sortirons pas du domaine purement théâtral, nous contentant de faire observer que, si nous quittons un instant la comédie, ce n'est que pour y rentrer. Comment appeler, en effet, autrement, cet acte passé par devant notaire, en date du 23 janvier 1662, dont le libellé fut retrouvé par M. Eudore Soulié vers 1863, dans les minutes de Me Acloque.

La jeune Armande *qui ne se rappelle plus son âge*, se fait octroyer « vingt ans ou environ » ce qui nous inclinerait à penser que sa naissance remonte en deçà de l'année 1642. La vieille Hervé désignée comme sa mère, et qui, à la connaissance de tous, restée sans un sol à la mort de son mari, vit depuis vingt ans à la charge de ses enfants, la vieille Hervé promet « bailler et donner auxdits futurs époux, à cause de ladite demoiselle, sa fille, le veille de leurs épousailles, la somme de dix mille livres tournois » (1).

Où les aurait-elle pris, la pauvre femme ? Puis, au bas des signatures, à la date du 24 juin suivant : « Ledit sieur Poquelin de Molière, nommé en son contrat de mariage ci-dessus, reconnoît et confesse que ladite demoiselle Marie Hervé, veuve dudit sieur Béjard (sic) aussi y nommée, mère de ladite damoiselle Armande, Grésinde Béjard, lui a payé et d'elle confesse avoir reçu

<hr>

(1) Eud. Soulié, *Recherches sur Molière et sa famille*, Paris, Hachette 1863, Documents, p. 204.

ladite somme de dix mille livres que ladite avoit promis bailler et donner audit sieur de Molière par ledit contrat et en faveur d'icelui, dont quittance ».

Or, cette somme, en supposant qu'elle ait été jamais versée, ne pouvait provenir que de deux personnes : Madeleine, qui fera plus tard Armande son héritière, ou Molière, ou des deux à la fois. Mais passons.

Voici donc le fait accompli après neuf mois d'opposition — c'est-à-dire depuis le jour où Molière a fait part à ses camarades de ses visées matrimoniales en réclamant une part supplémentaire pour sa future femme — avril 1661-janvier 1662 — (1). Il ne reste plus qu'à célébrer le mariage le 20 février suivant, jour du lundi gras, et non du mardi, comme l'a écrit Lagrange qui confondit peut-être le jour du mariage religieux avec celui du festin de noce. Une autre note nous laisse encore entendre que le mariage eut lieu « au sortir de la visite ». Mais, étant donné que le mariage religieux eut lieu le matin, comme nous allons le voir, et que la « visite » ou représentation en ville, ne pouvait avoir lieu que l'après-midi, assez tard, ou le soir, il est clair que le mot « mariage » est employé ici pour « repas de noce ».

Le 47° des actes de mariage inscrits en l'année 1662 sur le registre de St-Eustache fut en effet celui de Jn. Bapt. Poquelin et d'Armande Béjart. Il est *le premier* à la date du 20 février, sept autres ayant été enregistrés à la suite (2). D'où il résulte que la cérémonie eut lieu le matin, vers 10 ou 11 heures, et que si une réunion eut lieu le jour suivant à la sortie d'une « visite » ce ne put être à l'église, mais autour d'une table bien garnie.

Quant aux « visites », il n'y en eut que deux du 14 au 23 : l'une avec l'*Ecole des maris* chez Madame

(1) Ce laps de temps correspond aux neuf mois dont parle Grimarest.
(2) *Dictionnaire critique* de Jal, art. Molière. — Cette profusion de mariages le même jour n'a rien d'étonnant, si l'on songe que l'on allait entrer en carême.

d'Équevilly, qui demeurait rue St-Louis, l'autre avec les *Fâcheux* chez M. de Guenegault, quai Malaquais.

Revenons bien vite au théâtre dont nous nous sommes écartés un instant ; notre excuse sera que Molière ne se maria qu'une seule fois.

Pendant cette première année de ménage, qui sera peut-être la seule tranquille, l'auteur semble tout d'abord avoir ralenti sa production. On finit l'année théâtrale avec les pièces du répertoire. Le 8 mai, la Troupe se met en route pour Saint-Germain-en-Laye par ordre du roi, et y joue le soir même *D. Japhet* (1) et la *Jalousie du Gros René* (2).

Répertoire à St Germain : le 9 *Dépit amoureux*, le 10 *l'Étourdi*, le 11 *Ecole des maris* et *Cocu*, le 13 *Jodelet prince* (3), le 14 les *Fâcheux*. La Troupe reçut pour ce voyage 1500 livres (4).

Le 10 juin, la Troupe s'augmenta de deux parts par suite de la réception de deux comédiens nouveaux, de la Thorillière et Brécourt, qui étaient auparavant au Marais.

François Le Noir, écuyer, sieur de la Thorillière, était alors un homme de trente six ans. Il avait été capitaine d'une compagnie de gens de pied dans le régiment de Lorraine, et maréchal de camp. Il n'avait donc embrassé que fort tard le parti de la comédie, après avoir, à l'âge de 32 ans, épousé Marie Petit-Jean, fille de Petit-Jean, dit Laroque, administrateur et acteur de la troupe du Marais.

Bel homme, bien fait, La Thorillière avait alors

---

(1) *Dom Japhet d'Arménie*, comédie en 5 actes, en vers de Scarron, 1653. — La vue du Château de St-Germain-en-Laye « Dont l'assiette est tout à fait gaye » dit Loret, a été dessinée et gravée par Israël Silvestre, H. 118 m /m L. 197 *Iconographie Moliéresque* par Paul Lacroix, p. 242.

(2) Pièce manuscrite attribuée à Molière. On trouvait dans ce petit acte un canevas informe du 3ᵉ acte de *George Dandin*.

(3) Le véritable nom de cette pièce est le *Geôlier de soi-même*, comédie en 5 actes en vers de Thomas Corneille, 1655.

(4) *Registre de Lagrange*, p. 43.

abandonné le métier des armes pour entrer au théâtre de son beau-père, et si, le 10 avril 1660 il se qualifie encore « capitaine », un an plus tard, le 16 avril 1661, il n'est plus que « cy-devant capitaine ». Restait à apprendre le côté « métier ». Molière l'engagea donc sans emploi fixe, tout en le chargeant de certaines fonctions administratives, car il est bien évident que Lagrange ne pouvait pas tout faire (1).

Guillaume Marcoureau, sieur de Brécourt était fils de comédien, étant né sur la paroisse St-Gervais, à Paris, en 1638. Il avait joué, comme son père, la comédie en Hollande, et épousé à Paris en 1659 sa camarade Étiennette Désurlis (2). Il entrait dans la troupe du Palais-Royal pour jouer les paysans et les rois (3).

Cependant le roi, toujours à St-Germain, avait manifesté le désir de revoir encore les comédiens de la « Troupe de Monsieur » qui l'avaient charmé au mois de mai. Ceux-ci reçurent donc l'ordre de revenir à la Cour le 14 juin. « On a joué treize fois devant leurs Majestez, écrit Lagrange. La Troupe est revenue le Vendredy 11me aoust. Le Roy a donné à la Troupe quatorze mil livres, croyant qu'il n'y avoit que quatorze parts. Cependant la Troupe estoit de quinze partz ».

Entre temps la Reine-Mère avait fait venir les comédiens de l'Hôtel de Bourgogne, lesquels l'avaient sollicitée « de leur procurer l'avantage de servir le roi ».

(1) Henry Lyonnet, *Dict. des Comédiens*, t. II, Art. Lathorillière, p. 301. G. Monval a publié en 1890, à la librairie des Biblioph., le *Premier Registre de La Thorillière* (1663-64) avec notice. C'est un registre des recettes et dépenses journalières tenu par le secrétaire-trésorier (qui n'était pas toujours le même) et que l'on a appelé de La Thorillière parce que son nom y figure le plus souvent.

(6) Étiennette Désurlis, née vers 1630, était la sœur de cette Catherine Désurlis qui fut une des premières camarades de théâtre de Molière. Elle ne fit jamais partie de la troupe du Palais-Royal, survécut 28 ans à son mari, et mourut à Paris en 1713, à 83 ans.

(3) Henry Lyonnet, *Dict. des Comédiens français*, t. I, Art. Brécourt.

Il est certain que la troupe rivale de Molière leur causait une jalousie profonde allant jusqu'à la calomnie et la haine.

Ce séjour de Molière et de ses compagnons à Saint-Germain nous est raconté par Loret de la façon suivante dans sa lettre du 13 août :

> De Monsieur la Troupe Comique,
> Qui de bien divertir se pique,
> Est prézentement de retour
> De St-Germain, lieu de la Cour,
> Ayant joüé, quelques semaines,
> Devant le Roy, devant les Reines,
> Qui sont d'elle, à n'en mentir point,
> Satisfaites au dernier point,
> Et pour guerdon de leurs service ,
> Tous les Acteurs et les Actrices
> Qui sont quinze, de compte fait,
> (Tous gens entendans bien leur fait)
> Outre d'assez douces paroles,
> Ont receu chacun cent pistoles,
> Nôtre-dit Roy ne plaignant rien
> A ceux, dit-on, qui servent bien.

Il nous faut donc aller jusqu'à la fin de cette année 1662 pour assister à la représentation au théâtre du Palais-Royal de l'*Ecole des femmes* le lendemain de Noël, 26 décembre, avec une recette extraordinaire de 1518 livres partagée en 17 parts, dont deux pour les droits d'auteur.

Qui pourrait s'imaginer de nos jours, à la lecture ou à la représentation de cette pièce paisible, que ses vers aient alors bouleversé littéralement Paris et mis aux prises des gens d'ordinaire raisonnables ?

Nous le verrons un peu plus loin lorsque nous parlerons de la *Critique*, écrite par l'auteur lui-même.

Pour présenter dignement cet ouvrage à son public, Molière a voulu une interprétation de premier ordre. Après s'être chargé lui-même du rôle écrasant d'Arnolphe, il a donné celui d'Agnès à M<sup>elle</sup> de Brie, l'ingénue idéale. Horace, l'amoureux par excellence, ce sera Lagrange ; Chrysalde, le raisonneur, de l'Espy ; Alain, le paysan, Brécourt, le nouveau venu. On n'est pas bien d'accord sur le nom de l'actrice qui créa le rôle de Georgette. Madeleine Béjart nous paraît alors bien marquée. Certains éditeurs, non scrupuleux, ont mis en avant les noms de M<sup>elle</sup> Marotte, d'autres celui de M<sup>elle</sup> Beauval. Ils auraient dû savoir que ces deux comédiennes ne sont entrées dans la troupe respectivement que six ans et sept ans plus tard.

Et puisque nous faisons allusion à l'âge de Madeleine qui avait alors 46 ans, on pourra nous objecter que l'ingénue, M<sup>elle</sup> de Brie, en avait trente trois, pour représenter une jeune fille de seize ans. Mais cette ingénue était M<sup>elle</sup> de Brie qui ne sut jamais vieillir au théâtre, témoin l'anecdote suivante qui a couru partout : quelques années avant sa retraite qu'elle ne prit qu'à l'âge de 55 ans, ses camarades l'avaient engagée à céder le rôle d'Agnès à une autre actrice plus jeune, M<sup>elle</sup> Angélique du Croisy. Mais lorsque celle-ci parut en scène, le parterre demanda M<sup>elle</sup> de Brie avec tant d'insistance qu'on fut obligé de l'aller chercher chez elle. Elle vint, joua en habit de ville, car on ne voulait pas lui donner le temps d'en changer, reçut les applaudissements « qui ne finissaient point » et conserva son rôle d'Agnès jusqu'à la fin de sa carrière tandis que l'on faisait ces vers sur elle :

> Il faut qu'elle ait été charmante,
> Puisqu'aujourd'hui, malgré ses ans,
> A peine des attraits naissants
> Egalent sa beauté mourante.

Que n'a-t-on pas écrit à propos de cette *Ecole des femmes* ! Certains commentateurs, qui ont voulu voir dans plusieurs des pièces de Molière une autobiographie, n'ont pas manqué de nous dire : Arnolphe, c'est Molière. Agnès, c'est sa femme. Pourquoi ? Est-ce parce qu'Arnolphe est un personnage de 42 ans sonnés,

—alors que l'auteur va en avoir 41 ? Et que celle qu'il projette de prendre pour femme est beaucoup plus jeune que lui ? Mais Agnès a 16 ans, et M<sup>elle</sup> Molière au moins 21 ou 22 ? Si Molière eut voulu réellement se mettre en scène lui-même, la seule conclusion qui s'imposait c'était son mariage avec Agnès. Or, c'est tout le contraire qui se produit. La jeune Agnès épouse le jeune Horace, en vertu de l'axiome qui fit le succès d'une chanson populaire deux cents ans plus tard :

A jeune femme, il faut jeune mari.

En se personnifiant sous les traits d'Arnolphe, l'auteur se fût donné de belles verges pour se fouetter.

Que Molière, dans cette pièce, comme dans bien d'autres qu'il signa, ait exprimé des idées siennes, cela ne fait aucun doute. Mais ne voit-on pas ici que, laissant de côté son propre cas, il a exagéré l'écart d'âge entre les deux personnages. Et si cette différence est grande pour nous, elle l'était encore bien plus de son temps. Ainsi que le faisait remarquer Francisque Sarcey dans une de ses chroniques (1) nous avons beaucoup reculé l'âge où il est permis à un homme d'aimer. Aux siècles passés, un homme qui avait de 35 à 40 ans, s'écriait de bonne foi, comme La Fontaine : « Ai-je passé le temps d'aimer ? » Et le mot si caractéristique pour nous et si surprenant de Montesquieu : « A vingt sept ans, j'aimais encore ! »

Les quarante deux ans d'Arnolphe sonnent donc

(1) Chronique du 23 août 1886, *Quarante ans de théâtre*, t. II, p. 68. Nous n'ignorons pas combien il est de mode de décrier aujourd'hui les jugements de Sarcey, mais nous nous souvenons aussi de l'opinion émise devant nous par un homme de théâtre, M. Antoine : « Sarcey était un homme qui connaissait à fond le théâtre, et qui n'eut qu'un tort, à mes yeux, celui de méconnaître la nouvelle école. Un jour que je lui en faisais doucement le reproche : Que voulez-vous me dit-il, j'écris dans un journal de bourgeois, *le Temps*. Que diraient mes lecteurs si je leur conseillais d'aller au Théâtre libre ? Puis ce charmant homme ajouta : Mon cher enfant, l'avenir est à vous. Laissez-moi seulement le temps de mourir. — Pour la connaissance du théâtre ancien, il n'avait pas son pareil. »

comme le feraient cinquante cinq ans aujourd'hui. En
ce temps-là les célibataires étaient rares à la ville
comme à la Cour ; à trente ans, c'était l'usage, on
était père de famille. Arnolphe fait comprendre que
s'il ne s'est pas marié plus tôt c'est que, railleur par
naturel, il a passé son temps à railler les maris trompés ;
il s'est tant, et si souvent moqué des autres, qu'il a
conçu une peur horrible des brocards.

D'autre part, quel rapprochement peut-il y avoir
entre M^elle Molière, âgée de plus de vingt ans, « demi-
vierge », élevée dans un milieu de comédiens et de
comédiennes, habituée à entendre les fadeurs des
galants, d'une éducation très complète, au courant
de toutes les intrigues des coulisses, avec cette « oie
blanche » qu'est Agnès ?

Arnolphe a mis de son côté toutes les chances de
succès en imposant à sa crédule élève le respect qu'ins-
pirent naturellement le maître, la reconnaissance qu'on
doit au bienfaiteur, la religion dont il se sert comme
d'une arme ; mais la frivole Armande aurait ri au nez
de son époux s'il eût voulu, en guise de déclaration
d'amour, lui faire sentir en termes graves sa supériorité
intellectuelle et morale. Et puis ces façons là sont si
loin du caractère de Molière qui, loin de sermonner
sa femme, se serait mis à genoux devant elle pour
satisfaire à ses caprices !

Laissons donc là toutes les subtilités des commentateurs qui veulent, la plupart du temps, trouver dans
une œuvre ce que l'auteur n'a jamais songé à y mettre,
et ne retenons que cette leçon que celui-ci nous enseigne
— au lendemain du jour où il vient précisément de
tenter l'expérience contraire — à savoir qu'il y a une
loi de nature qui veut que les filles de seize ans aiment
les jeunes gens de vingt-cinq.

Aux ergoteurs s'écriant : « Quelle profondeur d'observation philosophique ! Quel analyste de passions que
ce Molière ! » contentons-nous donc de répondre avec

Sarcey déjà cité : « Non, ce n'est pas cela. — Mais quel homme de théâtre que ce Molière ! Avec quelle franchise, après avoir amené une situation, il la pousse jusqu'au bout et en tire tout ce qu'elle enferme de douleurs et de rire ! » Quant à Becque, il n'allait pas non plus voir plus loin : « L'*Ecole des femmes*, disait-il, c'est la révolte instinctive de la jeunesse et de l'amour contre une vieille bête qui a cru pouvoir, grâce à des malices cousues de fil blanc, triompher de ces deux forces » (1).

Recherchons à présent quelles furent les raisons qui, en 1662, provoquèrent un tel tapage ? Elles nous sont fort bien expliquées par un grand comédien danois très renseigné sur tout ce qui touche Molière (2)

« Pour comprendre ce qui se passa alors, il faut se rappeler que Molière fut le rénovateur de la comédie en France. Dans les cercles littéraires à la mode qui considéraient à ce moment la tragédie comme la seule forme qui valût la peine que l'on composât pour le théâtre, on regardait les œuvres plaisantes comme un genre beaucoup inférieur et plus aisé, et la plus grande partie des comédies que l'on représentait n'avaient, en effet, que bien peu de valeur avec les personnages taillés sur le même patron et les situations bouffonnes qui formaient le cœur de l'action ».

C'était le cas de la comédie italienne, où l'on voyait invariablement défiler Arlequin, Brighella, M$^r$ Pantalon, le Docteur, Lelio, Isabelle et Colombine. Donc, à côté de ces spectacles auxquels on pouvait assister quatre fois par semaine dans cette même salle du Palais-Royal, voici Molière qui survient, apportant dans un genre jusqu'alors sans portée, un fond de réalité saisissante. Au lieu de fantoches, il met en scène des personnages vivant la vie contemporaine ; il leur fait parler

(1) Chronique déjà citée.
(2) *Molière* par Karl Mantzius, trad. du danois par Maurice Pellisson, Paris, Armand Colin, 1908.

une langue dont la vigueur, la hardiesse, le naturel sont quelque chose de tout à fait neuf.

Peut-être bien le grand public ne comprit-il pas du premier coup la valeur essentielle de cette nouveauté. Mais il fut amusé et charmé, comme en témoigne cette lettre de Loret, à la suite de la sixième représentation qui eut lieu le samedi 6 janvier 1663, jour des Rois, au Louvre (1) :

> Le Roy fétoya l'autre jour,
> La plus fine fleur de sa Cour
> Sçavoir sa Mère et son Epouse,
> Et d'autres jusqu'à plus de douze,
> Dont ce Monarque avoit fait choix.
> Ce fut la veille ou jour des Rois.
> Certes, ce festin admirable,
> N'eut jamais rien de comparable,
> Plusieurs sont d'accord sur ce point ;
> Et quoique je n'y fusse point,
> J'en puis bien tenir ce langage,
> Car un solide personnage,
> Qui vit ce rare souper-là,
> M'en a parlé comme cela,
> Mais sans me dire chose aucune ;
> Des noms de chacun et chacune,
> Qui furent du susdit repas,
> Ainsi je ne les nomme pas.
> Pour premier et charmant Régale,
> Avant cette chère Royale,
> Où rézonna maint violon,
> Dans une Sale, ou beau Salon,
> Pour divertir Seigneurs et Dames,
> On joüa l'*Ecole des femmes*,
> Qui fit rire Leurs Majestez
> Jusqu'à s'en tenir les côtez,
> Pièce, aucunement, instructive,
> Et, tout à fait, récréative,
> Pièce dont Molière est autheur,
> Et, mesme, principal acteur,

(1) Lettre du 13 janvier. — A remarquer que l'on se souciait peu à la Cour des deuils de famille. La petite Madame, née le 18 octobre 1662, avait été enterrée le 30 déc., sept jours avant cette fête. Le service funèbre n'aura lieu que le 17 janvier. Et cependant, durant ce mois, il y eut, outré les représentations théâtrales, six ballets au Palais-Royal, un bal chez Monsieur et un chez le roi.

> Piéce qu'en plusieurs lieux on fronde ;
> Mais où, pourtant, va tout le monde.
> Que, jamais, Sujet important
> Pour le voir n'en atira tant,
> Quant à moy, ce que j'en puis dire
> C'est que, pour extrêmement rire,
> Faut voir, avec atention,
> Cette reprézentation,
> Qui peut, dans son genre comique,
> Charmer le plus mélancolique,
> Surtout, par les simplicitez,
> Ou plaisantes naïvetez
> D'Agnès, d'Alain, et de Georgette,
> Maîtresse, Valet et Soubrette :
> Voilà dès le commencement
> Quel fut mon propre sentiment,
> Sans être, pourtant, aversaire
> De ceux, qui sont d'avis contraire,
> Soit gens d'esprit, soit innocens,
> Car chacun abonde en son sens.

Prudente réserve du chroniqueur qui ne veut pas perdre de lecteurs. Ceci n'est pas tout à fait particulier au XVIIe siècle.

Le succès dépassa toute attente ; les recettes, dont la moyenne était tombée à 407 livres pour les 10 premières représentations de *Tonnaxare*, pièce nouvelle de Boyer (1), rebondissent à 1164 livres pour les dix premières de l'École des femmes, et l'auteur reçoit deux parts (sur dix-sept) pour ses droits d'auteur, soit un peu plus de dix pour cent.

(1) *Oropaste* ou le *Faux Tonnaxare* de l'Abbé Boyer, 17 novembre 1662.

# CHAPITRE IX

## LA CRITIQUE DE L'ÉCOLE DES FEMMES

Comédie en prose en un acte.
Théâtre du Palais-Royal : 1er Juin 1663.

*Stances de Despréaux. — Molière pensionné. — Critiques et éloges sans le vouloir du jeune de Visé. — Le grand Corneille s'inquiète. — Questions de boutiques. — Molière devient son propre critique. — Appréciations de Loret. — De Visé ne désarme pas. — Zélinde et la Critique de la Critique. — Attaques de Boursault. — Cinglante réponse de Molière. — Un exemple suivi par Regnard.*

Voici donc l'*Ecole des femmes* au pinacle. Despréaux prend sa plume, et envoie les Stances suivantes à son ami (1).

> En vain, mille jaloux esprits,
> Molière, osent avec mépris,
> Censurer un si bel ouvrage :
> Ta charmante naïveté
> S'en va pour jamais d'âge en âge,
> Enjouer la postérité.
>
> Ta Muse avec utilité
> Dit plaisamment la vérité,
> Chacun profite à ton école,
> Tout en est beau, tout en est bon ;
> Et ta plus burlesque parole
> Est souvent un docte sermon,
>
> Que tu ris agréablement !
> Que tu badines savamment !
> Celui qui sut vaincre Numance (Scipion)
> Qui mit Carthage sous sa loi,
> Jadis sous le nom de Térence,
> Sut-il mieux badiner que toi ?

(1) Ces Stances se trouvent à la fin de certaines éditions de Molière.

> Laisse gronder tes envieux,
> Ils ont beau crier en tous lieux
> Que c'est à tort qu'on te révère ;
> Que tu n'es rien moins que plaisant :
> Si tu savais un peu moins plaire,
> Tu ne leur déplairais pas tant.

Le 17 mars, Molière reçoit 1000 livres de pension du roi en qualité de bel esprit « excellent poète comique ». On sait qu'il répondit à cette libéralité par le « Remerciment au Roy » en vers libres (1).

Toutefois, à côté des compliments du bonhomme Loret et des vers de Despréaux, il y a les coups de patte qui égratignent plus ou moins, à commencer par ceux de de Visé (2). Parlant de cette comédie, le chroniqueur jaloux à l'égard des grands écrivains de son siècle, n'hésite pas en effet à écrire :

« La dernière de ses comédies (de Molière) et celle dont vous souhaitez le plus que je vous entretienne, parce que c'est elle qui fait le plus de bruit, s'appelle l'*Ecole des femmes*. Cette pièce a cinq actes. Tous ceux qui l'ont vue sont demeurés d'accord qu'elle est mal nommée, et que c'est plutôt l'Ecole des maris que l'Ecole des femmes ; mais comme il y en a déjà une sous ce titre, il n'a pu lui donner le même nom.

« Elles ont beaucoup de rapport ensemble ; et dans la première, il garde une femme dont il veut faire son épouse, qui, bien qu'il la croie ignorante, en sait plus qu'il ne croit, ainsi que l'Agnès de la dernière, qui joue, aussi bien que lui, le même personnage, et dans l'*Ecole des maris* et dans l'*Ecole des femmes ;* et toute la différence qu'on y trouve, c'est que l'Agnès de l'*Ecole des femmes* est un peu plus sotte et plus ignorante que l'Isabelle de l'*Ecole des maris.*

(1) Publié à la fin de ses œuvres. Ce morceau fut édité pour la première fois en petit in-4° par Luynes et Quinet, 1663.

(2) Troisième partie de ses *Nouvelles Nouvelles.* Cité par les Frères Parfait, *Hist. du Th. Français,* t. IX, p. 172 et suiv.

« Le sujet des deux pièces n'est point de son invention, ajoute le jaloux chroniqueur ; il est tiré en divers
endroits, à savoir de Boccace, des contes d'Ouville,
de la *Précaution inutile* de Scarron, et ce qu'il y a de
plus beau dans la dernière, est tiré d'un livre intitulé
les *Nuits facétieuses du Seigneur Straparolle*, dans une
Histoire duquel un rival vient tous les jours faire confi-
dence à son ami, sans savoir qu'il est son rival, des
faveurs qu'il obtient de sa maîtresse, ce qui fait tout
le sujet et la beauté de l'*École des Femmes* ».

Que nous voilà loin de ceux qui prétendent voir dans
cette pièce une autobiographie! Quant au côté philosophique de l'œuvre, il semble avoir échappé totalement
au critique qui n'envisage que l'action, laquelle, d'un
avis unanime, est bien mince. En ce qui concerne la
question du plagiat, qu'il nous soit permis de dire
qu'aucune œuvre ne pourrait résister à un examen
aussi subtil. *Le Barbier de Séville* n'est-il pas un chef-
d'œuvre ? Va-t-on accuser Beaumarchais de s'être
inspiré de Scarron et de Molière ?

Cependant, après les critiques, de Visé ne peut
s'empêcher de décerner des éloges — sans le vouloir ;
cette pièce, ajoute-t-il, a produit des effets tout nouveaux ; tout le monde l'a trouvée méchante, et tout le
monde y a couru « Les dames l'ont blâmée, et l'ont
été voir ; elle a réussi sans avoir plu, et elle a plu à
plusieurs qui ne l'ont pas trouvée bonne. » Ce qui ne
l'empêche pas de reconnaître « qu'il s'y trouve des
choses si naturelles que la nature même semble y avoir
travaillé, qu'elle contient des endroits incomparables,
qu'il ne trouve pas d'expressions assez vives et assez
fortes pour les faire bien entendre ». — Quant à l'interprétation : « Jamais comédie ne fut si bien représentée avec tant d'art : chaque acteur sait combien
il doit y faire de pas et toutes ses œillades sont
comptées ».

Franchement Molière eut souhaité avoir beaucoup

de détracteurs aussi enthousiastes ! Mais ce n'était pas
de la critique écrite dont il se méfiait, mais de la calomnie verbale. Celle-là, il en connaissait l'origine : les
propagandistes adverses n'étaient autres que les bons
petits camarades de l'Hôtel de Bourgogne, quoique...
en matière théâtrale, décrier une pièce n'est-ce pas
bien souvent engager le public à l'aller voir ? En attendant, les recettes du Palais-Royal en hausse — et comment ! — n'était-ce pas fatalement celles de l'Hôtel
en baisse ? Voilà ce qu'on ne pardonne pas entre confrères.

Serait-il donc vrai que le grand Corneille se soit aussi
inquiété de ce succès ? Peut-être bien, s'il faut en croire
l'abbé d'Aubignac (1) qui lui impute cette jalousie,
affirmation qu'il ne faut cependant accueillir que sous
les plus expresses réserves, cet abbé ayant été un ennemi
acharné de l'auteur *du Cid.*

Corneille avait eu la faiblesse de s'être attribué la
particule nobiliaire de. L'irascible abbé prend aussitôt
sa plume : « De quoi vous êtes-vous avisé sur vos vieux
jours d'accroître votre nom et de vous faire nommer
Monsieur de Corneille ? L'auteur de l'*Ecole des femmes,*
je vous demande pardon si je parle de cette comédie
qui vous fait désespérer et que vous avez essayé de
détruire par votre cabale dès la première représentation,
l'auteur, dis-je, de cette pièce fait conter à un de ses
acteurs qu'un de ses voisins, ayant fait clore d'un fossé
un arpent de pré, se fit appeler Mr de l'Isle, que l'on
dit être le nom de votre petit frère » (2).

(1) *Quatrième dissertation concernant le Poème dramatique.* Cité par les
Frères Parfait, *Hist. du Th. Français,* t. IX, p. 178-179.
(2) Voici les vers auxquels il est fait allusion (*Ecole des Femmes*): Acte 1,
   Quel abus de quitter le vrai nom de ses pères.       [Sc. 1.
   Pour en vouloir prendre un bâti sur des chimères ?
   De la plupart des gens c'est la démengeaison ;
   Et sans vous embrasser dans la comparaison,
   Je sais un paysan qui s'appelait Gros-Pierre,
   Qui n'ayant pour tout bien qu'un seul quartier de terre,
   Y fit tout alentour faire un fossé bourbeux,
   Et de Monsieur de L'Isle en prit le nom pompeux.

Il est certain que chez Molière l'allusion est voulue, si l'on se rappelle que Thomas Corneille avait pris ce nom de De l'Isle pour se distinguer de son frère aîné, et ne signait plus ses pièces que de ce dernier nom.

Il serait plus juste, à notre avis, de ne voir dans cette mauvaise humeur de Pierre Corneille qu'une question de boutique. Les frères Corneille n'avaient nullement renoncé au théâtre en 1663. Monsieur Corneille de l'Isle avait fait représenter à l'Hôtel *Pirrus, roi d'Epire*, en 1661, *Maximian* puis *Persée et Démétrius* en février et décembre 1662. Pierre Corneille avait donné au Marais *Sertorius* le 25 février 1662 et à l'Hôtel *Sophonisbe* le 18 janvier 1663. Les deux frères tenaient donc absolument les deux scènes de Paris, l'Hôtel de Bourgogne et le théâtre du Marais. Il était désagréable pour eux de voir le public prendre le chemin du Palais-Royal.

Cependant Molière est loin de s'irriter du bruit que l'on fait autour de sa pièce nouvelle. Il s'en explique fort bien dans sa Préface : « Bien des gens ont frondé d'abord cette comédie, écrit-il ; mais les rieurs ont été pour elle, et tout le mal qu'on en a pu dire n'a pu faire qu'elle n'ait eu un succès dont je me contente ».

Il ne faut pas oublier que Molière n'est pas seulement auteur et acteur ; il est directeur, et sous ce rapport, il ne peut se désintéresser de la recette. Celle-ci avait surpassé ses prévisions. Une raison de plus pour se moquer des envieux.

« Je sais, ajoute-t-il, qu'on attend de moi, dans cette impression, quelque préface qui réponde aux censeurs, et rende raison de mon ouvrage... Mais il se trouve qu'une grande partie des choses que j'aurais à dire sur ce sujet est déjà dans une dissertation que j'ai faite en dialogue et dont je ne sais encore ce que je ferai. L'idée de ce dialogue me vint après les deux ou trois premières représentations de ma pièce. Je la dis, cette idée, dans une maison où je me trouvai un soir, et d'abord une personne de qualité, dont l'esprit est assez connu dans le monde, et qui me fait l'honneur de m'aimer, trouva le projet à son gré ».

Puis l'auteur nous explique que la personne de qualité en question fit en deux jours un canevas qu'il lui montra. Mais il y trouva trop d'éloges à son adresse « et j'eus peur, avoue-t-il, que, si je produisais cet ouvrage sur notre théâtre, on ne m'accusât d'abord d'avoir mendié les louanges qu'on m'y donnait. Cependant cela m'empêcha, par quelque considération, d'achever ce que j'avais commencé ».

Telle serait la cause du temps relativement long — cinq mois — qui s'écoula entre la premièrere présentation de l'*Ecole des femmes* et l'apparition de la *Critique* qui ne fut donnée que le 1er juin. Dès lors, chaque représentation de l'*Ecole des femmes* sera accompagnée d'une autre de la *Critique*.

Dès le lendemain, 2 juin, Loret écrivait dans sa Gazette rimée :

> Les Comédiens de Monsieur,
> Pour qui, dans mon intérieur
> J'ay de l'amour et de l'estime,
> (Et, surtout, pour une Anonime)
> Ont aussi mis sur le Bureau
> Quelque chose de fort nouveau,
> Sçavoir une pièce Comique,
> Qui s'intitule la *Critique* :
> Sans doute que très-bien de gens,
> De la voir seront diligens,
> Etant, dit-on, fort singulière,
> Et venant du rare Molière,
> C'est-à-dire, de bonne main ;
> Je la verray (je croy) demain.

De Visé, dont la basse jalousie contre Molière ne désarmait pas, s'empressa d'insinuer que la pièce n'était pas de lui (1). Après avoir dit que l'auteur a

_______

(1) *Nouvelles Nouvelles*, t. XII, p. 236-237, cité par les Frères Parfait,

passé en revue toutes les fautes que l'on relève dans sa pièce pour les excuser en même temps : « Elle n'est pas de lui, fait-il dire à un personnage ; elle est de l'abbé Du Buisson qui est un des plus galants hommes de ce siècle.—J'avoue, repartit un autre, que cet illustre abbé en a fait une, et que, l'ayant porté à l'auteur, dont nous parlons, il trouva des raisons pour ne pas la jouer, encore qu'il avoua qu'elle fut bonne ; cependant, comme son esprit consiste principalement à se savoir bien servir de l'occasion et que cette idée lui a plu, il a fait une pièce sur le même sujet, croyant qu'il était seul capable de lui donner des louanges ».

Cette dernière phrase est tout à fait perfide. Nous avons vu plus haut comment Molière raconte la genèse de la *Critique* dans sa Préface de l'*Ecole des femmes*. Nous ne ferons pas à de Visé l'honneur de le réfuter par le menu. Mais ce que Visé ne dit pas, c'est que Molière qui savait si bien « se servir de l'occasion », comme il dit, profita de cette occasion pour copier le langage et le caractère des conversarions ordinaires des personnes du monde, et qu'il nous a peint sur le vif un salon parisien en 1663. Pour le reste, comment peut-on en vouloir à un auteur si vivement attaqué de se défendre, — et avec quel esprit !

Dans cette *Critique*, Molière se garde bien de paraître en personne. Il confie sa cause à ses meilleurs lieutenants : Lagrange, (le marquis), Brécourt (le Chevalier), du Croisy (le poète). Les femmes sont Melle de Brie, Melle Molière, Melle du Parc.

Décidément cette *Critique* empêchait de Visé de dormir. Jean Donneau, sieur de Visé, destiné d'abord à l'état ecclésiastique, fort ambitieux, auteur à 18 ans, était alors un jeune homme de 23 ans. Et celui à qui Molière, en pleine maturité, aurait pu conseiller d'aller encore à l'école, avec le bel aplomb que donne l'inconscience, conçut alors *Zélinde* ou la *Véritable critique*

de *l'Ecole des femmes* et la *Critique de la Critique*,
comédie en un acte, en prose (1).

Du salon où se trouvent groupés les personnages
de la *Critique* de Molière, nous voici, avec de Visé,
descendus dans la chambre d'un marchand de dentelles
de la rue St-Denis, tout cela pour nous démontrer
que l'*Ecole des femmes* n'est qu'une méchante pièce,
qu'elle ne doit sa réussite qu'au jeu des interprètes,
qu'aux « grimaces » d'un acteur, et qu'en écrivant
sa *Critique* l'auteur n'a fait que devancer l'intention
des autres, agissant comme un père qui a trop d'indulgence pour ses enfants.

En attendant, Molière est demandé partout avec
son double spectacle de l'*Ecole* et de la *Critique*. Au
théâtre, les recettes tombées en mai à des chiffres dérisoires — le 29 avec le *Menteur* on avait fait 100 livres,
soit 3 livres par part — atteignent 1600 et 1700 livres (2)
La troupe est demandée avec le même programme à
Conflans, chez le duc de Richelieu, et le roi daigne
venir en personne au théâtre le lundi 9 juillet. Il rede-
mandera le même spectacle le 12 septembre à Vincennes, et le 29, la troupe s'en va par ordre de Mr. le
Prince à Chantilly pour une semaine (3).

Loret avait mentionné en ces termes le voyage de
Conflans dans sa lettre du surlendemain 7 juillet :

> Jeudy, si ma mémoire est bonne,
> (Ce m'a dit certaine personne)
> Dans Conflans, noble et charmant lieu,
> La Duchesse de Richelieu,

(1) Les Frères Parfait, dans leur *Hist. du Th. français*, t. IX, p. 215,
laissent entendre que cette pièce ne fut jamais représentée. Elle fut cependant imprimée en 1663.

(2) Les premières représentations de la *Critique* précédée de l'*Ecole des
Femmes* avaient donné des recettes de 1357, 1130, 1355, 1426, 1600, 1357,
1731, 1265 livres, chiffres fort élevés en comparaison des recettes journalières.

(3) La troupe joua du 29 septembre au 5 octobre l'*Ecole des femmes*, la
*Critique*, D. Garcie, l'*Ecole des maris*, l'*Etourdi* et le *Dépit*, reçut 1800
livres.

> Fort sage et fort habile Femme,
> Régala la Reine et Madame,
> En grande jubilation,
> D'une exquize Colation,
> Qui, pour le fruit et la viande,
> Fut, tout à fait, rare et friande :
> De plus, après, ou bien devant,
> (Car je n'en suis pas trop sçavant)
> La *Critique* du Sieur Molière
> Pièce Comique et singulière,
> Fut un autre mets précieux
> Pour les oreilles et les yeux,
> Etant presque pour faire rire
> Autant qu'autre qu'on puisse écrire.

Parmi les nombreux ennemis de Molière, il fallait encore compter Boursault. Celui-ci était alors un jeune homme de 25 ans. Arrivé à Paris à l'âge de 13 ans, ne parlant encore que le patois bourguignon, sans aucune instruction, Boursault avait eu le mérite de se former lui-même. La lecture de bons livres, des dispositions heureuses, l'avaient mis bientôt en état de parler et d'écrire élégamment. Mais ayant commencé à donner des comédies à l'âge où l'on sait à peine les règles du théâtre, il ne pouvait pardonner le succès à un auteur qui, comme Molière, étudiait depuis vingt ans sans relâche, et avec son génie, toutes les ressources de son art.

Boursault, à tort ou à raison, avait cru se reconnaître dans le poète Lysidas de la *Critique*. Il prit aussitôt sa jeune plume pour écrire le *Portrait du peintre* ou la *Critique de la Critique* de l'*Ecole des femmes*, un acte en vers qu'il alla porter aux comédiens de l'Hôtel qui l'accueillirent avec transport.

Quelques passages de cette satire oubliée sont, à la vérité, amusants :

LISIDOR.

> ...Ensuite est-il rien qui ne plaise
> Dans ce que dit Arnolphe, et la fille niaise ?
> Rien de plus innocent se peut-il faire voir ?
> Il arrive des champs, et désire savoir

Si durant son absence elle s'est bien portée ;
*Hors les puces la nuit qui m'ont inquiétée,*
Répond Agnès. Voyez quelle adresse a l'auteur,
Comme il sait finement réveiller l'auditeur,
De peur que le sommeil ne se rendît le maître.
Jamais plus à propos vit-on puces paraître ?
D'aucun trait plus galant se peut-on souvenir ?
Et ne dormait-on pas s'il n'en eut fait venir...

Et plus loin :

DORANTE, *Marquis ridicule.*

Je soutiens, sans l'aimer, quoique l'envie oppose,
Que sa pièce *tragique* est une belle chose.

La compagnie se récrie sur ce titre de tragédie que
Dorante donne à l'*École des femmes.*

DORANTE.

Mais je sais le Théâtre, et j'en lis la pratique ;
Quand la scène est sanglante, une pièce est tragique.
Dans celle que je dis *le petit chat est mort.*
. . . . . . . . . . . . . . . . . . . . . . . . .

DAMIS.

Quoi ! Le trépas d'un chat ensanglante la scène ?

AMARANTE.

Dans une tragédie, un Prince meurt, un Roi.

DORANTE.

*Nous sommes tous mortels et chacun est pour soi.*
Et je tiens qu'une pièce est également bonne
Quand un matou trépasse ou quelque autre personne.

On connaît la réplique cinglante de Molière dans
l'*Impromptu de Versailles* dont nous allons parler plus
loin. C'est en présence du roi qu'il prendra sa revanche,
sans s'attarder dans les sous-entendus.

Pendant la feinte répétition du commencement d'une
pièce, où Molière fait paraître différents personnages
qui critiquent ses ouvrages, Melle de Brie, comédienne
qui répète le rôle d'une sage coquette, dit :

« Vous voulez bien, Mesdames, que nous vous don-

nions en passant la plus agréable nouvelle du monde.
Voilà M. Lysidas qui vient de nous avertir qu'on a fait
une pièce contre Molière, que les grands comédiens
vont jouer.

MOLIÈRE, *Marquis ridicule.*

« Il est vrai, on me l'a voulu lire, et c'est un nommé
Bt... Brou... Brossaut qui l'a faite.

DU CROISY, *Poète.*

« Monsieur, elle est affichée sous le nom de Boursault
mais, à vous dire le secret, bien des gens ont mis la
main à cet ouvrage, et l'on en doit concevoir une assez
haute attente. Comme tous les auteurs et tous les comédiens regardent Molière comme leur plus grand ennemi,
nous nous sommes tous unis pour le desservir, chacun
de nous a donné un coup de pinceau à son portrait,
mais nous nous sommes bien gardés d'y mettre nos
noms... et pour rendre sa défaite plus ignominieuse,
nous avons voulu choisir tout exprès un auteur sans
réputation ».

Et plus loin dans la bouche de Molière :

« Le plus grand mal que je leur aie fait, c'est que
j'ai eu le bonheur de plaire un peu plus qu'ils ne l'auraient voulu, et tout leur procédé depuis que nous
sommes venus à Paris a trop marqué ce qui les touche;
mais laissons les faire tant qu'ils voudront : toutes leurs
entreprises ne doivent pas m'inquiéter. Ils critiquent
mes pièces, tant mieux, et Dieu me garde d'en faire
jamais qui leur plaise, ce serait une mauvaise affaire
pour moi ».

Quant à Boursault, cet « honneste monsieur qui se
mêle d'écrire pour les comédiens » de l'Hôtel, il a son
compte dans une des tirades suivantes.

De ce passage, nous détacherons pourtant cette
superbe leçon où le Maître trace les devoirs et les
limites de la critique : « J'en ferai ma déclaration publi-

quement ; je ne prétends faire aucune réponse à toutes leurs Critiques et leurs Contre-Critiques ; qu'ils disent tous les maux du monde de mes Pièces, j'en suis d'accord ; je leur abandonne de bon cœur tous mes ouvrages, ma figure, mes paroles, mon ton de voix, et ma façon de réciter, pour en faire et dire tout ce qui leur plaira, s'ils en peuvent tirer quelque avantage. Mais en leur abandonnant tout cela, ils me doivent faire la grâce de me laisser le reste, et de ne point toucher à des matières de la nature de celles sur lesquelles on m'a dit qu'ils m'attaquaient dans leur Comédie ».

Molière, avec sa propre *Critique*, avait créé un genre. Regnard, le meilleur de ses imitateurs, ne pouvait se dispenser de suivre l'exemple. Aussi écrivit-il la *Critique de l'Homme à bonnes fortunes* (1690) et la *Critique du Légataire* (1708).

# CHAPITRE X

## L'IMPROMPTU DE VERSAILLES

Comédie en prose en un acte.
A Versailles, pour le roi : 14 Octobre 1663.
Théâtre du Palais-Royal : 4 Novembre.

*La Troupe demandée à Versailles. — Première représentation de l'Impromptu. — Imitations des comédiens de l'Hôtel. — Molière avait-il le droit de donner des conseils aux autres ? — Son talent d'acteur. — Scènes intimes. — L'Impromptu en public. — Reprise de cette pièce aux XIX° et XX° siècles. — Réplique de la troupe rivale. — L'Impromptu de l'Hôtel de Condé et la Vengeance des marquis.*

L'*Impromptu de Versailles* ne tient pas une grande place dans l'œuvre de Molière, et combien peu l'ont lu ! Mais il n'en demeure pas moins pour nous, qui cherchons à reconstituer pièce par pièce la vie théâtrale de Molière, un monument des plus précieux, car c'est le seul de tous ses ouvrages qui nous permette de pénétrer dans les coulisses et de coudoyer ses comédiens. Nous allons vivre quelques instants de la vie de la troupe.

Voyons d'abord dans quelles circonstances fut donné l'*Impromptu*.

« Le jeudi 11° octobre, écrit Lagrange, la Troupe est partie par ordre du roi pour Versailles. On a joué le *Prince jaloux* ou *D. Garcie, Sertorius*, l'*Ecole des maris*, *les Fâcheux*, l'*Impromptu* dit, à cause de la nouveauté et du lieu, *de Versailles*, le *Dépit amoureux* et encore une fois *le Prince jaloux*. Pour le tout reçu 3300 livres de M^r Bontemps, 1^er valet de chambre sur la cassette. Partagé 231 livres. Le retour a été le mardi 23° octobre.»

Et c'est tout. Reste à examiner dans quel but Molière écrivit l'*Impromptu*.

L'*Impromptu* est la riposte aux attaques, aux outrages, dont Molière était l'objet de la part de quelques auteurs et de tous les comédiens de l'Hôtel de Bourgogne. (1) Sa vengeance consistait donc à mettre ces derniers en scène, à contrefaire leur jeu, et selon l'expression d'une des illustrations de la Comédie française au xix^e siècle, du professeur P. Regnier, de démontrer en maître comédien ce que leur talent avait de faux, de ridicule et d'outré (2). Nous ne pouvons, du reste, mieux faire que de tenir compte des observations émises par P. Regnier sur ce sujet (3).

Molière avait, paraît-il, un don de mimique et d'imitation très particulier ; dans l'*Impromptu*, une de ses actrices en fait la remarque ; il excellait à contrefaire. Il pouvait donc ainsi se permettre sur la scène la caricature de ses ennemis, et leur donner, en les faisant reconnaître, une leçon que le rire du public rendait plus cruelle encore.

Cette leçon, se demande Regnier, Molière avait-il autorité pour la donner ? Il n'en faut pas douter.

(1) Nous avons mis en relief au chapitre précédent l'acharnement des comédiens de l'Hôtel contre Molière. Mais il y eut vers le même temps, avant et après l'*Impromptu*, bien d'autres satires et chansons qui coururent les ruelles. Chacun prenait partie dans l'un ou l'autre camp. Nous citerons après G. Monval : le *Refrin de la Contre-Critique* à M. Boursault. — Le *Refrin sur les impromptu* à M. de Montfleury le jeune. — Le *Refrin sur l'Escole des jaloux* au même. — *Refrin sur les différends des Troupes de l'Hostel et du Palais* par I. C. (Le Camus), in-4° de 4 p. (Réimprimés à la suite de l'*Impromptu de l'Hostel de Condé.* )

(2) Regnier de la Brière, François, Joseph, Philoclès (1807-1885) .Th. de Montparnasse, de Metz, de Nantes, du Palais-royal, Comédie française, 1831, sociétaire 1835, retraité 1871, professeur au Conservatoire, régisseur général de la Comédie, directeur de la scène de l'Opéra, chevalier de la Légion d'Honneur, un des plus éminents comédiens du xix^e siècle, et des plus érudits. C'est à lui que revient l'honneur d'avoir retrouvé le *Registre de Lagrange* auquel nous faisons de si fréquents emprunts. Regnier fut le professeur de Coquelin aîné, de M^lle Reichenberg, de M^me Réjane, etc.

(3) *Deuxième Centenaire de la Fondation de la Comédie française.* Notice par P. Regnier, Paris, Librairie des Bibliophiles, 1880.

Molière, tout le prouve, a été un excellent comédien ;
et si la curiosité, aujourd'hui éveillée sur tout ce qui le
touche, s'irrite du petit nombre de renseignements que
l'on obtient sur lui malgré la persistance des recherches,
on en possède assez cependant pour être certain que le
comédien, en lui, fut de premier ordre ; c'est la renommée
du poète qui a rendu insignifiante celle de l'acteur.

Ici, nous citerons mot à mot le passage de cette intéressante dissertation fort peu connue (1) :

« Et cependant quelle passion l'a d'abord entraîné
vers le théâtre ? Celle d'écrire des pièces ou de les
jouer ? La dernière évidemment. Lagrange l'affirme
en assurant qu'il « excellait » dans l'art du comédien
« par des talents extraordinaires », et il est certain qu'il
doit le commencement de sa réputation et les premiers
encouragements de Louis XIV moins à son génie de
poète qu'à son talent d'acteur.

« Ses pièces, disaient ses ennemis, n'ont de succès
que parce que c'est lui qui les joue ; après sa mort,
on verra ce qu'elles valent.

« Il est mauvais poète et bon comédien, dit la *Critique de Tartuffe.*

« Et, ajoute un autre, ce qui fait rire dans sa bouche
fait souvent pitié sur le papier.

« Que dit aussi *le Mercure*, presque au lendemain
de sa mort ?

« Il était tout comédien depuis les pieds jusqu'à la
tête : il sembloit qu'il eut plusieurs voix ; tout parloit
en lui, et, d'un pas, d'un sourire, d'un clin d'œil et
d'un remuement de tête, il faisoit plus concevoir de
choses que le plus grand parleur n'auroit pu dire en
une heure.

« Citons encore un historien dauphinois, un contemporain de Molière, Nicolas Chorier, qui, dans un livre
en latin, a écrit cette phrase : « Molière, qui a écrit

_________________

(1) L'ouvrage déjà cité n'a été tiré qu'à quelques exemplaires numérotés
pour amateurs.

les plus ingénieuses comédies, fut le maître de tous les
acteurs et le Roscius de notre âge ».

« Je pourrais encore rappeler ce que Chappuzeau,
ce que La Serre, ce que Marcel ont dit de l'excellence
de ses talents comme acteur : « C'est par la vérité des
sentiments, assure l'un d'eux, par l'intelligence des
expressions et par toutes les finesses de l'art, qu'il
séduisait les spectateurs, au point qu'ils ne distin-
guaient plus le personnage représenté d'avec le comédien ; aussi se chargeait-il toujours des rôles les plus
longs et les plus difficiles ».

« Ainsi donc, à part quelques rivaux qui ont essayé
de combattre le sentiment général, amis et ennemis
ont été de l'opinion du P. Bouhours, qui appelle
Molière un «incomparable acteur», et de M^me de Sévigné
qui, faisant l'éloge de l'un des talents de son fils, dit :
« Mon fils nous lit des comédies comme Molière les
joue ».

On nous objectera la légende de Molière détestable
tragédien. Regnier estime que ce reproche mérite d'être
discuté, et les raisons qu'il nous donne sont intéres-
santes à retenir.

« Mais n'est-il pas possible aussi, et j'incline à le
croire, que Molière, comme tragédien, fût en dehors
et au-dessus des idées de son temps », qu'il ne sut pas
« ou ne voulut pas » faire ronfler le vers et s'arrêter
au bel endroit ? « L'auteur-poète qui forma le talent
dramatique de Baron devait sentir la tragédie d'une
toute autre manière que les Montfleury et les Beauchâteau ; tout autre devait être son accent. Et qui
pourrait dire que ses idées fussent fausses en pareille
matière, quand nous le voyons se rencontrer avec
Shakespeare sur cette question d'interprétation dramatique ? Les deux poètes, tous deux comédiens,
étaient du même avis » (1).

(1) *Hamlet.* Recommandations aux comédiens.

Le Versailles, où le roi appelait la Troupe de Monsieur, n'était pas précisément celui que nous connaissons. La Cour de Louis XIV eut d'abord comme résidences les plus vastes des anciens châteaux royaux : le Louvre, St-Germain, Fontainebleau. Dans le bourg presque inconnu de Versailles, il n'y avait, en 1663, qu'un petit, mais gracieux château, construit par Louis XIII. Ce ne fut que l'année suivante, en 1664, que Louis XIV confia l'exécution de son nouveau palais aux artistes qui s'étaient fait connaître par la construction du célèbre château de Vaux élevé par Fouquet. Nous avons cité déjà leurs noms : l'architecte Le Vau, le jardinier Le Nôtre, le peintre Le Brun.

Molière ne connut donc jamais Versailles dans toute sa splendeur. Les travaux n'en furent activement poussés qu'un an après sa mort, et devaient se poursuivre pendant plus de trente ans (1).

On connaît le sujet de l'*Impromptu*. L'action est à Versailles, dans la salle de la Comédie. Molière se met lui-même en scène, et appelle ses comédiens pour répéter la pièce que l'on doit jouer devant le roi. Ceux-ci déclarent qu'ils ne savent pas leurs rôles, d'où le cri de leur chef :

— Ah ! les étranges animaux à conduire que des comédiens !

Nous voilà donc mêlés, sans le vouloir, à leurs petites « affaires de cuisine ». Les comédiens se rebiffent, mais la volonté du roi est formelle. Les monarques veulent des plaisirs qui ne se fassent pas attendre. Nous assistons même à une scène de ménage.

M^lle MOLIÈRE.

Voulez-vous que je vous dise ? Vous devez faire une comédie où vous aurez joué tout seul.

----

(1) En 1682, 28.000 hommes sur les chantiers et 6.000 chevaux. En 1685, 36.000 hommes. En 1684, la Galerie des glaces. — En 1686, les Salons de la Paix et de la Guerre. — En 1689, les ailes du midi et du nord. De 1699 à 1709, construction de la Chapelle.

MOLIÈRE.

Taisez-vous, ma femme, vous êtes une bête.

Mlle MOLIÈRE.

Grand merci, Monsieur mon mari. Voilà ce que c'est : le mariage change bien des gens, et vous ne m'auriez pas dit cela il y a dix huit mois.

MOLIÈRE.

Taisez-vous, je vous prie.

Mlle MOLIÈRE.

C'est une chose étrange, qu'une petite cérémonie soit capable de nous ôter toutes nos belles qualités.

Mademoiselle Béjart, qui figure aussi sous son nom, comme du reste tous les autres comédiens de la troupe, fait observer que les sujets à traiter ne manquent pas. Et puisque les comédiens de la troupe rivale ont entrepris de peindre Molière en personne, pourquoi donc laisserait-il échapper l'occasion de les peindre aussi avec cette distinction, toutefois, que contrefaire un comédien dans un rôle comique, ce n'est jamais que peindre d'après lui les personnages qu'il représente, tandis que contrefaire un comédien dans des rôles sérieux, c'est le peindre par ses défauts. Ainsi se trouve justifiée la scène des imitations.

Voici d'abord la caricature de Montfleury « un roi gros et gras comme quatre». Au diable un jeune homme bien fait ! Il faut un roi «qui soit entripaillé comme il faut, un roi d'une vaste circonférence, et qui puisse remplir un trône de la belle manière ».

Puis suivent les imi. tions de Melle Beauchasteau, dont Molière se plaît à . ire admirer le visage riant qu'elle conserve dans les plus grandes afflictions ; de Beauchasteau, dans les Stances *du Cid*, de Hauteroche dans *Sertorius*, de Villiers... Tous défilent et provoquent les rires de l'auditoire.

Ceci fait, Molière passe en revue tout son personnel artistique, ne craignant pas de dire à chacun ses vérités. Il donne à M<sup>elle</sup> du Parc un brevet « d'excellente comédienne »; il choisit du Croisy, au ton sentencieux, à la prononciation nette, pour jouer un rôle de poète; il recommande à Brécourt de prendre un air posé et de gesticuler le moins possible; il consacre enfin publiquement Lagrange par ces simples mots :

— Pour vous, je n'ai rien à vous dire.

Mais il nous intéresse surtout en s'adressant à la partie féminine de sa troupe. Dans ces appréciations, M<sup>elle</sup> Béjart nous apparaît quelque peu prude, « une de ces femmes, qui pourvu qu'elles ne fassent point l'amour, croient que tout le reste leur est permis ». M<sup>elle</sup> de Brie, l'ingénue idéale, serait-elle à la ville une de celles « qui pensent être les plus vertueuses personnes du monde, pourvu qu'elles sauvent les apparences, de ces femmes qui croient que le péché n'est que dans le scandale ? » M<sup>elle</sup> du Croisy « qui donne toujours le petit coup de langue en passant » ne semble pas trop aimer dire du bien de son prochain, et M<sup>elle</sup> Hervé apparaît comme le type rêvé de la soubrette de la précieuse.

L'*Impromptu* fut donc joué à Versailles pour le roi, le dimanche 14 octobre 1663, et au Théâtre du Palais-Royal, trois semaines plus tard, le dimanche 4 nov. avec une recette de 1090 livres. Puis, indépendamment des représentations en public, la Troupe alla le jouer en « visite » chez le Maréchal de Grammont, à l'Hôtel de Condé pour le Mariage de S. A. S. Mgr. le Duc, chez M<sup>r</sup> Le Tellier.

On a pu se demander pourquoi l'*Impromptu de Versailles* avait disparu de l'affiche pendant 160 ans.

D'abord, l'*Impromptu* est une actualité, une scène de revue, comme nous dirions aujourd'hui. Ensuite, après la mort de Molière, une lettre de cachet de Louis XIV avait ordonné aux deux troupes rivales de

so réunir (1). Les intérêts des uns et des autres deve-
naient communs désormais. Comment les anciens collaborateurs de Molière auraient-ils pu se moquer de leurs
anciens collègues devenus leurs associés ?

Ce ne fut que dans les premières années du règne
de Louis-Philippe, quand le public commença à
reprendre du goût pour le vieux répertoire, que les
comédiens d'alors qui venaient de jouer la *Critique
de l'Ecole des femmes*, furent amenés par le grand
succès qu'ils y avaient obtenu, à tenter la reprise
de l'*Impromptu* (2).

Ce fut le 12 mai 1838 qu'eut lieu cette reprise, à
l'occasion de la souscription pour le monument de
Molière (3). Le rôle de Molière fut tenu par Samson (4).
Toutefois, malgré le talent qui lui était habituel, et
dont il donna dans ce rôle une nouvelle preuve, il se
heurta à une difficulté insurmontable : l'impossibilité
d'imiter des acteurs qu'il n'avait pas pu voir, sous
prétexte de ridiculiser les travers que Molière leur
reprochait.

Après une seconde représentation, la pièce fut encore
une fois abandonnée... jusqu'au 20 octobre 1880,
époque à laquelle eut lieu une série de spectacles
à l'occasion du 2e Centenaire de la Comédie française. Cette fois, le rôle de Molière échut à Coquelin

(1) Ce fut le 25 août 1680 que fut ordonnée la réunion des acteurs de
l'Hôtel de Bourgogne avec l'ancienne troupe de Molière déjà renforcée de
celle du Marais, et établie après la mort de son chef dans la rue Mazarine.
Cette date de 1680 est donc celle de la fondation réelle de la Comédie française.

(2) P. Regnier. Notice déjà citée.

(3) Autrement dit, la fontaine Molière. La recette de ladite représentation atteignit 17.300 frs. (Laugier, *De la Comédie française depuis 1830*,
Paris, Tresse 1844.)

(4) Samson, Joseph, Isidore (1793-1871), Rouen, Odéon, Comédie française, Palais-royal, Comédie française, Rentrée 1832, Sociétaire, Professeur au Conservatoire, Doyen 1842. Retraité 1863, Chevalier de la Légion
d'Honneur 1864. Un des plus grands comédiens du xixe siècle, Professeur
de Rachel.

aîné (1). Mais l'*Impromptu*, pour les raisons ci-dessus, nesera jamais qu'une curiosité à l'usage des moliéristes.

De même que la *Critique* avait donné naissance dans le camp adverse à d'autres *Critiques*, l'*Impromptu* ne devait pas rester isolé. Les railleries piquantes de Molière sur le jeu de ces Messieurs de l'Hôtel demandaient une réplique. Ceux-ci firent écrire aussitôt par Montfleury fils l'*Impromptu de l'Hôtel de Condé*, un acte en vers. Encore un jeune homme de 23 ans choisi par les comédiens pour répondre à leur adversaire. Après avoir manqué d'initiative en la circonstance, ils n'avaient pas la main très heureuse comme auteurs. Non pas que ces jeunes gens fussent dépourvus d'esprit, mais l'autorité leur faisait défaut pour s'attaquer à si forte partie (2).

Dans l'*Impromptu de l'Hôtel de Condé* représenté sur le Théâtre de l'Hôtel de Bourgogne, la scène se passe au Palais dans la salle marchande (3). Le Marquis, la Marquise, Alcidon, Alis marchande de livres, Beauchâteau et de Villiers, comédiens (4), sont les acteurs

---

(1) L'*Impromptu*, pendant cette série, fut joué avec une merveilleuse distribution les 20, 21, 22, 25 et 27 octobre 1380. Depuis cette époque, nous relevons la reprise à l'Odéon, 1ᵉʳ décembre 1892, une représentation, et une autre à l'Odéon, également, le 20 janvier 1908, 2 représentations.

(2) Antoine Jacob de Montfleury, né à Paris en 1640, mort à Aix en 1685, était fils de l'acteur Montfleury. Avocat, il fut choisi par Colbert pour aller régler en Provence une affaire importante et délicate. On ne peut lui refuser de l'esprit, de la facilité, mais on lui reproche son trop de licence dans son théâtre comique, assez copieux. C'est à lui que Boileau fait allusion dans ces vers de l'*Art poétique* :

> Mais pour un faux plaisant à grossière équivoque,
> Qui, pour me divertir n'a que la saleté,
> Qu'il s'en aille, s'il veut, sur des tréteaux monté,
> Amusant le Pont Neuf de ses sornettes fades,
> Aux laquais assemblés jouer ses mascarades.

(3) Depuis le xvᵉ siècle les Galeries du Palais de Justice étaient le lieu de réunion des oisifs qui y venaient parler politique. Comme il s'y tenait un grand nombre de boutiques, et surtout de librairies, on disait aussi le Palais des Marchands. Ces boutiques furent supprimées en 1843.

(4) Beauchâteau (François, Chastelet de), l'Hôtel de Bourgogne, 1633. Il y était encore trente ans plus tard, peut-être après avoir passé par le Marais. Mourut en 1665. — Villiers père (Claude Deschamps de), acteur-auteur, 1601-1681. Théâtre du Marais et Hôtel de Bourgogne.

do cette pièce qui n'est plutôt qu'une conversation.
Le Marquis étant le partisan de Molière, Alcidon, d'avis
contraire, s'empresse de le tourner en ridicule.

ALCIDON.

Il est vrai qu'il récite avecque beaucoup d'art,
Témoin dedans *Pompée* alors qu'il fait César.
Madame, avez-vous vu dans ces tapisseries
Ces Héros de romans ?

LA MARQUISE.

Oui.

LE MARQUIS.

Belles railleries.

ALCIDON.

Il est fait tout de même ; il vient, le nez au vent,
Les pieds en parenthèse, et l'épaule en avant,
Sa perruque qui suit le côté qu'il avance,
Plus pleine de laurier qu'un jambon de Mayence ;
Les mains sur les côtés, d'un air peu négligé,
La tête sur le dos, comme un mulet chargé,
Les yeux fort égarés, puis débitant ses rôles,
D'un hoquet éternel, sépare ses paroles,
Et lorsque l'on lui dit : *et commandez ici,*

Il répond :

Connaissez-vous César de lui parler ainsi ? (imitation) etc.
. . . . . . . . . . . . . . . . . . . .

LE MARQUIS.

Non, pour le sérieux, c'est un méchant acteur.
J'en demeure d'accord, mais il est bon farceur.
. . . . . . . . . . . . . . . . . . . .
Il contrefait, morbleu, ceux de l'Hôtel.

ALCIDON.

Ecoute.
S'il contrefait si bien leurs tons et leurs détours,
Il devrait, par ma foi, les imiter toujours.

Plus loin l'auteur accuse Molière d'avoir souvent
payé son écot chez des grands par ses imitations qu'il
a colportées dans Paris depuis trois ans.

De Villiers, que Molière avait contrefait dans *Œdipe* ne se contenta pas de la réponse de Montfleury fils. Il voulut écrire à son tour la *Réponse à l'Impromptu de Versailles ou la Vengeance des Marquis*, comédie en un acte en prose qu'il fit représenter sur le théâtre de l'Hôtel de Bourgogne.

« Quelque faible que soit l'*Impromptu de l'Hôtel de Condé* écrivent les Frères Parfait (1), on le trouvera cependant un chef-d'œuvre, si on le compare à la *Vengeance des Marquis* de Villiers, dont la pièce ne fit que répéter grossièrement ce que Montfleury a mis dans sa petite comédie.

Ce dernier *Impromptu* marqua la fin d'une lutte en public. La partie était gagnée pour Molière qui avait le roi pour lui.

(1) *Histoire du Th. Français*, T IX, p. 233.

# CHAPITRE XI

## LE MARIAGE FORCÉ

Comédie-Ballet, en trois actes,
musique de Lulli.

Au Louvre, dans l'appartement bas de la Reine-Mère,
devant le Roi : 29 janvier 1664.

Théâtre du Palais-Royal : 15 Février suivant.

*Le Mariage forcé « ballet de cour. » — Les ballets de cour et le Roi
dansant avec les comédiens. — Compte-rendu de Loret. —
Le Mariage forcé au Palais-Royal. — Les frais d'une représentation. — Brécourt est remplacé par Hubert.*

Il nous sera toujours difficile de nous faire une idée
exacte de ce que put être la première représentation
du *Mariage forcé,* non de la comédie en un acte que nous
connaissons, mais du *Mariage forcé* « ballet du roy,
dansé par S. M. le 29ᵉ jour de janvier 1664 ».

Louis XIV avait désiré pour le carnaval de cette
année une pièce où il eût lui-même un rôle. Mais le roi,
très épris de la danse, ne pouvait avoir qu'un rôle
de danseur. C'est alors que Molière écrivit une comédie-
ballet en trois actes, pièce dans laquelle il se réserva
le rôle de Sganarelle — rôle-pivot autour duquel tourne
l'action, tandis que le roi paraîtrait sous la figure d'un
Égyptien dansant. Car ce ne fut que plus tard, en 1668
que Molière tira de sa comédie-ballet une comédie en
un acte, laquelle se ressent nécessairement des remaniements apportés (1).

Le Ballet de la Cour, dont Victor Fournel a si bien

(1) Notes de G. Monval, Edit. du Th. complet de Molière, Libr. des
Bibliophl. 1882.

écrit l'histoire (1), avait joué un grand rôle à la Cour de Henri IV et à celle de Louis XIII. Il devait jouir d'une faveur bien plus grande encore sous le règne de Louis XIV, du moins pendant la première partie de son règne. Divertissement ingénieux et galant qui devait précéder et préparer l'opéra.

Le Ballet de Cour avait été chez nous un produit d'importation étrangère. Avant de paraître en France, il florissait en Italie, d'où Catherine de Médicis l'introduisit avec elle, quand elle épousa en 1533 le deuxième fils de François 1er. Peu à peu le ballet succéda aux tournois, carrousels et combats à la barrière.

Le Ballet se produisit alors sous la forme de mascarade. Qui croirait que Henri IV, en vrai Béarnais, aimait follement la danse (2) et que presque tous ces divertissements, d'après leurs titres et les renseignements qui nous ont été conservés, appartenaient au genre comique, et même bouffon? La passion de la Cour pour les Ballets, nous apprend Bassompierre dans ses *Mémoires*, était devenue telle, que Marie de Médicis n'eut pas la patience d'attendre la fin de son second deuil pour revenir à ce divertissement. Louis XIII malgré sa timidité et ses scrupules religieux, figura dans un assez grand nombre de représentations de ce genre, et Tallemant des Réaux nous apprend, dans l'historiette qu'il lui a consacrée, qu'il ne faisait jamais que des personnages ridicules !

Sous Louis XIV, c'est l'âge d'or des ballets. Le roi est jeune ; il aime la magnificence et la galanterie. Mais le caractère du ballet change avec lui. Les *boutades*, les *bouffonneries*, les *mascarades* disparaissent en partie pour un temps, tout en se conservant à la petite Cour de Gaston d'Orléans, au Luxembourg. En 1660, le ballet de Cour atteint son apogée au Louvre, à la

(1) V. Fournel, les *Contemporains de Molière*, t. II, p. 173 et suiv. Paris, Firmin Didot, 1866.

(2) Ses *Mémoires*, *passim*, particulièrement T. 1, XXV, an 1608.

suite de la paix avec l'Espagne et du mariage du roi.
Il trouve même un auteur qui va régner à peu près
exclusivement en ce genre pendant dix-huit ans, de
1651 à 1669. Cet auteur, c'est Benserade, type par excellence du poète de Cour, ingénieux et délicat, galant
et fin, aimable et frivole. Le roi danse pour la première
fois dans *Cassandre*, un ballet de Benserade, sa première
production. La retraite de l'auteur et celle du royal
danseur se firent presque simultanément.

Benserade crée un genre : l'éloge en vers adressé
aux acteurs du ballet — vers sous forme d'épigrammes
aussi sur la plupart des personnages. Il manie avec
élégance l'ironie souriante et légère. Tout le monde
veut travailler aux ballets du roi : l'italien Bouty,
Hesselin, Clément, M^r de Tubœuf, le duc de Saint
Aignan, le duc de Guise, et surtout le marquis de
Villequier. Beauchamp et Vertpré règlent les danses ;
Torelli ou Vigarani se chargent des machines et des
décorations. Lambert, Desbrosses, Lallouette puis
Baptiste Lulli (gendre de Lambert) font la musique.
Ce dernier, qui va éclipser tous ses rivaux, et que son
habileté de danseur, de mime, de comédien fera figurer
souvent dans les entrées des mascarades de Cour, va, de
ce fait, devenir le collaborateur musical de Benserade,
de Molière et de Quinault. C'est enfin Louis de Mollier,
compositeur, auteur et acteur très expérimenté dans
la science des ballets, «musicien ordinaire de la Chambre
du Roi ».

Le goût de Louis XIV étant des plus prononcés pour
les ballets, comme pour tous les exercices du corps
— aujourd'hui nous dirions les *sports* — il va sans dire
que tous les princes et gentilshommes, ne fut-ce que
par calcul et pour faire la cour au maître, partagèrent
immédiatement cette inclination. Et voilà dans quelles
conditions Molière venait d'écrire une comédie-ballet
pour le carnaval.

A lui la charge, non minime, de réunir dans un

ouvrage la danse, la musique, la littérature, prose ou vers ; de chercher un « nouveau secret de plaisir », de grouper tant d'éléments divers, de former un ensemble—qualité inconnue jusqu'à lui dans ce genre—lequel péchait toujours par un manque d'intérêt où l'esprit pût se prendre (1).

On comprendra combien un tel événement avait dû piquer la curiosité du gazetier Loret, que M^me de Beauvais, de la suite de la Reine-mère, fit entrer au Louvre le jeudi, car le mardi il n'avait pu trouver place. Assis sur une « bancelle », nous dit-il, mais tantôt assis, tantôt debout, il voit le ballet et la comédie, dont il nous rend compte en ces termes dans sa Lettre du samedi 2 février 1664 :

Un jaloux charmé d'un Objet
Ravissant et de belle taille,
Veut l'épouser, vaille-que-vaille,
Ou, du moins, il promet cela
Aux Parens de cet Objet-là :
Mais connoissant que sa Maîtresse
Est plus coquette que Tygresse,
Redoutant, comme un grand méchef,
Le fatal pennache du chef,
S'étant dégagé v rs le Père,
Il arive, enfin, que le Frère,
Qui paroît doux comme un mouton,
Le contraint à coups de bâton,
De conclure le Mariage,
Ce qu'il fait, dont son âme enrage ;
Mais ce que je dy du Balet
Ne vaut pas un coup de siflet,
Ou, du moins, ce n'est pas grand'chose,
Ny de la Comédie en proze,
Qu'on peut nommer certainement
Un exquis divertissement.
Je ne dis rien des huit Entrées,
Qui méritent d'être admirées,
Où Princes et Grands de la Cour,
Et nôtre Roy digne d'amour,

(1) Maurice Pellisson, les *Comédies-Ballets de Molière*, p. 44, Hachette, 1914,

En comblant nos cœurs d'allégresse,
Font éclater leur noble adresse ;
Je laisse les Concerts galans,
Et les habits beaux et brillants,
J'omets les deux Egyptiennes,
Ou, si l'on veut, Bohémiennes, (1)
Qui joüèrent audit Balet
Admirablement leur rolet,
Et parurent assez charmantes
Avec leurs atours et leurs mantes :
De la Du-Parc, rien je ne dis,
Qui rendoit les Gens ébaudis,
Par ses apas, par sa prestance,
Et par ses beaux pas et sa dance ;
Enfin, je ne décide rien
De ce Balet qui me plût bien :
Cette Pièce assez singulière
Est un *in-promptu* de Molière ;
Et comme les Bourgeois, un jour,
Verront ce spectacle à leur tour,
Où l'on a des plaisirs extresmes,
Ils en pourront juger eux-mesmes.

Ici, nous relèverons une erreur commise par divers historiens de théâtre qui se sont imaginés que le *Mariage forcé* n'avait été représenté en comédie-ballet que devant la Cour, et seulement en comédie devant le public. Cette méprise provient surtout de l'Avertissement de l'éditeur des œuvres de Molière en 1739 ; quand l'auteur fit représenter cette comédie sur le théâtre du Palais-Royal, y lisons nous, « il supprima les récits et les entrées de ballet et réduisit la pièce en un acte » (2).

Il nous suffira de consulter le *Registre de Lagrange* pour apprendre comment les choses se sont passées.

La comédie-ballet avait été représentée au Louvre les 23 et 31 janvier, puis chez Madame, au Palais-Royal, les 4 et 9 février. C'est alors que Molière, voulant profiter du bruit fait autour de ces représentations auxquelles n'avaient pu assister que ceux qui avaient

(1) Mademoiselle Begeard (sic), Mademoiselle de Brie (*Note de Loret*).
(2) In-12, Paris 1739, t. III, p. 247. Cité par les Frères Parfait.

leurs entrées à la Cour, transporta sa pièce *telle que,* sur son théâtre, en remplaçant naturellement par des danseurs de profession tous les personnages de l'entourage royal qui avaient pris part au ballet. Il était inadmissible que le roi lui-même dansât devant un public payant. Or, Lagrange nous dit formellement :

« Vendredy 15ème (février). *Mariage forcé* avec le Ballet et les ornemens ». Voilà qui est clair. La recette s'éleva à 1215 livres 10 sols, et monta même jusqu'à 1509 livres à la seconde. Une petite note nous renseigne même au sujet des frais :

| | |
|---|---|
| Frais ordinaires. . . . . . . . . . . . . | 50 Livres. |
| Frais extraordinaires . . . . . . . . . | 3 » |
| Soldatz. . . . . . . . . . . . . . . | 12 » |
| Feu et chandelle . . . . . . . . . . | 6 » |
| 12 violons . . . . . . . . . . . . . | 36 » |
| Ritournel et Clauessin . . . . . . . . | 7 » |
| Danseurs . . . . . . . . . . . . . . | 45 » |
| Musique . . . . . . . . . . . . . . | 5 » |
| Crosnier . . . . . . . . . . . . . | 3 » |
| Bas de soye. . . . . . . . . . . . . | 55 » |
| En vin répétitions. . . . . . . . . . | 30 » |
| Hautbois, retranchez . . . . . . . . . | 40 » |
| Bas de soye . . . . . . . . . . . . | 66 15 sols |
| à M. de Brecourt . . . . . . . . . | 14 Livres |
| Escarpins . . . . . . . . . . . . . | 45 » |
| à Pruost . . . . . . . . . . . . . | 16 » |
| Habitz . . . . . . . . . . . . . | 330 » |
| à M. Baraillon . . . . . . . . . . . | |
| Cas imprévus . . . . . . . . . . . | |

« Donné à M. de Beauchamps pour faire le Ballet cinq^te Louis d'or, cy . . . . . . . . . . . . . . . 550 Livres.

« Donné aux Capucins tous les restes des chambrées de 20 sols, 45 sols, 24 sols, etc. »

On sait que les capucins faisaient l'office de pompiers au théâtre.

Quant à la distribution de la pièce, elle avait été ainsi répartie :

| | |
|---|---|
| Sganarelle. . . . . . . . . . . . . . | MOLIÈRE. |
| Geronimo . . . . . . . . . . . . . . | LA THORILLIÈRE, |

Dorimène . . . . . . . . . . . . . .    M<sup>lle</sup> Du Parc.
Alcantor . . . . . . . . . . . . . .    Béjart.
Lycante . . . . . . . . . . . . . .    Lagrange.
Première Bohémienne . . . . . . .    M<sup>lle</sup> Béjart.
Seconde Bohémienne . . . . . . . .    M<sup>lle</sup> De Brie.
Premier Docteur . . . . . . . . . . .    Brécourt.
Second Docteur . . . . . . . . . . .    Du Croisy.

On remarquera que M<sup>elle</sup> Molière ne figurait pas
au programme. La raison en est qu'elle venait d'accoucher le 19 janvier de son premier enfant, Louis, qui
mourut en bas âge.

La réduction du *Mariage forcé* en un acte sur le
théâtre du Palais-Royal ne date donc pas de 1664,
comme on le croit généralement, mais de février 1668,
époque de la reprise (1).

L'argument du Ballet et le texte de la Comédie en
un acte figurant dans les œuvres de Molière, nous
n'avons pas à insister sur les remaniements survenus.
Qu'il nous suffise de constater que le Roi n'avait pas
dédaigné, devant toute la Cour, de danser vis-à-vis
de deux célèbres comédiennes, M<sup>elles</sup> Béjart et de Brie.

Les disséqueurs à la loupe voulurent encore trouver
dans cette pièce des emprunts faits à Rabelais : les
hésitations et les questions de Sganarelle sur le chapitre du mariage font nécessairement penser à Panurge.
Mais nous soutiendrons qu'aucune pièce ne pourrait
trouver grâce devant un tel procédé d'analyse ou de
critique (2).

La saison théâtrale du Théâtre du Palais-Royal se
termina par un petit changement survenu dans la

_______

(1) G. Monval, *Chronologie Moliéresque*, p. 193.

(2) Tout récemment encore, au hasard de nos lectures, il nous arriva de
feuilleter une vieille comédie-vaudeville en 3 actes du Th. du Palais-Royal
(1832). Nous voulons parler de *Vert-Vert*, de A. de Leuven et Deforges qui,
certainement s'étaient eux-mêmes inspirés d'un ancien conte. Quel
ne fut pas notre étonnement en trouvant dans cette pièce l'argument pour
le moins de trois autres qui firent les belles soirées de la Comédie française,
des Bouffes parisiens et du Théâtre Cluny. Ces exemples peuvent se répéter,
de nos jours, par centaines. Il est fort heureux pour nos auteurs que les
spectateurs ne lisent pas par trop.

troupe. Brécourt, qui venait de créer avec succès le rôle de Pancrace (le premier Docteur) dans le *Mariage forcé*, sortit de la troupe de Monsieur pour entrer dans celle de l'Hôtel de Bourgogne, qu'il devait, du reste, quitter bientôt aussi. Il fut remplacé par Hubert qui sortait de la Troupe du Marais (1).

(1) Brécourt, d'un tempérament assez violent, fut contraint, semble-t-il, de quitter deux fois la France, à la suite d'aventures fâcheuses, rixes, dettes, etc. G. Monval, qui s'est occupé à deux reprises de Brécourt dans le *Moliériste*, n'a pu cependant préciser où il était passé à sa sortie de l'Hôtel de Bourgogne. Un chercheur belge, M. Henri Liebrecht vient de nous écrire à ce sujet. Il a retrouvé une procuration notariée de Brécourt, en faveur de sa femme Étiennette de Surlis (ou Désurlis), sans doute demeurée à Paris, et cette procu- ration fut signée par lui à Bruxelles le 27 mars 1665.

Quant à Hubert André (1634-1700), c'était alors un jeune homme de trente ans, à la mine éveillée, vif, espiègle, et pouvant à la rigueur (ce qu'il fit) jouer des rôles de femmes, à une époque où aucune femme ne voulait se charger des rôles de duègnes. Il fut de ceux qui restèrent les plus fidèles à la tradition de Molière, et Lagrange, qui le tenait en haute estime, le prit plus tard pour son second.

# CHAPITRE XII

## LA PRINCESSE D'ELIDE

Comédie en vers et en prose, en 5 actes
« meslée de danses et de musique »
Jardins de Versailles : 8 mai 1664.
Théâtre du Palais-Royal : 9 novembre suivant.

*La Princesse d'Elide écrite sur commande.* — *Les Plaisirs de l'Ile enchantée.* — *Les Comédiens dans le cortège.* — *La représentation dans les jardins.* — *Trois actes de Tartuffe.* — *Mort de du Parc.* — *Lagrange orateur de la troupe.*

« La *Princesse d'Elide*, ont écrit les commentateurs, n'est pas faite pour ajouter beaucoup à la gloire de Molière ». C'est évident. Mais il faut se rendre compte des conditions dans lesquelles cette pièce — livrable à jour fixe, sur ordre du roi —, fut écrite à la diable, avec une rapidité telle que le premier acte et le commencement de la scène première du second acte sont seuls en vers, tandis que tout le reste de l'ouvrage est en prose.

Il est donc nécessaire, avant de porter un jugement sur un pareil travail d'improvisation, de rappeler les circonstances qui présidèrent à sa mise au jour.

Tous ceux qui ont ouvert les œuvres de Molière, connaissent la longue et fastidieuse relation des *Fêtes de Versailles* encadrant la *Princesse d'Elide*. A vrai dire, cette relation des *Plaisirs de l'Isle enchantée* n'est pas de Molière, mais il n'est guère admissible que ce compte-rendu, imprimé sous ses yeux, n'ait eu toute son approbation. La *Princesse d'Elide* « comédie meslée de danses et de musique » et représentée dans la deuxième journée fait corps avec les *Plaisirs de l'Isle enchantée*, si bien que l'on ne peut parler des *Plaisirs* sans parler de la *Princesse*, et réciproquement.

Le petit Avant-Propos qui précède ces ouvrages (relation et comédie) nous fixe absolument sur le but poursuivi : « Le roi, voulant donner aux reines et à toute sa cour le plaisir de quelques fêtes peu communes, dans un lieu orné de tous les agréments qui peuvent faire admirer une maison de campagne, choisit Versailles, à quatre lieues de Paris ».

Nous avons déjà expliqué, en parlant de l'*Impromptu de Versailles*, que cette ville ne possédait pas encore à cette époque le vaste palais ni les merveilleux jardins que nous connaissons. Le tout était modeste en comparaison de ce que Louis XIV devait faire surgir dix ou quinze ans plus tard. Le narrateur ne s'en extasie pas moins sur ce qu'il voit :

« C'est un château, dit-il, qu'on peut nommer un palais enchanté tant les ajustements de l'art ont bien secondé les soins que la nature a pris pour le rendre parfait : il charme en toutes manières, tout y rit dehors et dedans, l'or et le marbre y disputent de beauté et d'éclat, et, quoiqu'il n'ait pas cette grande étendue qui se remarque en quelques autres palais de Sa Majesté, toutes choses y sont si polies, si bien entendues et si achevées, que rien ne le peut égaler ».

Allusion à Fontainebleau, sans doute. Mais cette grande étendue, il ne tardera pas à l'avoir. — Revenons à 1664.

Il s'agissait donc pour le roi, qui se rendit avec toute la Cour à Versailles le 5 mai, de traiter plus de six cents personnes jusqu'au 14 « outre une infinité de gens nécessaires à la danse et à la comédie, et d'artisans de toutes sortes venus de Paris, si bien que cela paraissait une petite armée ».

Toute la troupe de Monsieur, Molière en tête, a été

mobilisée. Partie de Paris le 30 avril, elle n'y rentrera que le 22 mai (1).

C'est M<sup>r</sup> de Vigarini, gentilhomme modénois « fort sçavant en toutes ces choses » qui a proposé et fait agréer le programme des fêtes, dont l'exécution a été confiée au Duc de St-Aignan, premier gentilhomme de la Chambre, alors en fonction, et auquel on doit déjà plusieurs sujets de ballets jugés fort agréables.

Dans ces sept journées, nous ne relèverons que ce qui est particulier à nos comédiens.

L'organisateur des Fêtes a pris pour sujet un épisode de l'Arioste : le brave Roger, personnifié par le roi en personne, suivi de plusieurs autres bons chevaliers, va se trouver retenu dans le palais de l'enchanteresse Alcine — d'où le titre : les *Plaisirs de l'Isle enchantée* —. Il n'en sera délivré, après beaucoup de temps consommé dans les délices, que par la bague qui détruit les enchantements. Cette bague est celle d'Angélique, que Mélisse, sous la figure du vieil Atlas, mettra enfin au doigt de Roger.

« On fit donc en peu de jours orner un rond, nous dit le narrateur, où quatre grandes allées aboutissent entre de hautes palissades, de quatre portiques de trente-cinq pieds d'élévation, et de vingt-deux en « quarré » d'ouverture, de plusieurs festons enrichis d'or, et de diverses peintures avec les armes de Sa Majesté.

« Toute la Cour s'y étant placée le septième (le 7 mai), il entra dans la place, sur les six heures du soir, un héraut d'armes représenté par M. de Bardins, vêtu d'un habit à l'antique couleur de feu et broderie d'argent et fort bien monté ».

Le héraut est suivi de trois pages, dont le premier, celui du roi, n'est autre que M<sup>r</sup> d'Artagnan. Puis ce sont le « mareschal de camp », huit trompettes, deux timbaliers, le roi représentant Roger, montant un superbe cheval dont le harnais couleur de feu étincelle d'or,

(1) *Registre de Lagrange*, p. 65.

d'argent et de pierreries ; il est armé à la grecque,
(ou du moins à la façon que l'on appelait alors « à la
façon des Grecs » ;) il porte une cuirasse de lames
d'argent, couverte d'une riche broderie d'or et de
diamants. Son casque est surmonté de plumes également
de couleur de feu.

Puis ce sont les princes, ducs, comtes, marquis
dont les costumes et les montures rivalisent de richesse ;
le char d'Apollon de 18 pieds de haut, de 24 de long
et de 15 de large. Aux pieds du dieu sont groupés
quatre siècles : d'or, d'argent, d'airain et de fer. Sur
les côtés cheminent les 12 heures du jour, et les 12 signes
du Zodiaque.

Enfin le défilé s'arrête, et au milieu d'un profond
silence, M<sup>elle</sup> *de Brie* personnifiant le Siècle d'airain,
récite à Apollon des vers à la louange de la reine.

Malheureusement le narrateur omet de nous dire
le nom du poète et ceux des autres artistes personnifiant
Apollon et les trois autres siècles, donnant la
réplique à leur camarade.

Nos comédiens figuraient donc dans le cortège.
La preuve nous en est encore fournie dans le passage
suivant de la *Relation*. La course de bague vient de se
terminer, et le marquis de la Vallière, le vainqueur,
reçoit de la main de la Reine-Mère le prix consistant
en une épée d'or enrichie de diamants.

« La nuit vint cependant à la fin des courses, par la
justesse qu'on avait eu à les commencer ; et, un nombre
infini de lumières ayant éclairé tout ce beau lieu, l'on
vit entrer dans la même place :

« Trente-quatre concertants fort bien vêtus, qui
devaient précéder les Saisons, et faisaient le plus
agréable concert du monde.

« Pendant que les Saisons se chargeaient de mets
délicieux qu'elles devaient porter pour servir devant
leurs Majestés la magnifique collation qui était préparée,
les douze signes du Zodiaque et les quatre saisons

dansèrent dans le fond une des plus belles entrées de ballet qu'on eût encore vue.

« Le Printemps parut ensuite sur un cheval d'Espagne *représenté par M^elle du Parc*, qui, avec les avantages et le sexe d'une femme, faisait voir l'adresse d'un homme : son habit était vert, en broderie d'argent et de fleurs au naturel.

« L'Été le suivait, *représenté par le sieur du Parc*, sur un éléphant couvert d'une riche housse.

« L'Automne, aussi avantageusement vêtu, *représenté par le Sieur La Thorillière*, venait après, monté sur un chameau.

« L'Hiver suivait, sur un ours, *représenté par le Sieur Béjar (sic)* (1).

« Leur suite était composée de quarante-huit personnes qui portaient toutes sur leurs têtes de grands bassins pour la collation. »

Le Printemps (M^elle du Parc), l'Été (du Parc), l'Automne (La Thorillière), l'Hiver (Béjart) récitent des compliments en vers à la Reine. Le narrateur oublie encore de nous dire les noms de ceux qui récitèrent les suivants sous les traits de Diane et de Pan (2).

(1) Le Château de Versailles possédait alors toute une collection zoologique, dont on vantait « la diversité des bestes contenües dans les deux parcs et dans la mesnagerie ». Cette dernière fut reproduite en taille-douce par G. Pérelle (1600-1675). On peut la voir dans l'ouvrage *La Cour du Roi Soleil* par A. Parmentier, p. 60. Armand Colin, Paris.

(2) Ludovic Celler dans son ouvrage : *Les Décors, les Costumes et la Mise en scène au XVII^e siècle*, Paris 1869, nous donne aussi une bien jolie description du décor de la *Princesse d'Elide* : « Il consistait, écrit-il, en un parterre encadré de charmilles et de bosquets; c'était la Grèce antique habillée comme Versailles, et les personnages, d'après les dessins d'Israël Sylvestre, n'étaient guère d'apparence plus véridique. La princesse est extrêmement décolletée, avec un corsage à manches demi-longues ; la coiffure est empanachée tout autour ; une aigrette brille au centre ; la robe est à double jupe ; la deuxième est traînante, ouverte, et soutenue par un page. Les hommes portent la salade à plumes, la perruque bouclée, le plastron, la jupe courte et plissée comme une sustanelle, le sabre recourbé. Les pages sont ceux de la Cour de 1664. Pour éclairer tous ces masques, cinq lustres à bougies sont suspendus au haut de la scène, sur le devant du théâtre et dix éclairent la salle de droite à gauche. »

(3) La *Muse historique* de Loret du 10 mai, nous donne en vers le même récit.

Mais laissons cette collation dont la somptuosité était éclairée par un nombre infini de chandeliers peints de vert et d'argent, portant chacun 24 bougies, et 200 flambeaux de cire blanche tenus par autant de personnes vêtues en masques, pour aborder de suite la seconde journée principalement réservée à la Comédie.

« Lorsque la nuit du second jour fut venue, Leurs Majestés se rendirent dans un autre rond environné de palissades comme le premier et sur la même ligne s'avançant toujours vers le lac, où l'on feignait que le palais d'Alcine était bâti.

« Le dessein de cette seconde fête était que Roger et les chevaliers de sa quadrille, après avoir fait des merveilles aux courses que, par l'ordre de la belle magicienne, ils avaient faites en faveur de la Reine, continuaient en ce même dessein pour le divertissement suivant, et que, l'isle flottante n'ayant point éloigné le rivage de la France, ils donnaient à Sa Majesté le plaisir d'une comédie dont la scène était en Élide.

« Le Roi fit donc couvrir de toiles, en si peu de temps qu'on avait lieu de s'en étonner, tout ce rond d'une espèce de dôme, pour défendre contre le vent le grand nombre de flambeaux et de bougies qui devaient éclairer le théâtre, dont la décoration était fort agréable. Aussitôt qu'on eut tiré la toile, un grand concert de plusieurs instruments se fit entendre, et l'Aurore, représentée par Mademoiselle Hilaire, ouvrit la scène ».

Pendant le récit chanté de l'Aurore, quatre valets de chiens sont couchés sur l'herbe, dont l'un, nous dit le narrateur, « sous la figure de Lyciscas, représenté par le sieur de Molière, excellent acteur, de l'invention duquel étaient les vers de toute la pièce, se trouvait au milieu des deux, et un autre à ses pieds, qui étaient les sieurs Estival, Don et Blondel, de la musique du roi, dont les voix étaient admirables ».

Ainsi Lyciscas-Molière parle, les autres chantent, des cors et des trompes de chasse se font entendre, concertés avec les danseurs Paysan, Chicanneau, Noblet, Pesan, Bonard et la Pierre, costumés en valets de chiens. C'est le prologue de la *Princesse d'Elide* dont la distribution nous a été conservée. Nous respectons l'ordre établi dans les premières éditions de Molière :

| | |
|---|---|
| La Princesse d'Elide. | M<sup>lle</sup> MOLIÈRE. (1) |
| Aglante. | M<sup>lle</sup> DU PARC. |
| Cinthie. | M<sup>lle</sup> DE BRIE. |
| Philis. | M<sup>lle</sup> BÉJART. |
| Iphitas. | HUBERT. |
| Euriale. | LAGRANGE. |
| Aristomène. | DU CROISY. |
| Théocle. | BÉJART. |
| Arbate. | LA THORILLIÈRE. |
| Moron. | MOLIÈRE. |
| Un suivant. | PRÉVOST. |

Après le premier acte en vers, et le deuxième intermède (Moron poursuivi par un ours et délivré par des paysans dansants), on se demande pourquoi Molière a laissé subsister quarante vers dans la scène première du second, puisque tout le reste est en prose. Cet endroit semble être exactement celui où le poète fut interrompu dans son travail par les exigences du roi. Un avis au lecteur, placé après ces quarante vers nous le dit clairement :

« Le dessein de l'auteur était de traiter ainsi toute la comédie, mais un commandement du roi, qui pressa cette affaire, l'obligea d'achever tout le reste en prose, et de passer légèrement sur plusieurs scènes, qu'il aurait étendues davantage s'il avait eu plus de loisir.

Loret de son côté nous rend compte de cette représentation dans sa Lettre du 10 mai :

> Le second jour la Comédie,
> Par le Sieur de Molière ourdie,

(1) Extrait de l'Inventaire fait après le décès de Molière : (habits de théâtre pour la demoiselle veuve). Une jupe de taffetas couleur de citron, garnie de guipure ; huit corps de différentes garnitures et un petit corps en broderie or et argent fin, de l'habit de la *Princesse d'Elide*. Eud. Soulié, *Documents*, p. 279.

> Où l'on remarqua pleinement,
> Grand esprit et grand agrément.
> (Cet auteur ayant vent en poupe)
> Occupa tant lui que sa Troupe.
> Avec de célestes récits (1),
> A toucher les plus endurcis :
> Animés des douceurs divines,
> De deux rares voix féminines ;
> (Qui sont comme j'ai dit un jour)
> Les Rossignolles de la Cour,
> Que personne ne contrecarre,
> A sçavoir, Hylaire et la Barre.

Pauvre *Princesse d'Elide* sur laquelle se sont acharnés les commentateurs, les uns considérant cette rapide esquisse faite sur commande pour livrer à jour fixe comme une œuvre sérieusement faite, les autres s'efforçant de nous prouver qu'il ne s'agissait que d'une espèce de traduction de la célèbre pièce de Moreto, *El Desden con el Desden.*

Molière avait-il pris son sujet à Moreto seul ? Certes *Dédain pour Dédain* passe pour la plus parfaite comédie du théâtre espagnol. C'est à cette pièce que Moreto doit son renom impérissable. Mais on a l'habitude de reprocher à Moreto de prendre ses pièces à tout le monde (2)

Il serait plus juste de dire, à notre avis, que Moreto fit oublier ses modèles, si modèles il y eut, et que lui-même fut imité. Quant à Molière, bien qu'il se soit, en effet, quelquefois contenté de traduire l'original espagnol (3), on ne saurait cependant prétendre qu'il

(1) La musique de cette fête est de Lulli (*Note de Loret*).

(2) M. Alfred Gassier dans son étude approfondie du *Théâtre Espagnol*, Paris P. Ollendorff, 1898, p. 377, a cité quelques comédies où Moreto aurait puisé pour *El Desden con el Desden.* Ce sont : *les Miracles du Mépris,* la *Belle Laide,* la *Vengeance des femmes,* trois œuvres de Lope ; *Pour vaincre l'amour il faut le vouloir vaincre* de Calderon ; la *Jalousie guérit de la Jalousie* par Tirso ; *le Mépris en qui aime* de Montalvan, et *A quoi oblige le dédain* de Rojas. Le sujet n'est-il donc pas éternel ? N'avons-nous pas eu plus tard, *Turandot* de Gozzi, *La Locandiera* de Goldoni, le *Jeu de l'Amour et du hasard* de Marivaux, *On ne badine pas avec l'amour* de Musset, et cent autres?

(3) Cf. *Princesse* II, 4 et *Desden* I, 7. — *Princesse* IV, et *Desden* III, 5.

n'ait fait œuvre que d'adaptateur et de traducteur, et M. Maurice Pellisson a pris la peine de nous fort bien démontrer que Molière a composé un ouvrage très différent du *Desden*, non pas tant encore pour avoir modifié l'allure, l'accent, la couleur de la comédie de Moreto, que pour avoir vraiment *créé* des personnages en leur donnant une âme vraiment nouvelle (1).

Ces considérations sortent de notre cadre, et nous ne nous y arrêterons pas plus longtemps.

Cette représentation de la *Princesse d'Elide* donnée le deuxième jour des Fêtes de Versailles fut la seule de cette série. Le lendemain, M*** du Parc, personnifiant la Princesse Alcine, et M*** de Brie et Molière les nymphes Célie et Dircé, récitèrent des vers à la louange de la Reine-Mère et du roi.

Le cinquième jour, qui était un dimanche, l'on représenta *les Fâcheux* : « Le soir, nous dit le narrateur, Sa Majesté fit représenter, sur l'un de ces théâtres doubles de son salon que son esprit naturel a lui-même inventés, la comédie des *Fâcheux*, faite par le sieur de Molière, mêlée d'entrées de ballet, et fort ingénieuse ».

Le lundi, ce fut le tour de *Tartuffe*, dont Molière se hasarda à produire devant le roi les trois premiers actes. Gros évènement sur lequel nous aurons l'occasion de revenir, quand il s'agira de la véritable première en cinq actes devant le public. Et, enfin, le sixième jour et dernier, toujours le soir, le *Mariage forcé* avec les ballets et les récits. Le lendemain, le roi prenait le chemin de Fontainebleau, et la Troupe rentrait à Paris le 22 mai, après avoir reçu 4000 livres pour cette expédition (2). Du reste, nous la retrouverons encore à

(1) Maurice Pellisson, les *Comédies-Ballets de Molière*, Paris, Hachette 1914, p. 99 et suiv.

(2) Pour avoir une idée exacte de ces fêtes, il suffit de consulter les planches d'Israël Silvestre que l'on peut acquérir encore à la Chalcographie du Louvre. Elles sont au nombre de neuf. Nous citerons notamment, pour éclairer ce que l'on vient de lire : 1° Vue du Château de Versailles — Les

Fontainebleau du 21 juillet au 13 août, où l'on donna quatre nouvelles représentations de la *Princesse d'Elide* devant le Légat, ce qui valut encore à nos comédiens, par l'ordre du roi, 3000 livres.

Ce ne fut que le neuf novembre que l'on donna la *Princesse d'Elide* sur le théâtre du Palais-Royal. Certes, on aurait pu croire que cette pièce dépourvue d'intérêt et écrite spécialement pour le roi n'obtiendrait aucune faveur du public. Il en fut tout autrement. Elle atteignit 25 représentations, chiffre très respectable pour l'époque, alors que le *Mariage forcé* qui lui est bien supérieur, n'avait été joué que treize fois.

Des évènements s'étaient produits dans la troupe pendant ce mois de novembre. Le gros du Parc, mari de la du Parc, était mort le 4 novembre (1). C'était un compagnon de la première heure qui disparaissait, après avoir associé, au moins pendant onze ans, son sort à celui de la Béjart et de Molière.

De plus, le 14 novembre, Lagrange avait commencé à annoncer pour Molière. Nous nous sommes expliqué plus haut sur les fonctions de l'orateur dans une compagnie dramatique du $xvii^e$ siècle. Nous n'y reviendrons pas. Molière était alors surchargé de travail. Pour la pièce nouvelle, ne devait-il pas paraître non seulement dans la comédie en 5 actes, mais dans les intermèdes ? Danser aussi, peut-être ? Lagrange, honoré de la confiance du Maître, plaisait déjà comme acteur. Il allait

Plaisirs de l'île enchantée ; 3° Les récits d'Apollon et les 4 siècles assis sur le char de triomphe ; 5° La comparse des 4 saisons avec leurs suites de concertants et porteurs de présents ; machines de Pan et de Diane ; 7° Théâtre fait dans la même allée, et sur lequel la *Princesse d'Elide* fut représentée. Cette dernière planche est un document du plus haut intérêt pour l'étude des costumes et de la mise en scène. Reproduite dans la *Cour du Roi Soleil* par A. Parmentier, Armand Colin, Paris.

(1) Nous ne pouvons nous dispenser de faire remarquer que cette date du 4 novembre adoptée par Lagrange dans son *Registre* et par G. Monval, est en contradiction avec les Registres de Saint-Germain l'Auxerrois, qui font remonter le décès au mardi précédent, 28 oct. et fixent les obsèques au lendemain. Un fait demeure acquis : C'est que Du Parc mourut à 34 ans, un mardi, (28 oct. ou 4 nov.) et que l'on fit relâche ces deux jours-là.

plaire aussi comme orateur. Il en imposera par sa politesse aimable, par le respect qu'il inspire. Les turbulents du parterre n'auront plus devant eux un directeur-acteur, dont ils cherchaient, par leurs interpellations, à provoquer les bons mots. On ne pourra plus lancer la balle à Mascarille ou à Sganarelle. Il faudra s'incliner devant la correction et l'attitude courtoise de Lagrange.

# CHAPITRE XIII

## DOM JUAN ou LE FESTIN DE PIERRE

Comédie en prose en 5 actes.
Théâtre du Palais-Royal : 15 Février 1665.

*Origines du Festin de Pierre. — Ouvrages de ce nom : espagnols, italiens, français. — Distribution de la pièce. — Le tombeau du commandeur. — Succès de la pièce, cabales et pamphlets. — Coupures nécessaires. — La pièce quitte l'affiche.*

C'est assez la coutume de dire que Molière connut le *Séducteur de Séville* par la compagnie espagnole venue en France en 1659, pour les fêtes du mariage de Louis XIV (1). Nous ferons remarquer toutefois que les italiens exploitaient le sujet au moins depuis 1652 (2) et que Villiers, auteur-acteur de l'hôtel de Bourgogne (3) qui fit représenter le *Festin de Pierre* ou le *Fils Criminel*, tragédie-comédie, traduite de l'italien en français, n'hésite pas à déclarer dans son *Avis au Lecteur* qu'il a mis en vers, sur la demande de ses camarades, — « pour l'intelligence de ceux qui *n'entendent pas l'italien* » — la pièce qui fit courir tout Paris aux Italiens. Or ceci se passait en 1659. Il n'en

(1) Les comédiens espagnols de Madrid avaient été appelés en France en 1659. Ils y restèrent protégés par la reine Marie-Thérèse jusqu'au printemps de 1673, soit pendant quatorze ans. — Petit-Bourbon, Hôtel de Bourgogne (Ballet, Chant et Comédie), St-Cloud, Palais Mazarin, Vincennes, 1660 — Fontainebleau 1661 — chez la reine 1664 — Versailles 1667 — St-Germain 1668. Ces comédiens avaient formé à St-Germain une petite colonie dont G. Monval a conté l'histoire dans le *Moliériste* VII, 195 et suiv., 317 et suiv.

(2) Il *Convitato di pietra* de Lione Alluci parut à Naples en 1652.

(3) Villiers père, Claude Deschamps, dit de — ou Philippin — (1601-1681), avait appartenu d'abord au Th. du Marais avant d'entrer à l'Hôtel de Bourgogne vers 1637. Il se retira vers 1670, laissant un petit bagage littéraire, parfaitement oublié.

changea même pas le titre adopté par ceux-ci ; *Il Convitato di Pietra*. Pendant ce temps Dorimond parcourait les provinces avec un autre *Festin de Pierre* dont il était l'auteur ou tout au moins le traducteur (1).

Le héros appartient à Tirso de Molina (2) qui s'était inspiré lui-même de la *Chronique*. Mais à l'époque où nous sommes, Espagnols, Italiens, Français s'en emparent, et chacun l'accommode à sa manière. Molière, en créant le Dom Juan *français*, va faire oublier tous les autres assaisonnements.

D'abord, il saura faire justice de la tradition ; l'odieux le brutal, le mauvais fils qui frappe son père devant ses laquais, le bandit qui égorge dans un guet-apens n'existe plus ; celui-là est mort, et bien mort.

Maintenant il n'est pas inutile de rappeler dans quelles circonstances Molière va mettre son Dom Juan à la scène. Il vient d'éprouver une grosse déception. Après avoir mis au point son *Tartuffe*, sur lequel il comptait pour sa saison théâtrale 1664-65, après en avoir joué les trois premiers actes devant le roi pendant les fêtes de Versailles, voilà qu'il s'est trouvé tout à coup, selon l'expression heureuse de M. Ed. Thierry (3) « au devant d'un désaveu royal,

(1) Dorimond, Nicolas Drouin dit, né à Paris vers 1628, comédien-auteur, directeur de la Troupe de Mademoiselle, avait fait représenter son *Festin de Pierre* à Lyon en 1658. Il vint à Paris en 1660, et donna des représentations dans un jeu de paume de la rue des Quatre vents. On perd sa trace dans les Pays-Bas vers 1664. M. Louis Moland, dans un article très documenté, Les *Trois Festins de Pierre*, (Le *Moliériste*, III, 358), a essayé d'apporter un peu de clarté dans cette question assez embrouillée.

(2) « Fray Gabriel Tellez (ou Tirso), né à Madrid en 1585, ou plus vraisemblablement en 1570, le plus glorieux, le plus fécond dramatiste espagnol après Lope. Entré dans les ordres en 1613, comme Père de N.-D. de la Merci (rachat des captifs), on ne sait de lui que bien peu de choses. Maître en théologie, prédicateur, il mourut commandeur du Couvent de Soria en 1648. Un jour arriva cependant où les œuvres du « Mercenaire » furent proscrites par le Confessionnal, et il fallut attendre un siècle et demi pour assister à la résurrection de ce merveilleux théâtre. Depuis ce temps Tirso de Molina est le plus joué de tous les anciens.

(3) Ed. Thierry, le *Festin de Pierre*, le *Moliériste*, t. II, p. 291 et suiv. 329 et suiv.

sans désaveu, et d'une interdiction sans blâme ». A Fontainebleau, le 4 août, il en a fait la lecture au Cardinal Chigi, neveu et Légat *a latere* du pape Alexandre VII.

Le 31 août, premier placet au Roi pour *Tartuffe*. Le roi est muet. Démarches, sollicitations : le Prince de Condé s'intéresse à l'œuvre nouvelle, et la troupe, *par son ordre*, se rend au Raincy où Madame la Princesse Palatine a sa maison de plaisance, pour y représenter *Tartuffe* en entier — et pour la première fois *en entier* - le samedi 29 novembre.

En attendant, la pièce ne passe toujours pas en public. Les recettes au Palais-Royal baissent d'une façon lamentable, et cela au plus fort de la saison d'hiver, en janvier. Il faut frapper un grand coup pour le Carnaval. Et c'est alors, sur l'instigation de ses camarades, dit-on, que Molière se décide à écrire à son tour un *Dom Juan*.

En prenant un sujet aussi populaire, en lui laissant même son titre en sous-titre « Le Festin de Pierre » il est à peu près certain d'attirer la foule. Seulement il ne peut s'empêcher de dépasser le cadre. De même que son Pierrot du deuxième acte, le pauvre auteur éprouve le besoin de « débonder son cœur ». Ne vient-on pas de l'empêcher de stigmatiser l'hypocrite suborneur ? Il fera plus : sous le couvert de *Dom Juan* il stigmatisera l'hypocrisie de l'athée. Qui ne reconnaîtra une douce vengeance de l'auteur de *Tartuffe* éconduit dans ces paroles qu'il va mettre dans la bouche de son héros : « Aujourd'hui la profession d'hypocrite a de merveilleux avantages... l'hypocrisie est un vice privilégié, qui de sa main ferme la bouche à tout le monde et jouit en repos d'une impunité souveraine ».

L'hypocrisie de l'athée, telle est la conception de Molière, et cette manière de voir va rester à tel point acquise que lorsque Rosimond (1) donnera plus tard

---

(1) *Le Moliériste*, t. IX, p. 301 et suiv.

un quatrième *Festin de Pierre* au Th. du Marais, il ajoutera comme sous-titre : ou l'*Athée foudroyé*. Molière n'a, en écrivant *Dom Juan*, qu'une préoccupation : l'interdiction qu'on vient de lui faire de représenter en public son *Tartuffe*.

L'auteur profondément déçu doit s'incliner devant les obligations du directeur. Il faut relever les recettes ; il faut que le public reprenne le chemin du Palais-Royal. Aussi de quels soins va-t-il entourer cette première de *Dom Juan* fixée au dimanche le plus approprié de la saison, le dimanche du Carnaval, avec la seconde le mardi gras. Quant à la distribution des rôles, il la confiera à ses tout premiers interprètes :

| | |
|---|---|
| Dom Juan | LAGRANGE. |
| Sganarelle | MOLIÈRE. |
| Dom Louis | BÉJART. |
| Pierrot | HUBERT. |
| M. Dimanche | DU CROISY. |
| La Ramée | DE BRIE. |
| Elvire | Mlle DU PARC. |
| Charlotte | Mlle MOLIÈRE. |
| Mathurine | Mlle DE BRIE. |

Indépendamment de l'interprétation, il faut s'occuper de la mise en scène. Ce mot appliqué à un ouvrage du xviie siècle peut étonner. On ne voit pas bien l'importance que pouvait prendre une mise en scène avec des marquis sur le théâtre. Mais *Dom Juan* est une exception. Les Italiens, qui les premiers ont donné la pièce, l'ont entourée d'un luxe de décors (on disait alors machines) inaccoutumé. Le tombeau du Commandeur surtout a fait sensation. Beaucoup ne sont allé voir la pièce que pour admirer le tombeau. Molière a dû sur ce point respecter la tradition.

Nous n'avons aucune gravure représentant ce tombeau du temps de Molière, mais G. Monval a retrouvé dans les Archives de la Comédie française un *Mémoire de Peinture et de Décorations faites pour Messieurs les Comédiens françois* qui nous donne quelques indications précieuses. Ce mémoire, il est vrai, est bien postérieur à Molière, puisqu'il est daté du 24 mai 1746, mais puisqu'il ne s'agit que d'une *remise à neuf* d'une vieille décoration, il nous donne un aperçu de ce qu'elle avait pu être (1).

C'est ainsi que nous savons par ce *mémoire* que ce tombeau, monté sur trois marches, était peint en imitation marbres de plusieurs couleurs, avec un cartouche renfermant l'épitaphe ; qu'il était orné de trois figures, dont deux de femmes pleurant, en grandeur naturelle, et une, en bas, représentant un génie éteignant un flambeau près d'un trophée, le tout peint, et rehaussé d'or.

Puis, derrière le tombeau, le *mémoire* nous signale une ferme « représentant un fond d'architecture, circulant sur son plan, avec pilastres et panneaux de différents marbres, au devant duquel s'élève une pyramide aussi de marbre, portant une urne rehaussée d'or ; au-dessus de la pyramide est un baldaquin, d'où partent deux rideaux d'étoffe cramoisie doublée d'hermine, qui vont s'attacher aux deux côtés avec des glands d'or, formant des chutes sur les pilastres ; le baldaquin est couronné d'une pomme de pin, et se termine sur les côtés en volutes et consoles, d'où partent deux lampes en forme de vases ; tous les ornements de ce morceau sont rehaussés d'or ».

Voilà certes un tombeau qui n'était pas banal. On dirait aujourd'hui qu'il était le « clou » de la pièce. Songez que sa seule remise à neuf coûtait plus de 150 livres, somme qu'il faut au moins multiplier par cinq pour se faire une idée de sa valeur.

Le gazetier Loret, alors bien malade, et ne pouvant pas sans doute se déplacer, s'empresse d'annoncer la pièce à la veille de la première, en engageant vivement ses lecteurs à l'aller voir (2).

(1) Le *Moliériste*, t. IX, p. 301 et suiv.
(2) Lettre du 14 février. Loret mourut à la fin de mai.

L'Effroyable *Festin de Pierre*
Si fameux par toute la terre,
Et qui réussissoit si bien,
Sur le Théâtre Italien (1),
Va commencer l'autre semaine,
A paroître sur notre scène,
Pour contenter et ravir ceux
Qui ne seront point paresseux,
De voir ce sujet admirable,
Et lequel est, dit-on, capable,
Par ses beaux discours de toucher,
Les cœurs de bronze et de rocher ;
Car le rare esprit de Molière,
L'a traité de telle manière
Que les gens qui sont curieux
Du solide et du beau sérieux
S'il est vrai ce qu'on en conte,
Sans doute y trouveront leur compte.

Et touchant le stile enjoué,
Plusieurs déjà m'ont avoué,
Qu'il est fin à son ordinaire,
Et d'un singulier caractère ;
Les Actrices et les Acteurs,
Pour mieux charmer les Auditeurs,
Et plaire aux subtiles oreilles,
Y feront, dit-on, des merveilles :
C'est ce que nous viennent conter
Ceux qui les ont vû répéter ;
Pour les changemens de Théâtre,
Dont le Bourgeois est idolâtre,
Selon le discours qu'on en fait,
Feront un surpenant effet,
Mais je ne suis pas un oracle,
Et n'ayant pas vu ce Spectacle,
Que sçais-je moi, je puis errer ;
Ainsi pour mieux s'en assurer,
Soit aux jours gras, soit en Carême,
Que chacun l'aille voir soi-même.

Le but visé par le directeur est atteint. Les recettes
tombées à 112 livres 10 sols le 30 janvier avec l'*Ecole*

(1) On remarquera que Loret ne fait aucune allusion au théâtre espagnol.
Il est donc bien avéré que de Villiers, Dorimond et Molière (nous citons
par ordre de date) connaissaient le *Festin de Pierre* bien plutôt par les
représentations italiennes données de cet ouvrage que par les espagnoles.

*des maris* et les *Fâcheux*, rebondissent à 1830 livres
pour la première, et atteignent 2390 livres à la cinquième, avec des frais de décorations extraordinaires
qui n'avaient guère dépassé 1000 livres (1), comme le
prouve la part payée par Lagrange, sur 13 parts.

Néanmoins quelques « traits hasardés » ont blessé
une partie du public de la première. Certains ont voulu
trouver dans la pièce nouvelle « un mélange monstru-
eux de religion et d'impiété, de morale et de bouffonnerie ». Quelques passages ont dû même être modi-
fiés dès la seconde, et les critiques se résumèrent dans
une brochure mise en vente trois mois plus tard :
*Observations sur une Comédie de Molière intitulée le
Festin de Pierre*, par B. A. de Rochemont, Paris, in-12,
Pépingué, 1665, permission du 10 mai.

Nous en reproduirons, après les Frères Parfait,
un passage (2) : « Il est vrai qu'il y a quelque chose
de galant dans les ouvrages de Molière, et je serais
bien fâché de lui ravir l'estime qu'il s'est acquise. Il
faut tomber d'accord que s'il réussit mal à la Comédie,
il a quelque talent pour la Farce, et quoiqu'il n'ait
ni les rencontres de Gaultier Garguille, ni les impromp-
tus de Turlupin, ni les bravoures du Capitan, ni la
naïveté de Jodelet, ni la panse de Gros Guillaume,
ni la science du Docteur, il ne laisse pas de plaire
quelquefois et de divertir en son genre... »

Trop aimable en vérité ce critique qui vient de nous
faire juger de son bon goût. Mais continuons :

« Voilà en peu de mots, ce que l'on peut dire de plus
obligeant et de plus avantageux pour Molière ; et
certes, s'il n'eût joué que les Précieuses, et s'il n'en
eût voulu qu'aux petits pourpoints et aux grands
canons, il ne mériterait pas une censure publique,
et ne se serait pas attiré l'indignation de toutes les
personnes de piété. Mais qui peut supporter la har-

_______

(1) *Registre de Lagrange*, p. 71, à la date du 17 février.
(2) *Les Frères Parfait*, *Hist. du Th. Français*, t. IX, p. 346.

diesse d'un Farceur, qui fait plaisanterie de la Religion, qui tient École du libertinage, et qui rend la Majesté de Dieu le jouet d'un Maître et d'un Valet de Théâtre, d'un Athée qui s'en rit, et d'un Valet plus impie que son Maître, qui en fait rire les autres ». - Dans un autre passage, l'auteur demande pour Molière l'excommunication, une réparation publique, et l'interdiction d'entrer à l'église.

A quoi l'auteur des *Mémoires sur la Vie et les Ouvrages de Molière* se contenta de répondre : « Il est facile de connaître que le Sieur de Rochemont en donnant ses observations sur le *Festin de Pierre*, en a moins voulu faire la critique, dans laquelle cependant il traite Molière de corrupteur de la jeunesse et d'athée, qu'il n'a eu dessein de se joindre à la cabale, qui commençait à se former contre la comédie du *Tartuffe*, dont les trois premiers actes avaient été représentés trois fois dans l'année 1664. On peut juger de l'effet que ces premières représentations produisirent par les traits injurieux dont ce passage est rempli ».

La brochure de Rochemont n'était pas restée sans réplique. Un anonyme y répondit sous le titre suivant : *Réponse aux observations touchant le Festin de Pierre de Molière*, Paris In-12, Gabriel Quinet avec permission, 1665. Mais cet écrit est anonyme, et laisse même supposer que celui à qui il répond pourrait bien n'être qu'un nom supposé. Après tout, il n'importe, puisque nous ne voulons, par ces citations, que résumer les opinions en cours à la suite de cette représentation.

« Mais lorsque je vois le livre de cet inconnu (de Rochemont), nous dit le contradicteur, qui, sans se soucier du tort qu'il fait à son prochain, ne songe qu'à usurper la réputation d'homme de bien, je vous avoue que je ne saurais m'empêcher d'éclater ; et, quoique je n'ignore pas que l'innocence se défende assez d'elle-même, je ne puis que je ne blâme une insulte si condamnable et si mal fondée ».

Un second auteur répondit encore au prétendu de Rochemont. Cette réponse est intitulée : *Lettre sur les Observations d'une Comédie du Sieur de Molière, intitulée le Festin de Pierre*, Paris, In-12, Gabriel Quinet, 1665, avec permission. On peut y lire page 22 : « A quoi songiez-vous, Molière, quand vous fîtes dessein de jouer les Tartuffes ? Si vous n'aviez jamais eu cette pensée, votre *Festin de Pierre* ne serait pas si criminel ». Et plus loin, page 46 : « Sçavez-vous bien, Monsieur, où tout ce beau raisonnement aboutit ? A une satire de *Tartuffe* ; l'observateur n'avait garde d'y manquer, puisque ses remarques ne sont faites qu'à ce dessein. Comme il sçait que tout le monde est désabusé, il a appréhendé qu'on ne le jouât ».

Ce à quoi fait allusion dans sa lettre en vers du 8 août le gazetier Robinet, le continuateur de Loret :

> Partisans du *Festin de Pierre*,
> Indignés de l'injuste guerre
> Qu'un atrabilaire Docteur,
> A fait à son célèbre auteur ;
> Je vous avertis qu'une plume,
> Artisane de maint Volume,
> L'a défendu, mais du bel air,
> En un stile énergique et clair,
> Et tout-à-fait avec méthode,
> Sans citer Digeste, ni Code,
> Ne prenez pas Marc pour Renard,
> Car ici, raillerie à part,
> Et sans que personne s'offence,
> Ce n'est pas certaine deffence,
> Qui depuis dix jours a parù,
> D'un Auteur armé, non à cru,
> Qui carabinant et peu ferme,
> Effleure à peine l'Epiderme.
> Je parle d'un Auteur galant,
> Je parle d'un autre assaillant,
> Et d'une escarmouche nouvelle,
> Autant vigoureuse que belle,
> Et vous apprendrez chez Quinet,
> Ce qu'ici vous dit Robinet.

Mais si Quinet publiait les brochures écrites pour

la défense de *Dom Juan*, la pièce n'avait pas les mêmes
honneurs de l'impression. Des passages en avaient
été supprimés à la représentation, et Molière ne voulait
sans doute pas s'abaisser à publier ses œuvres tron-
quées. *Dom Juan* ne devait être imprimé que dix-sept
ans plus tard—et encore avec des suppressions.—Molière
était mort depuis neuf ans, et sa veuve, pour remettre
la pièce à la scène, avait dû demander à Thomas
Corneille de la refondre en vers, sans y rien laisser
de ce qui pût offusquer la susceptibilité de personne (1).

Pourquoi cette pièce, dans sa nouveauté, ne put-elle
atteindre que péniblement la quinzième représentation?
Sans doute parce que, du haut de la chaire, la comédie
de Molière, avait été mise à l'index. C'est dans la cabale
des faux dévots, déjà ameutés contre Molière par
la connaissance des trois premiers actes de *Tartuffe*,
qu'il faut chercher la véritable cause de la chute de
*Dom Juan*, et non dans la pièce elle-même qui renferme un caractère admirablement tracé.

Et maintenant pourquoi avons-nous écrit ici *Dom
Juan*, et non *Don Juan* ?

Lorsque l'affiche de la Comédie française adopta
cette orthographe qui surprit, la question fut posée
de suite dans l'*Intermédiaire des chercheurs et des*

---

(1) Le 12 février 1677, première du *Festin de Pierre* au Théâtre Guénégaud. Mlle Molière reconnut par écrit qu'elle avait fait mettre en vers la
dite pièce « qui lui appartenait », et Thomas Corneille ne fit aucune difficulté
pour reconnaître dans un avant-propos que cette pièce était celle de
Molière ; « Quelques personnes qui ont tout pouvoir sur moi, écrit-il,
m'ayant engagé à la mettre en vers, je me réservai la liberté d'adoucir certaines expressions qui avaient blessé les scrupuleux. J'ai suivi la prose assez
exactement dans tout le reste, à l'exception des scènes du troisième et cinquième acte où j'ai fait parler des femmes. »

G. Monval, toujours si précis, a commis une lourde erreur en parlant de
cette pièce dans ses Notes de l'Édition Jouaust. Il crut en effet que cette
pièce de Thomas avait été représentée en 1667 (et non 1677), ce qui lui
fait ajouter ; « Il faut que l'insuccès ait été bien grand, et qu'il ait paru à
Molière bien définitif, pour qu'il ait consenti à laisser ainsi défigurer une
pièce qu'il devait classer au premier rang dans son théâtre. »

Hélas ! non. Molière n'a pas pu consentir à cette défiguration pour cette
bonne raison qu'il était mort depuis quatre ans. C'est à sa veuve que ce
reproche, si reproche il y a, doit s'adresser.

*curieux* (1). D'où vient cette bizarrerie déconcertante ? demandait-on. Quelle raison peut-on invoquer pour infliger au trop légendaire homme à bonnes fortunes un qualificatif jusqu'ici réservé aux Bénédictins ?

Les réponses ne manquèrent pas (2). Toutes furent d'accord pour rappeler que l'orthographe *Dom* était celle du temps de Molière, que cette orthographe se maintint pendant la première partie du xviii<sup>e</sup> siècle (Édition de Molière 1734) et qu'elle avait changé quarante ans plus tard (Édition 1773). Depuis ce temps, seuls les érudits ont remis en honneur le titre de *Dom Juan* dans leurs éditions. D'où il résulte que l'affiche actuelle de la Comédie française ne fait que de se conformer à l'usage du temps où Molière écrivit sa pièce. Mais, ajoutions-nous, quelle était la nécessité de ressusciter cette forme archaïque ? Si l'affiche annonce *Dom Juan*, il n'y a aucune raison pour qu'elle ne nous présente pas aussi l'*Escole des femmes* et les *Fascheux.* Nous avons voulu marcher de conformité avec l'édition de 1682 et l'affiche actuelle, bien que cette particularité, nous l'avouons, ne se fît réclamer par personne.

Reste enfin à nous expliquer sur le titre du *Festin de Pierre* titre impropre qui ne traduit nullement *El Combidado de piedra* le *Convié de pierre*, car c'est la statue du Commandeur qui est en pierre, et non le repas. Mais il existera toujours des traditions qui auront force de loi, et Molière ne put changer le titre déjà adopté en français avant lui, sous peine de faire croire qu'il s'agissait d'un autre sujet.

(1) 10 mars 1917, C. 183.
(2) *Intermédiaire* du 10 avril suivant. Ont répondu Albert Cim, Henry Lyonnet, Soulgé-Riorges, Ibère, J. Ct.

# CHAPITRE XIV

## L'AMOUR MÉDECIN

Comédie en prose en 3 actes
Théâtre de la Cour à Versailles, avec musique et ballet :
14 Septembre 1665.

Théâtre du Palais-Royal, sans ornements :
22 Septembre 1665.

*La troupe de Molière à Versailles et l'Amour Médecin, comédie-*
*ballet. — La Pièce à Paris. — Succès. — Une reprise en*
*1920. — Campagne de Molière contre les Médecins.*

Entre *Dom Juan* représenté au mois de février
précédent et le *Misanthrope* en préparation pour l'année
suivante, l'*Amour médecin* nous apparaît comme un
entr'acte dans l'œuvre de Molière, lequel prit soin,
du reste, de nous en raconter l'histoire :

« Ce n'est icy qu'un simple crayon, nous dit-il, un
petit impromptu dont le roy a voulu se faire un divertissement. Il est le plus précipité de tous ceux que Sa
Majesté m'ait commandez, et lors que je diray qu'il a
esté proposé, fait, appris et représenté en cinq jours,
je ne diray que ce qui est vray » (1).

Que l'on n'aille pas, d'ailleurs, plaindre outre mesure
l'auteur, d'une telle bousculade. Quand il ne s'agit
que d'écrire de petites pièces, comme l'a fait très juste-
ment remarquer M. Maurice Donnay, « cela ne lui
coûte aucun effort, aucune peine, mais le détend, le
délasse... on sent qu'il s'amuse lui-même beaucoup
en les écrivant, et il entend d'avance les rires du parterre » (2).

(1) Avertissement au lecteur.
(2) *Molière* p. 222. — 1911.

Au mois de septembre 1665, Molière ne peut rien refuser au monarque. Sa troupe, qui jusqu'alors n'avait été que la « Troupe de Monsieur » — lequel lui continua sa protection — n'a-t-elle pas obtenu le mois précédent l'autorisation de s'intituler « La Troupe du Roy au Palais-Royal » avec 6000 livres de pension ? Précieux avantage si l'on songe que la Troupe rivale de l'Hôtel de Bourgogne est depuis longtemps la « Troupe Royale ».

Le 13 de ce mois de septembre, toute la compagnie partit donc à Versailles, sur ordre reçu, pour cinq jours. On avait fait déjà relâche le 11 pour mieux préparer ce spectacle improvisé. Le dimanche soir, jour de l'arrivée, on représente déjà l'*Ecole des maris* et l'*Impromptu.* La première de l'*Amour médecin* est fixée au lundi 14. Mais cette pièce en trois actes, comporte alors un prologue, deux entr'actes, et un ballet, musique de Lulli. Ce fut même, à cette occasion, la première collaboration de Molière et de Lulli, tandis que la pièce était la quatrième de ses comédies-ballets, dont il produira encore huit après elle.

Molière attachait-il grande importance à ces amusements qui ne constituaient qu'un agréable passe-temps ? On pourrait le croire lorsque l'on s'aperçoit des précautions qu'il prend lorsqu'il se résout, presque à contre-cœur, à livrer ce genre d'ouvrages à l'impression :

« Il n'est pas nécessaire de vous advertir qu'il y a beaucoup de choses qui dépendent de l'action, nous dit-il ; on sçait bien que les comédies ne sont faites que pour estre joüées, et je ne conseille de lire celle cy qu'aux personnes qui ont des yeux pour découvrir dans la lecture tout le jeu du théâtre ; et ce que je vous diray, c'est qu'il seroit à souhaiter que ces sortes d'ouvrages pussent toujours se monstrer à vous avec les ornemens qui les accompagnent chez le Roy. Vous les verriez dans un estat beaucoup plus supportable, et les airs et les symphonies de l'incomparable Monsieur Lully, meslez à la beauté des voix et à l'addresse des danseurs, leur donnent, sans doute, des grâces dont ils ont toutes les peines du monde à se passer ».

Une question se pose : vendait-on alors beaucoup de pièces de théâtre ? Nous ne le croyons pas. On allait les voir, mais on ne les achetait guère.

Lagrange, dans son *Registre*, nous apprend quel fut le sort de cette pièce. La troupe partit donc à Versailles le dimanche 13 septembre et revint le jeudi 17 après avoir joué l'*Amour médecin* trois fois, les 14, 15 et 16, « avec musique et ballet ». Mais il ne fallait pas songer à donner à Paris cette comédie avec les « ornemens » de la Cour, tandis que, d'autre part, Molière ne voulait pas renoncer à priver ses habitués de la partie de comédie qui avait si bien réussi à Versailles. Il est vrai que les trois petits actes, dépourvus à présent de musique et de danse, n'avaient plus que la longueur d'un acte. On se contenta donc d'en renforcer le *Favory* (1), dont la recette était descendue à 275 livres l'avant-veille, (avec l'*Ecole des maris*), ce qui la fit remonter de suite à 1966 livres. La nouvelle pièce eut 27 représentations consécutives, et resta au répertoire, perdant sa qualification de comédie-ballet et prenant dès la cinquième un autre titre : *Les Médecins*.

Les Frères Parfait nous apprennent même dans leur IXe volume de l'*Histoire du Théâtre françois* publié en 1746, que cette comédie, qui se jouait encore assez souvent de leur temps, prenait sur l'affiche le titre des *Quatre médecins*.

C'est qu'en effet, la scène typique où quatre médecins s'enferment pour une consultation, ne parlent entre eux que d'objets absolument étrangers à la maladie pour laquelle ils ont été appelés, et, pressés d'en finir, donnent hardiment une ordonnance sans avoir dit

---

(1) Le *Favory* de Mlle Des Jardins, tragi-comédie, avait été représenté sur le Théâtre du Palais-Royal le 24 avril précédent.

un mot du cas dont il s'agit, cette scène, disons-nous,
est restée la scène inoubliable.

Quant au corps médical, — du passé, du présent et
de l'avenir — il aurait bien tort d'en vouloir à Molière.
Ce grand observateur, choqué des manières graves,
des dehors étudiés, du vain étalage de mots scienti-
fiques que les médecins de son temps affectaient, pour
en imposer au public, crut simplement pouvoir tirer
de ces ridicules un fond de comique des plus fins, des
plus divertissants, et il n'a jamais prétendu viser autre
chose. Enfin, Molière, n'a pas moins malmené les
clients. Lorsque Argan, dans le *Malade,* parvient en
causant à extirper une consultation gratuite à Dia-
foirus, les médecins ont dû se déclarer enchantés.

« Mais il y a autre chose, écrit M. Roger de Flers
dans un de ses feuilletons dramatiques. Les médecins
étaient, au dix-septième siècle, fort éloignés des choses
du théâtre et les considéraient volontiers comme de
simples plaisanteries sans importance. Ils n'allaient
jamais au spectacle. Un médecin ou un magistrat
qu'on aurait aperçu souvent au théâtre aurait, par
cela même, perdu toute considération dans l'opinion
de sa clientèle... Mauvillain était traité en paria par la
Faculté pour divers motifs dont l'un était qu'il passait
fréquemment la soirée dans les coulisses. Que les temps
sont changés ! »

La Comédie française eut l'excellente idée de reprendre
en janvier 1920 l'*Amour médecin,* avec les chants,
ballet et divertissements, tel qu'il avait été donné à
Versailles devant le roi. La presse fut à peu près unanime à trouver cette reconstitution d'une drôlerie
et d'un agrément extrêmes. Les costumes étaient
charmants, les pantomines burlesques des médecins
réglées avec une fantaisie ne sentant pas l'effort, et la
musique de Lulli fut déclarée délicieuse bien que d'un
rythme souvent trop lent. Mais cette lenteur même
ajoutait au style quelque chose d'un peu solennel

contrastant de façon plaisante avec le comique débordant des situations.

La distribution de l'*Amour médecin* à l'origine ne nous est pas parvenue : Sganarelle, incontestablement ce fut Molière ; il fut le Sganarelle de toutes celles de ses pièces qui en comportent un : Clitandre ? Lagrange, selon toute apparence. Quant à Lucinde, ce rôle nous semble tout indiqué pour M<sup>elle</sup> Molière, comme celui de Lisette pour Madeleine.

Et maintenant nous rectifierons une légère erreur qui s'est accréditée au moment de cette reprise de 1920. Certains de nos confrères ont écrit que cette pièce était la première de celles de Molière où il se moque des médecins. Il avait commencé dans *Dom Juan.* Le point de départ de ces plaisanteries se trouve dans la première scène du 3<sup>e</sup> acte de cette comédie, lorsque Sganarelle déguisé en médecin dit à son maître :

— Mais savez-vous, Monsieur, que cet habit me met déjà en considération, que je suis salué des gens que je rencontre, et que l'on me vient consulter ainsi qu'un habile homme ?

Plus loin c'est Dom Juan qui lui répond :

— Pour quelle raison n'aurais-tu pas les mêmes privilèges qu'ont tous les autres médecins ? Ils n'ont pas plus de part que toi aux guérisons des malades, et tout leur art est pure grimace. Ils ne font rien que recevoir la gloire des heureux succès, et tu peux profiter comme eux du bonheur du malade, et voir attribuer à tes remèdes tout ce qui peut venir des faveurs du hasard et des forces de la nature.

SGANARELLE. — Comment, Monsieur ! vous êtes aussi impie en médecine ?

DOM JUAN. — C'est une des grandes erreurs qui soient parmi les hommes.

Et le *Médecin volant* qui date des toutes premières années de carrière de Molière, et qui ne figure pas dans ses œuvres ? Cette farce qu'il promena partout en province, ne témoigne-t-elle pas — avant la lettre, si l'on peut dire — des sentiments agressifs du grand comique contre tous les médicants et les médicamenteurs ?

Humeur ? Ressentiment ? Raillerie simple ? Nous ne le saurons jamais. Tout ce que nous voulions constater c'est qu'il ne commença pas cette satire avec l'*Amour médecin*. Il la poursuivra jusqu'à sa mort.

# CHAPITRE XV

## LE MISANTHROPE

Comédie en vers, en 5 actes.
Théâtre du Palais-Royal : 4 Juin 1666.

*Le Misanthrope fut-il un four ? — Pourquoi fut-il donné en été et retiré momentanément en août ? — Comptes-rendus de Subligny et de Robinet. — Appréciations de de Visé. — Le rôle d'Alceste. — Pourquoi Molière s'en chargea.*

Il faudrait en finir une fois pour-toutes avec cette légende représentant le *Misanthrope* comme une pièce tombée dès son apparition.

Tombée ? Pourquoi tombée ? La plupart des commentateurs se recopient les uns les autres, sans jamais aller aux preuves. Résultat d'une connaissance imparfaite de la vie théâtrale de Molière. Le côté littéraire efface tout le reste.

Récapitulons les faits depuis près de deux ans : interdiction de jouer *Tartuffe*, la pièce sur laquelle on comptait pour attirer la foule. — *Dom Juan* retiré de l'affiche après 15 représentations seulement, pour les raisons que nous avons dites. — Mort de la sœur de Molière — Racine, protégé de Molière, passant armes et bagages dans le camp ennemi, emportant avec lui la tragédie d'*Alexandre* qu'il avait donnée tout d'abord à la Troupe du Palais-Royal. — Froissements d'amour-propre de tous côtés. — Contrariétés intimes dans le ménage. — Tristes recettes. — Maladie grave de Molière et fermeture du théâtre en pleine saison, le 29 décembre. — Mort de la Reine-Mère en janvier, et deuil de Cour réglé par l'étiquette.—Relâche forcé dans

6

tous les théâtres. — Réouverture après 55 jours d'interruption, six semaines seulement avant la clôture annuelle 15 jours avant Pâques. — Recettes dérisoires.

Voilà pourtant les conditions dans lesquelles Molière écrivit son immortel chef-d'œuvre !

Enfin la nouvelle pièce est prête pour le 1er juin. Mais la Cour est partie à Fontainebleau le 2, entraînant avec elle une partie de la clientèle sur laquelle l'auteur eût été en droit de compter. Il n'importe : il faut remplir la caisse qui se vide, et ce que nous reprocherons volontiers à beaucoup de commentateu c'est précisément qu'ils oublient trop facilement que Molière était chef de troupe, et en cette qualité responsable vis-à-vis de ses camarades qui étaient en même temps ses associés.

Faut-il, après avoir écrit les deux derniers vers du *Misanthrope*, que Molière mette son œuvre dans une balance pour savoir quel en est le poids ? C'est la postérité — dont il se soucie fort peu, croyons-nous, — qui décidera. Molière travaille pour son temps, et ne va pas regarder plus loin. Ses charges sont énormes, et il se préoccupe de la recette. Qui l'en blamerait ? Et voilà pourquoi la première du *Misanthrope* fut fixée irrévocablement au 4 juin.

On nous reprochera peut-être de trop nous appesantir sur les côtés matériels de l'entreprise. Ils étaient cependant de premier ordre aux yeux des associés. Ouvrons le *Registre* de Lagrange à cette date de juin 1666. Qu'y voyons-nous ? La moyenne des recettes tombée à 247 livres depuis la réouverture de Pâques — l'on n'avait pu jouer que cinq fois du 9 au 30 mai, — remonte à 1124 livres pour les cinq représentations suivantes avec le *Misanthrope*, et la pièce se joue vingt et une fois de suite sans intervalle.

On la retire de l'affiche, direz-vous. Et oui, on la retire parce que l'on est au mois d'août, au plus fort des chaleurs de l'été, mais on la reprend en septembre, en l'accompagnant du *Médecin malgré lui* dont nous parlerons un peu plus loin. Du 3 septembre au 21 nov. le *Misanthrope* se joue encore 14 fois, soit un total de 35 fois pour le semestre. Est-ce le cas d'une pièce tombée, à une époque où beaucoup d'ouvrages n'atteignaient pas la vingtième représentation ?

D'où vient donc la légende ? Comment a-t-elle pu s'accréditer ? Car ce n'est pas le *Médecin malgré lui* la seule cause du succès de la reprise. Cette nouvelle pièce avait été représentée douze fois isolément avant d'être jointe au *Misanthrope.*

Cette légende vient, à notre avis, d'une phrase de Grimarest dans sa *Vie de Molière* : « Le Théâtre fut désert dès le troisième jour... » Grimarest n'avait pas consulté certainement le *Registre* de Lagrange. Les chiffres lui eussent démontré le contraire (1). Ou encore de ce passage : « Le *Misanthrope* étant tombé, Molière le retira : il le remit au théâtre un mois après ». L'auteur aurait dû ajouter : « le retira pendant le mois d'août pour le reprendre au mois de septembre. »

Ce qui serait plus juste de dire, c'est que le public —nous disons le gros public—ne connaissait alors guère le genre noble dans la comédie de caractères. On n'avait pas encore diverti le public avec des visages naturels, a écrit l'Abbé du Bos (2) et l'on était surpris de ne plus voir de masques à grimaces sur le visage des acteurs. C'était un genre nouveau que les uns déclaraient sans durée possible, et dans lequel les gens de goût découvraient le parti immense que l'on en pourrait tirer. L'avenir justifia à cet égard la prédiction de Despréaux.

A ceux qui s'obstinent à dire que le *Misanthrope* tomba, nous mettrons sous les yeux les compte-rendus de l'époque, ce qui nous dispensera de plus longs commentaires.

(1) La *Vie de M. de Molière* par Jean Léonor Le Gallois, Sieur de Grimarest, Paris, J. Lefebvre 1705, in-12.

(2) *Réflexions critiques sur la Poésie et la Peinture,* par M. l'Abbé du Bos, tome II, p. 410 et suiv. Edit. 1740.

Subligny, dans la *Muse Dauphine* (1), s'exprime de la façon suivante :

> Pour changer un peu de discours,
> Une chose de fort grand cours,
> Et de beauté très singulière,
> Est une Pièce de Molière :
> Toute la Cour en dit du bien,
> Après son *Misanthrope*, il ne faut plus voir rien.
> C'est un chef-d'œuvre inimitable :
> Mais moi, bien loin de l'estimer,
> Je soutiens, pour le mieux blâmer,
> Qu'il est fait en dépit du diable.
> Ce n'est pas que les vers n'en soient ingénieux ;
> Ils sont les plus charmants du monde,
> Leur tour, leur force, est sans seconde,
> Et seroit fin qui feroit mieux.
> Mais je prouve ainsi ma censure.
> Il peint si bien tous les péchés
> Que le diable fait faire à toute la nature,
> Que ceux qui s'en croiront tachés,
> Les haïront sur sa peinture ;
> Et qu'ainsi les diables à eu,
> N'y gagneront plus un fétu.
> Il daube encor si fort le Marquis ridicule,
> Que de l'être on fera scrupule ;
> Et ce n'est pas un petit tort,
> Que cela feroit à nos Princes,
> Qui de ces Marquis de Provinces,
> Par fois se divertiront fort.
> Cela me fait dire en colère,
>   Ce qu'autrefois j'ai dit,
> Qu'on devroit défendre à Molière,
> D'avoir désormais tant d'esprit.

Robinet, de son côté, écrit dans sa *Lettre en vers* du 12 juin :

> Le *Misanthrope* en fin se joue,
> Je le vis Dimanche et j'avoue,

(1) La *Muse Dauphine* est une Gazette en vers, dans le goût de celles de Loret et de Robinet ; elle est aussi divisée par semaines. La première Gazette est datée du 3 juin 1666 et la dernière du 24 décembre de la même année ; ces divers morceaux composent un volume in-12 qui parut à Paris en 1667 chez Claude Barbin. Subligny ne continua pas cet ouvrage. (Note des Frères Parfait.)

Que Molière son Auteur,
N'a rien fait de cette hauteur.
Les expressions en sont belles,
Et vigoureuses et nouvelles.
Le plaisant et le sérieux,
Y sont assaisonnés des mieux,
Et ce Misanthrope est si sage,
En frondant les mœurs de notre âge,
Que l'on diroit (Benoit Lecteur)
Qu'on entend un Prédicateur.
Aucune morale Chrétienne,
N'est plus louable que la sienne,
Et l'on connoît évidemment,
Que dans son noble emportement,
Le vice est l'objet de sa haine,
Et nullement la race humaine,
Comme elle étoit à ce Timon,
Dont l'histoire a gardé le nom,
Comme d'un monstre de nature.
Chacun voit donc là sa peinture,
Mais de qui tous les traits censeurs,
Le rendent confus de ses mœurs,
Le piquent de la belle envie,
De mener toute une autre vie.
Au reste, chacun des Acteurs,
Charme et ravit les Spectateurs,
Et l'on y peut voir les trois Graces,
Menant les amours sur leurs traces,
Sous le visage et les attraits,
De trois objets jeunes et frais,
*Molière*, *Du Parc* et *De Brie*,
Allez voir si c'est menterie.

A noter en passant que c'est extrêmement rare de voir, dans des chroniques de cette époque, citer les noms des interprètes, lesquels noms ne figuraient même pas sur les affiches.

Enfin de Visé lui-même, dont on connaît la jalousie que faisait naître en lui le mérite de Molière, ne put s'empêcher d'écrire une *Lettre sur le Misanthrope*, où il rend compte de l'ouvrage acte par acte en en faisant valoir toutes les qualités, lettre que le libraire crut devoir publier en la précédant de cet *Avis au Lecteur:*
« *Le Misanthrope*, dès sa première représentation

ayant reçu au Théâtre l'approbation que le Lecteur ne lui pourra refuser, et la Cour étant à Fontainebleau lorsqu'il parut, j'ai cru que je ne pouvois rien faire de plus agréable pour le Public, que de lui faire part de cette lettre, qui fut écrite un jour après, à une per- sonne de qualité sur le sujet de cette Comédie, etc. ».

*Aucune critique* ne parut contre le *Misanthrope*, à sa création, et cela malgré les envieux, malgré les troupes concurrentes de l'Hôtel et du Marais, malgré la horde des bigots déchaînés contre Molière depuis les trois premiers actes de *Tartuffe* et la représentation du *Festin de Pierre.*

M. Édouard Thierry dans une série d'études remarquables sur le théâtre de Molière et son répertoire, a parfaitement résumé en quelques lignes la carrière du *Misanthrope* à cette époque :

« Le succès lui arriva cependant (au *Misanthrope*). D'abord on avait passé le relâche de l'Assomption ; août marchait vers septembre, et puis Molière avait repris les *Fâcheux* pour accompagner le *Médecin malgré lui.* L'affiche était riante : la comédie-ballet, (même sans les agréments des grands jours) et la farce bourgeoise, l'amusement et la variété des scènes, les beaux costumés et le gros rire, un véritable spectacle d'été arrivant un peu tard, mais arrivant encore à propos. La combinaison fut heureuse. Il ne manquait au *Médecin malgré lui* que la longueur, mais, la longueur manquant, il fallait toujours compléter le spectacle. Les *Fâcheux* étaient tout à point pour cela, et l'affiche qui réunissait les deux pièces donna, en six représentations, une moyenne de 700 livres ou peu s'en faut. Toutefois il était temps de remplacer les *Fâcheux* qui n'avaient plus d'action sur la recette ; ce fut alors que Molière reprit le *Misanthrope*, et Auger a eu raison de dire : « Il n'est pas vrai que le *Médecin malgré lui* ait soutenu le *Misanthrope.* » Il est plus vrai, aurait pu ajouter l'excellent commentateur, que le *Misanthrope* a soutenu le *Médecin malgré lui* (1). »

Ce ne fut même pas l'insuffisance de la recette qui raya plus tard le *Misanthrope* de l'affiche. Molière jouait dans le même spectacle Alceste et Sganarelle, et cet effort imprudent était au-dessus de ses forces. L'état de sa santé lui commandait le repos.

Disons à présent quelques mots de la distribution de la pièce.

Alceste, c'est Molière. Philinte, le raisonneur, l'homme du monde, c'est la Thorillière. Oronte convient parfaitement à du Croisy qui s'est spécialisé dans les philosophes et les poètes. On retrouve Lagrange sous les traits d'Acaste. Quant aux femmes, ne dirait-on pas que les rôles ont été faits sur mesure. Célimène, la grande et jeune coquette, n'est-ce.pas M^elle^ Molière, de même que la douce Éliante est personnifiée par M^elle^ de Brie, et la prude et belle Arsinoé par M^elle^ du Parc.

Oh! ce rôle d'Alceste, que de torrents d'encre il fit couler! La plupart ont voulu voir dans Alceste un grand premier rôle, et cependant il fut créé par Molière, un premier comique. Comment l'interpréter ? Les uns l'ont dramatisé, les autres l'ont joué en butor (2). Bien peu ont compris que si Molière s'était chargé du rôle, c'est qu'il a voulu passer pour un personnage ridicule et faire rire de lui. Il sait fort bien qu'il a mis dans la bouche de son personnage les paroles les plus sensées, mais il a compris que de son temps, comme du nôtre, c'était une absurdité d'oser parler ainsi dans le monde. Il est donc en apparence sérieux, il est droit, il est logique, et par cela même il est grotesque. Il est la risée non seulement des personnages de la pièce, mais du public qui l'écoute.

(1) Le *Moliériste*, t. V, p. 199 et suiv. Cette opinion est contestable. Il serait plus juste de dire que le *Médecin*, pièce gaie, complétait agréablement le spectacle.

(2) Le *Moliériste*, t. VII, p. 99, *Alceste comique* D°, p. 105, *Alceste sérieux*.

Un exemple, pris dans le répertoire de Labiche, fera bien mieux comprendre la pensée de Molière : un bourgeois misanthrope, persuadé que l'honnêteté n'existe plus sur terre, est surpris de voir un brave auvergnat lui rapporter un portefeuille qu'il a perdu. Heureux d'avoir rencontré un tel « phénomène », il l'engage de suite à son service, lui donnant comme unique mission de dire toujours, en toutes circonstances, la vérité. Mais au bout de quelques heures de cet essai il le congédie, car l'auvergnat — tout en disant la vérité — l'a fait fâcher avec toute sa famille et ses amis (1).

« Toute vérité n'est pas bonne à dire » pourrait être le sous-titre du *Misanthrope*, si les théâtres de province se servaient encore de sous-titres. Et c'est pourquoi, si l'on veut y regarder de près, Molière dans sa chambre pense comme Alceste, mais dans le monde estime qu'il vaut mieux penser comme Philinte. Il sait bien, par expérience, que les idées d'Alceste ne peuvent être mises en pratique, qu'un tel personnage sera voué aux moqueries du parterre. Aussi, pour jouer cette partie difficile, se chargera-t-il lui-même du rôle ingrat d'Alceste. Son emploi, — qu'il soit Sganarelle, Arnolphe ou Orgon, ne consiste-t-il pas à faire rire ? Qu'il soit berné par sa femme, sa pupille ou un imposteur, il sera toujours un sot ou un naïf. Il le sera une fois de plus dans Alceste, puisqu'il n'a pas compris la façon de vivre dans notre société. Molière n'a pas conçu le rôle autrement. De son temps surtout, — n'oublions pas que Molière jouait devant la Cour — le personnage d'Alceste, bien que tenu sérieusement par son interprète, se rangeait dans la galerie des grotesques. Pour bien saisir cette nuance, il faut se reporter à l'époque où ce chef-d'œuvre fut créé. C'est à cette condition qu'on le verra sous son vrai jour. Aujour-

<hr>

(1) Le *Misanthrope et l'Auvergnat*, com. en un acte par Lubize, Labiche et Siraudin, Th. du Palais-royal, 19 août 1852.

d'hui, nous ne rions pas trop des idées d'Alceste, parce
que nous les trouvons saines. En 1666, elles ne parais-
saient qu'absurdes.

L'inventaire des habits de théâtre, dressé après la
mort de Molière, relève : « Une autre boîte où sont les
habits de la représentation du *Misanthrope*, consistant
en haut de chausses et juste-au-corps de brocart rayé
or et soie gris, doublé de tabis, garni de ruban vert
la veste de brocart d'or. les bas de soie et jarretières ;
prisé trente livres » (2).

Que vaudrait aujourd'hui cette relique si elle nous
avait été conservée ?

(2) *Recherches sur Molière et sur sa famille* par Eud. Soulié, documents,
p. 274.

# CHAPITRE XVI

## LE MÉDECIN MALGRÉ LUI

**Comédie en prose, en trois actes,**
**Théâtre du Palais-Royal : 6 Août 1666**

*Le* Médecin malgré lui, *réminiscence de farces précédentes.* —
*Comptes-rendus de Robinet et de Subligny.* — *Cette pièce corse
la représentation du* Misanthrope. — *Succès.* — *Costume de
Sganarelle.*

Le *Médecin malgré lui,* que Molière allait mettre
à la scène en plein été, n'avait, dans l'esprit de son
auteur, qu'une importance très secondaire. C'est que
pour lui, il ne s'agissait pas d'une pièce nouvelle, mais
d'une refonte de quatre « farces » faites sur le même
sujet, et jouées par sa troupe, en province ou à Paris,
sous les titres suivants : le *Fagotier,* le *Fagoteux,* le
*Médecin par force* et le *Médecin volant,* qui ne sont
elles-mêmes que le développement du fabliau le *Vilain
mire.* Les comédiens italiens jouaient depuis longtemps
sur leur théâtre, à Paris, un canevas semblable,
et Boursault, de son côté, avait donné à l'Hôtel de
Bourgogne son *Médecin volant* en 1661 (1).

Est-ce à dire que Molière, en écrivant le *Médecin
malgré lui* sous une forme définitive, n'ait pas donné au
théâtre une farce incomparable, un chef-d'œuvre
d'esprit, de vivacité et de bonne humeur ? Tout le
monde est d'accord là-dessus. Mais il ne se vantait
guère de cette compilation à laquelle il avait apporté

(1) A propos de ce titre sans cesse répété, il est peut-être utile de rappeler
qu'un valet déguisé en médecin saute d'une fenêtre à l'autre pour jouer
ces deux personnages, d'où le titre.

son génial tour de main. Aussi ne la traitait-il, comme nous le verrons plus loin, que de « bagatelle ».

Il ne fait aucun bruit autour de son apparition ; il donne sa nouvelle pièce le 6 août, à la suite de la *Mère coquette*, et la recette ne dépasse pas 632 livres pour la première. Mais il a l'excellente idée, au moment où, les vacances tirant sur leur fin, il va reprendre le *Misanthrope*, d'en corser son spectacle.

Spectacle idéal s'il en fût ! Le *Misanthrope* et le *Médecin malgré lui* ! La recette remonte à 973 livres dix sols. Mais la tâche est trop ardue pour un seul homme, et Molière ne peut se permettre que cinq fois de jouer Alceste et Sganarelle dans la même représentation. Il tiendra désormais l'un de ces deux rôles seulement le même jour.

La distribution du *Médecin malgré lui* à la création ne nous est guère connue. A part Molière (Sganarelle), Lagrange (Léandre) et M^elle Molière (Lucinde), nous ne pouvons faire que des suppositions. L'inventaire des habits de théâtre dressé après la mort de Molière nous permet même de dire quel était le costume de sa femme en cette pièce : Jupe de satin couleur de feu, avec trois guipures et trois volants et le corps de toile d'argent et soie verte.

Quant au costume de Sganarelle, trouvé dans un coffre de bahut rond, le même inventaire nous le décrit ainsi : « Pourpoint, haut de chausses, col, ceinture, fraise et bas de laine et escarcelle, le tout de serge jaune garnie de radon vert ; une robe de satin avec un haut de chausses de velours ras ciselé » (1).

Quelques jours après la première du *Médecin malgré lui* Robinet écrivait dans sa lettre rimée du 15 août :

> Un médecin vient de paroître
> Qui d'Hyppocrate est le grand maître,
>
> . . . . . . . . . . . . . . . . . . . . .
>
> Or ce médecin tout nouveau,

(1) Eud. Soulié, *Recherches sur Molière et sur sa famille.* Inventaire après décès, p. 278.

> Et de vertu si singulière,
> Est le propre Monsieur *Molière*,
> Qui fait sans aucun contredit,
> Tout ce que ci-dessus j'ai dit
> Dans son *Médecin fait par force*,
> Qui pour rire chacun amorce :
> Et tels Médecins valent bien
> Par ma foi ceux.... je ne dis rien,

Opinion confirmée par Subligny dans sa *Muse Dauphine* qui nous parle en ces termes de la même pièce :

> Pour changer de propos, dites-moi, s'il vous plaît,
> Si le temps vous permet de voir la Comédie ?
> Le *Médecin par force* étant beau comme il est,
> Il faut qu'il vous en prenne envie.
> Rien au monde n'est si plaisant,
> Et si propre à vous faire rire :
> Et je vous jure qu'à présent,
> Que je songe à vous en écrire,
> Le souvenir fait (sans le voir)
> Que j'en ris de tout mon pouvoir.
> Molière, dit-on, ne l'appelle
> Qu'une petite bagatelle :
> Mais cette bagatelle est d'un esprit si fin,
> Qu'il faut que je vous le die,
> L'estime qu'on en fait est une maladie,
> Qui fait que dans Paris tout court au *Médecin*.

Conclusion : Le *Médecin malgré lui*, bien que considéré par Molière lui-même comme une œuvre de peu d'importance, fut un succès dès le début.

# CHAPITRE XVII

## MÉLICERTE et LA PASTORALE COMIQUE

Troisième Entrée du Ballet des Muses.
Château de St-Germain-en-Laye :     (*Mélicerte*) 2 décembre 1666.
         »          -          »          »          (*La Pastorale*) 5 décembre 1666.

*Mélicerte par ordre du roi.* — *Le* Ballet des Muses. — *Débuts du
jeune Baron.* — *Collaboration des chanteurs et des danseurs.* —
*Perte d'une partie du manuscrit.*

« Le mercredi 1er décembre (1666), écrit Lagrange
dans son *Registre*, nous sommes partis pour St Germain-
en-Laye par ordre du Roy. Le lendemain on commença
le Ballet des Muses, où la troupe estoit employée
dans une pastorale intitulée *Mélicerte*, puis celle de
*Coridon* ».

Voici encore du travail précipité sur commande,
et cette fois du mauvais travail. Le roi ordonne. Pour
les fêtes qui se préparent à St-Germain, et qui se pro-
longeront jusqu'au carnaval de l'année suivante,
Benserade a fait un ballet — le *Ballet des Muses* à 13
entrées. Or la troisième entrée comporte une pastorale, et Molière a été choisi pour l'écrire.

« Cette comédie n'a point été achevée, nous dit
la note à la fin du deuxième acte ; il n'y avoit que
ces deux actes de faits lors que le Roy la demanda.
Sa Majesté en ayant esté satisfaite pour la feste
où elle fut représentée, le sieur de Molière ne l'a point
finie ».

Ce dont se félicitent les admirateurs de Molière les
plus sincères.

*Mélicerte*, pastorale héroïque, et la *Pastorale comique*
(ou *Coridon* qui lui succéda trois jours plus tard) sont,

a-t-on proclamé de toutes parts, absolument indignes de Molière, malgré le succès qui les accueillit à la Cour. On voudrait même, avoue G. Monval dans ses Notes (1) pouvoir les exclure de ses œuvres. Sans doute, mais telle est l'autorité du nom de Molière que tout ce qu'il a écrit s'est imposé jusqu'à ce jour à ses éditeurs.

Pour toute excuse, il faut se rendre compte du temps et du milieu. Est-ce donc de gaieté de cœur, au moment où la saison théâtrale bat son plein (1$^{er}$ décembre) qu'un directeur va fermer son théâtre pour deux mois et trois semaines, perdant ainsi le bénéfice des fêtes de Noël et du Carnaval ? Est-ce de gaîté de cœur qu'il ne rouvrira ses portes que le 25 février, c'est-à-dire le lendemain du mardi gras ?

Molière s'est rendu à Saint Germain :

1° — Parce que le Roi l'a ordonné ;

2° — Parce que sa Troupe est pensionnée par le Roi.

3° — Parce qu'il est toujours en instance pour faire représenter son *Tartuffe*, et qu'il cherche par tous les moyens possibles à faire lever cette interdiction.

Il faut sacrifier au mauvais goût du jour, c'est entendu. Il s'imposera cette corvée, et pour aller plus vite, dans ce genre qui ne lui plaît guère, il tirera le sujet de *Mélicerte* du roman d'*Artamène* ou le *Grand Cyrus* de M$^{elle}$ de Scudéry. La *Pastorale comique* ne reste jamais qu'à l'état de canevas.

Qu'était-ce donc que ce *Ballet des Muses* ?

Il ne faut pas oublier qu'il vient au moment où Louis XIV, bien que jeune encore, touchait à l'apogée de sa grandeur. Toutes les gloires de son règne se réunissaient dans sa gloire et s'élevaient avec elle. Tous les arts lui devaient un tribut de reconnaissance publique.

« Les Muses, dit l'argument du Ballet, charmées de la glorieuse réputation de notre Monarque et du

_________

(1) Théâtre complet de J.-B. Poquelin de Molière, publié par Jouaust, annoté par G. Monval, Paris 1882, t. IV, p. 323.

soin que Sa Majesté prend de faire fleurir les arts dans l'étendue de son Empire, quittent le Parnasse pour venir à sa Cour.

« Mnémosyme (en marge : « C'est la Mémoire ») qui, dans les grandes images qu'elle conserve de l'Antiquité, ne trouve rien d'égal à cet auguste Prince, prend l'occasion du voyage de ses filles pour contenter le juste désir qu'elle a de le voir ».

Les neuf Muses, accompagnant leur mère, abordent aux rives de notre belle France, et les voilà chantant en chœur :

Rangeons-nous sous ses lois,<br>
Il est beau de les suivre ;<br>
Rien n'est plus doux de vivre<br>
A la cour de Louis, le plus parfait des rois.

Il n'est peut-être pas inutile de remarquer que les Muses chantantes étaient figurées par sept pages de la musique de la Chambre, et deux de la musique du Roi. Mnémosyme était M$^{elle}$ Hilaire la brillante chanteuse.

Tous les arts nouveaux établis dans le royaume se réunissent pour fêter les immortelles filles d'Apollon. Chacune d'elles est honorée par une entrée particulière assortie à ses fonctions.

A Uranie, correspond le pas des sept planètes, etc. Une seule entrée retient notre attention, la troisième :

« Thalie, nous apprend l'argument, à qui la Comédie est consacrée, a pour son partage une pièce comique réprésentée par les comédiens du roi et composée par celui de tous nos poëtes (en marge : Molière et sa troupe) qui dans ce genre d'écriture peut le plus se comparer aux anciens ».

De son côté Benserade esquisse ces quatre vers pour accompagner cette entrée :

Le célèbre Molière est dans un grand éclat :<br>
Son mérite est connu de Paris jusqu'à Rome ;

> Il est avantageux partout d'être honnête homme,
> Mais il est dangereux avec lui d'être un fat (1).

Les deux actes de *Mélicerte* ne furent publiés qu'après la mort de leur auteur, en 1682, dans l'édition des œuvres posthumes. Néanmoins dix-sept ans plus tard, le fils de la veuve de Molière et de Guérin d'Étriché eut la singulière idée de mettre en vers libres les deux actes de *Mélicerte* que Molière avait écrits en alexandrins, et de compléter la pièce par un troisième acte en y ajoutant des intermèdes. C'est sous cette nouvelle forme que *Mélicerte* fut représentée le 10 janvier 1699 à la Comédie française sous le titre nouveau de *Myrtil et Mélicerte*. Cette pitoyable production obtint tout l'insuccès qu'elle méritait.

*Mélicerte*, à St-Germain, servit de début au jeune Baron, alors âgé de 13 ans (2). Son apparition fit révolution. Sa beauté, sa gentillesse, ses grâces charmèrent toute la partie féminine de l'auditoire. « Il était, a dit Grimarest, au milieu des actrices comme on le voit ici au milieu des bergères, et Molière, qui veillait sur lui avec une sollicitude toute paternelle, eut assez de peine à le sauver de tant de séductions ». Ce qui n'empêcha pas le jeune protégé et élève du Maître de quitter la troupe, où il devait revenir d'ailleurs quatre ans plus tard.

Lagrange, de son côté, ne paraît pas des plus charmés de ce séjour forcé à Saint-Germain. Est-ce par discrétion qu'il a fermé avec un peu de mauvaise humeur son *Registre* le jour de son départ pour ne le rouvrir que le jour de son retour ? Ne se croit-il pas le droit d'inscrire ce qui se passe à la Cour ? Tout au plus savons-nous que la *Pastorale comique (Coridon)* a

---

(1) *Le Ballet des Muses* par Ed. Thierry, le *Moliériste*, avril 1884.

(2) Michel Boyon, dit Baron, le plus grand tragédien de la fin du xvii<sup>e</sup> siècle, était né à Paris en 1653. Petit comédien du Dauphin, élève de Molière, Troupe de la V<sup>ve</sup> Raisin, il ne devait rentrer chez Molière qu'en 1670. Mort à Paris le 22 décembre 1729, inhumé dans la nef de l'Église St-Benoît, devenue plus tard le Théâtre du Panthéon.

remplacé à la 3ᵉ entrée du *Ballet des Muses* la Pastorale héroïque de *Mélicerte*, et que le *Ballet des Muses* se donna encore au moins 5 fois en janvier.

Du reste, la Troupe de Molière n'était pas seule à Saint-Germain. La Troupe Royale de l'Hôtel de Bourgogne y parut avec une mascarade espagnole, et des comédiens espagnols et italiens y donnèrent des représentations. La délivrance de la Reine (naissance de Marie-Thérèse de France) donnèrent encore lieu le 2 janvier 1667 à de nouvelles réjouissances.

Nous ferons remarquer que la Troupe de Molière n'était pas entièrement utilisée dans la *Pastorale comique.* Elle n'y avait que quelques interprètes, tels Melle de Brie (Iris, jeune berger), Molière (Lycas, riche pasteur), Lagrange (Coridon, jeune pasteur). Les autres rôles étaient tenus par des chanteurs et des danseurs étrangers à la troupe, tels Destival (Filène, riche pasteur), Blondel (berger enjoué), Chasteauneuf (un pâtre). Destival et Blondel étaient deux pages de la musique du roi.

Les noms des autres danseurs et chanteurs nous ont été conservés : La Pierre, Favier, Le Gros, Don, Gaye, Chicaneau, Bonard, Noblet le Cadet, Arnald, Mayeu, Foignard, Dolivet, Paysan, Desonets, du Pron, Mercier, Pesan, Le Roy.

Égyptienne dansant et chantant : Noblet l'aîné.

Quatre joueurs de guitare : Lulli, Beauchamp, Chicaneau, Vagnart.

Quatre joueurs de castagnettes : Favier, Bonard, St André, Arnald.

Quatre joueurs de gnacares : La Marre, Des Airs second, du Feu, Pesan.

N'oublions pas que c'est l'époque où la Cour est passionnée pour les Maures, les Égyptiens et les Bohémiens ; tout était alors à la mauresque, et souvent de longs divertissements s'organisaient dans le seul but d'offrir au roi un Ballet de Maures. Ainsi le *Ballet des Muses*, suite de scènes sans ordre, passait en revue les peuples du monde uniquement pour justifier la revue des Maures à la fin de la soirée (1).

Des deux éléments qui composaient la *Pastorale comique*, l'opéra et la comédie plus ou moins bouffonne, les scènes de l'opéra seules ont été imprimées ; celles de l'impromptu ne sont pas même indiquées par l'argument le plus sommaire. D'aucuns ont avancé que Molière avait détruit le manuscrit. Y eut-il jamais des scènes écrites ? N'est-il pas plus probable que, pressés par le temps, les acteurs de Molière ont joué ces scènes à l'impromptu, à la mode italienne ? Nous serions tentés de le croire.

(1) Ludovic Celler, *Les Décors, es Costumes et la Mise en scène au* xvii<sup>e</sup> *siècle*, Paris 1869, p. 135.

# CHAPITRE XVIII

## LE SICILIEN ou L'AMOUR PEINTRE

Comédie-ballet en prose et en un acte.
Château de St-Germain : 14 Février 1667 (1).
Théâtre du Palais-Royal : 10 Juin 1667.

*Le* Sicilien à *St-Germain.* — *Chute d'Attila de P. C rneille.* — *Départ de M^lle du Parc.* — *Maladie de Molière.* — *Fermeture du théâtre.* — *Le* Sicilien *au Palais-Royal.*

On ne peut concevoir qu'un homme aussi actif que Molière ait pu rester trois mois à St-Germain pour ne paraître que dans quelques entrées de ballets. N'a-t-il donc joué devant la Cour, pendant ce laps de temps, quelques pièces de son répertoire ? Nous avons déjà fait remarquer que Lagrange n'en dit rien. A peine consent-il à mentionner que, quelque temps après la *Pastorale* « dans le mesme *Ballet des Muses*, on y adjousta la comédie du *Sicilien* ».

Selon toute apparence, Molière a donc écrit à St-Germain ce *Sicilien* qui ne comporte qu'un acte, et destiné à être intercalé dans un ballet où figurait le roi en personne. C'est la dernière fois où, dans des cas semblables, Molière va se trouver, pour ainsi dire, hors de page. A partir de 1668, c'est à lui seul désormais que sera confiée la tâche, non seulement de composer les œuvres destinées aux divertissements du roi, mais d'arrêter ce qui convenait à leur exécution matérielle, tout en restant soumis, bien entendu, aux tradi-

(1) D'autres disent Janv. Nous avons adopté la date donnée par G. Monval dans sa *Chronologie moliéresque.* Emile Picot dans un article documenté, « la Date de la Première du *Sicilien* ». (*Le Moliériste*, 1^er janvier 1882), adopte le 9 ou 10 février 1667.

tions des ballets de Cour, avec lesquelles il ne pouvait rompre.

Voici, d'après les frères Parfait, les noms des personnes qui ont récité, dansé et chanté dans le *Sicilien* à Saint-Germain-en-Laye.

| | |
|---|---|
| Dom Pèdre . . . . . . . . . . . . . | MOLIÈRE. |
| Adraste . . . . . . . . . . . . . . | LAGRANGE. |
| Isidore . . . . . . . . . . . . . . | M<sup>lle</sup> DE BRIE. |
| Zaïde . . . . . . . . . . . . . . . | M<sup>lle</sup> MOLIÈRE. |
| Hali . . . . . . . . . . . . . . . | LA THORILLIÈRE. |
| Un sénateur . . . . . . . . . . . . | DU CROISY. |

Musiciens chantants : les Sieurs Blondel, Gaye, Noblet.

Esclaves turcs dansants : les Sieurs Le Prêtre, Chicaneau, Mayeu, Pesans.

Maures de qualité : Le ROI, Mr. Le Grand, les Marquis de Villeroy et de Rasan.

Mauresques de qualité : MADAME, M<sup>lle</sup> de la Vallière, Madame de Rochefort, M<sup>lle</sup> de Brancas.

Maures nus : Messieurs Cocquet et de Souville ; les Sieurs Beauchamp, Noblet, Chicaneau, La Pierre, Favier et Des Airs-Galant.

Maures à capot : les Sieurs de la Mare, Dufeu, Arnald, Vagnard, Bonard.

Quelques mois plus tard, le *privilège* octroyé au libraire Jean Ribou, pour le *Sicilien* (31 octobre) qualifie la pièce de « belle et très agréable ».

« La Troupe est revenue de St Germain le dimanche 20<sup>e</sup> février 1667, écrit Lagrange qui retrouve enfin la parole. Nous avons receu pour ce voyage et la pension que le Roy avoit accordée à la troupe deux années de la dite pension de douze mil livres cy    12,000 livres
Partagez en douze parts. . . . . .    998 l. 16 s.
Recommancé en 1667 le vendredy 25<sup>me</sup> février par *Mariane* et le *Médecin malgré luy* ».

Cependant Molière ne pouvait se résoudre à mettre dans un tiroir le manuscrit du *Sicilien* qui avait si bien réussi à St-Germain. Il attendit son rétablissement pour monter la pièce à Paris.

Cette année 1667 avait mal débuté pour notre

auteur-directeur. Nous avons vu comment il avait été forcé, par ordre du roi, d'abandonner son entreprise du Palais-Royal en pleine saison théâtrale. A son retour, il veut frapper un grand coup en montant une tragédie nouvelle de Pierre Corneille, *Attila*, qu'il paie 2000 livres, prix convenu. Mauvaise affaire. Cette pièce est sifflée. Dès la neuvième représentation, afin de remonter la recette tombée à 273 livres, il est forcé de renforcer le spectacle avec le *Médecin malgré lui*.

Mlle du Parc, une des colonnes de sa troupe, le quitte pour aller à l'Hôtel de Bourgogne où l'attire Racine qui écrit pour elle le rôle d'Andromaque. Lui-même, Molière, tombe gravement malade, à tel point qu'en avril on est obligé de démentir le bruit de sa mort. Le théâtre reste fermé un mois et demi. La réouverture après Pâques n'a lieu que le 15 mai, mais le public ne revoit pas encore son acteur favori. Nouvelle interruption du 27 mai au 10 juin. Enfin, à cette date, on se décide à donner le *Sicilien* au Palais-Royal, à la suite d'une représentation de ce fâcheux *Attila* qui ne va pas tarder à quitter l'affiche.

Il est curieux de voir en quels termes Robinet annonce la première de cette représentation en public :

*Lettre en vers du 11 Juin 1667.*

Depuis hier, pareillement,
On a pour divertissement,
Le *Sicilien* que *Molière*,
Avec sa charmante manière,
Mêla dans le Ballet du Roy,
Et qu'on admire, sur ma foi.
Il y joint aussi des entrées,
Qui furent très considérées,
Dans ledit ravissant Ballet.
Et lui, tout rajeuni du lait,
De quelque autre Infante d'Inache,
Qui se couvre de peau de Vache,
S'y remontre enfin à nos yeux,
Plus que jamais facécieux.

La façon de nous faire savoir que Molière avait été

mis au régime du lait, est au moins originale. En attendant, cette pièce a tellement plu à notre chroniqueur
qu'il retourne la voir.

*Lettre en vers du 19 juin.*

> Je vis à mon aise, et très bien,
> Dimanche, le *Sicilien* : (1)
> C'est un chef-d'œuvre, je vous jure,
> Où paroissent en mignature,
> Et comme dans leur plus beau jour,
> Et la jalousie et l'amour,
> Ce Sicilien que Molière
> Représente d'une manière,
> Qui fait rire de tout le cœur,
> Est donc de Sicile, un Seigneur,
> Charmé, jusqu'à la jalousie,
> D'une Grecque son affranchie.
> D'autre part, un Marquis François
> Qui soupire dessous ses loix,
> Se servant de tout stratagème,
> Pour voir ce rare objet qu'il aime,
> (Car, comme on sçait, l'amour est fin,)
> Fait si bien qu'il l'enlève enfin,
> Par une intrigue fort jolie,
> Mais quoiqu'ici je vous en die,
> Ce n'est rien, il faut sur les lieux,
> Porter son oreille et ses yeux.
> Surtout on y voit deux esclaves
> Qui peuvent donner des entraves ; (2)
> Deux Grecques, qui Grecques en tout,
> Peuvent pousser cent cœurs à bout,
> Comme étant tout à fait charmantes ;
> Et dont enfin les riches mantes,
> Valent bien de l'argent, ma foi :
> Ce sont aussi présens du Roy.

Un souvenir de St-Germain, sans doute.

Un chroniqueur de nos jours n'eut certes pas manqué
non plus de mentionner l'habit du Sicilien porté par
Molière, les chausses et manteau de satin violet, avec
une broderie or et argent doublé de tabis vert, et le

(1) 13 Juin.
(2) M^mes Molière et de Brie (*Note de Robinet*).

jupon de moire d'or, à manches de toile d'argent, garni
de broderie et d'argent, et un bonnet de nuit, une perruque et une épée, le tout prisé... soixante quinze
livres (!) à l'inventaire (1).

Nous ne quitterons pas le *Sicilien* sans mentionner
une fine remarque de M. Maurice Pellisson (2). Entre
le *Sicilien* (janvier ou février 1667) et *Amphitryon*
(janvier 1668) Molière n'a rien donné ; les deux pièces
se succèdent immédiatement ; elles semblent avoir
été apportées par le cours non interrompu d'une même
veine. On trouve dans la seconde des passages qui sont
comme des « rappels » de la première. Au début d'*Amphitryon*, par exemple, Sosie se plaint sur le même ton
que Hali du *Sicilien* :

> Sotte condition que celle d'un esclave
> De ne vivre jamais pour soi
> Et d'être toujours tout entier
> Aux passions d'un maître, etc. (*Sicilien*, 2)

> Sosie, à quelle servitude
> Tes jours sont-ils asujettis, etc. (*Amphitryon*, I, 1.)

Ce qui faisait dire à un autre commentateur : « C'est
en écrivant le *Sicilien*, comme un musicien assouplit
ses doigts avec des exercices de gammes, c'est en se
montrant à lui-même ce que cette forme pouvait
lui donner, qu'il (Molière) s'est fait la main pour écrire
*Amphitryon* ». (3)

Opinion peut-être exagérée, et qui ferait croire à
plus de calcul qu'il n'y en eut en cette affaire, ajoute
M. Pellisson, mais assez juste au fond. Préparation
involontaire, mais préparation.

Ce qui n'empêcha pas un lettré de nos jours de
proclamer à grands cris dans la presse que Molière

(1) Eudore Soulié, *Recherches sur Molière et sur sa famille* déjà cité,
Inventaire après décès, p. 277.
(2) Les *Comédies-Ballets de Molière*, déjà cité, p. 201.
(3) A. de Montaiglon, Notice en tête du *Sicilien*, Paris 1891.

ne savait pas faire le vers libre, et que c'était... Corneille qui les faisait pour lui (1).

Le *Sicilien* ou *l'Amour peintre* a donné lieu à deux études que nous ne pouvons passer sous silence : l'une sous ce même titre, par M. Eugène Sauzay, professeur de violon au Conservatoire, lequel avait mis l'ouvrage en musique (après Lulli, après Dauvergne, après Justin Cadaux) (2) ; l'autre de M. Arthur Pougin sous la dénomination *Molière et l'Opéra-Comique* (3). Cette dernière publication ayant surtout pour but de constater que Molière, qui a touché en maître à tant de genres divers, a même découvert celui de l'opéra-comique moderne, et du premier coup, cent ans avant l'éclosion réelle de celui-ci.

Le 13 février 1667, rendant compte d'une représentation à la Cour, qui avait eu lieu le 5, le gazetier Robinet écrivait :

> Le *Grand Ballet* s'y danse encores,
> Avec une scène de *Mores*,
> Scène nouvelle, et qui vraiment
> Plaist, dit-on, merveilleusement,
> L'on y voit aussi notre Sire,
> Et cela, je crois, c'est tout dire,
> Mais de plus Madame y paroist :
> Jugez, lecteurs, ce que c'en est.

M. Arthur Pougin croit que cette scène « de Mores » était au moins le germe ou l'embryon de la comédie du *Sicilien*, et qu'elle servait à en préparer l'apparition qui devait en être prochaine. En effet, n'est-ce pas une semaine après que nous la voyons se présenter, comme nous l'apprend la *Gazette*, après avoir mentionné une

<hr>

(1) Faible écho d'une polémique soulevée dans le journal *Le Temps*, en octobre 1919, et dont les conclusions reçurent un accueil documenté assez frais dans *Comœdia* (novembre 1919), le *Mercure de France* (15 décembre 1919), la *Nouvelle Revue* (1er mai 1920), etc.

(2) *Le Sicilien ou l'Amour peintre*, par M. Eug. Sauzay, Paris, Firmin Didot in-4° avec illustrations, 1882.

(3) *Molière et l'Opéra-Comique*, par Arthur Pougin, Paris, J. Baur, in-8°, 1882.

représentation du ballet offert le 12 aux ambassadeurs étrangers : « Le 14 et le 16 le ballet fut encore dansé avec deux nouvelles entrées de Turcs et de Maures, qui ont paru des mieux concertées, la *dernière étant accompagnée d'une comédie françoise aussi des plus divertissantes* ».

C'est-à-dire du *Sicilien*.

Cependant, tandis que *Mélicerte*, puis la *Pastorale comique* avaient formé la troisième entrée du *Ballet des Muses*, le *Sicilien* constituait la 14e et dernière selon le livret du ballet, sans doute à cause de l'apparition du roi.

Fêtes splendides auxquelles avaient collaboré quatre troupes dramatiques, comme nous l'apprend encore Robinet dans sa lettre du 20 février, nous faisant part que la comédie

> ... en son jour
> Divertit de mesme à son tour.
> Par quatre troupes différentes
> Et qui sont toutes excellentes.

Les troupes de Molière, de l'Hôtel de Bourgogne, italienne et espagnole.

# CHAPITRE XIX

# AMPHITRYON

Comédie en vers libres, en 3 actes.
Théâtre du Palais-Royal : 13 Janvier 1668.

*Triste situation du théâtre du Palais-Royal. — Tartuffe est toujours interdit. — Lagrange et La Thorillière au siège de Lille. — Amphitryon. — Compte-rendu de Robinet. — Amphitryon aux Tuileries.*

L'année 1667, nous l'avons dit, avait été une année désastreuse pour Molière et sa troupe : interruption forcée en pleine saison théâtrale par ordre du roi, pour donner des représentations à Saint-Germain-en-Laye ; désertion de M<sup>elle</sup> Duparc, attirée à l'Hôtel de Bourgogne par Racine (1) ; grave maladie de Molière ; chute de l'*Attila*, tragédie payée deux mille livres à Pierre Corneille (2) ; un seul acte nouveau de Molière (le *Sicilien* 10 juin) dont la recette, à la première, avec *Attila*, ne dépassa pas 142 livres 10 sols. Du reste, les recettes du 14 (95 livres 10 sols) et du 21 (90 livres), ne permettaient plus de distribuer un dividende aux comédiens.

Cette situation ne pouvait évidemment pas se prolonger. Pour conjurer cette guigne noire, Molière n'a pas abandonné son idée de jouer *Tartuffe* en public, ce *Tartuffe* qu'il garde en portefeuille depuis quatre

(1) M<sup>lle</sup> Du Parc mourut le 11 décembre 1668, rue de Richelieu, à l'âge de 35 ans, et fut inhumée aux Carmes-Billettes.

(2) On connaît les deux vers qui ont traîné partout :

Après *Agésilas,*
Hélas !
Mais après *Attila,*
Holà !

ans, et à la représentation duquel il attache tant d'im·
portance. Nous raconterons dans un de nos chapitres
suivants cette nouvelle déception. L'unique représentation du 5 août ne peut avoir de lendemain par suite
de l'interdiction du premier Président M* de Lamoignon.
La porte de la Comédie est fermée et gardée, et le
théâtre fera relâche du 6 août au 25 septembre. Entre
ces deux dates, Lagrange et La Thorillière auront été
trouver le roi au siège de Lille.

Molière qui partage alors son temps entre la rue
Saint-Thomas-du-Louvre et Auteuil (1), aurait-il eu
encore une rechute vers la fin de cette année? Ce serait
à croire, car les programmes du 9 octobre à fin décembre
ne portent plus aucune pièce de ce répertoire où il
a coutume de figurer en première place, et pas même
à Versailles, où la troupe est appelée par ordre du roi
du 6 au 9 novembre, pour la Saint-Hubert.

Eh bien, c'est dans de telles conditions que Molière,
déçu de toutes façons, aussi bien dans sa vie privée
que dans sa vie théâtrale, malade, réduit au régime
du lait, brouillé avec Armande, écrit son chef-d'œuvre :
*Amphitryon*.

Mais pourquoi choisir un sujet mythologique ? On
ne peut dire cette fois qu'il a été influencé par le roi,
qu'il a reçu des ordres de la Cour. Pourquoi renoncer
à ses études de mœurs qui le captivent tant, ou à ses
farces qui le délassent ?

L'auteur du *Misanthrope* et du *Médecin malgré lui*
attaque résolument un genre nouveau.

G. Monval dans ses Notes nous en donne une raison,
qui, bien qu'appartenant au domaine de la supposition pure, ne nous semble pas à dédaigner.

« Averti, nous dit-il, par les censures qu'avait
encourues *Dom Juan*, et mis en garde par la conspira-
tion qui empêchait encore la représentation de *Tar-*

---

(1) On trouvera de très intéressants détails sur la maison d'Auteuil, dans
Loiseleur, ouvr. déjà cité, p. 318 et suiv.

*tuffe*, il (Molière) ne dut pas trouver prudent d'attaquer alors de front les vices de son temps, et un sujet pris dans la mythologie lui apparut sans doute comme un moyen facile d'épancher indirectement sur ses contemporains sa verve satirique (1) ».

Quant à ceux qui croient rabaisser Molière en lui reprochant lourdement de s'être inspiré de Plaute, nous leur conseillerons de relire Plaute d'abord, puis Rotrou qui avait déjà donné dans les *Deux Sosies* une traduction de l'auteur latin. Ils ne trouveront pas de plus belle occasion d'admirer notre plus grand auteur comique.

Molière, dont le théâtre rouvrit le 3 janvier, fixa donc au vendredi 13 la première représentation d'*Amphitryon* (2). Il en avait soigné tout particulièrement la distribution :

| | |
|---|---|
| Sosie. . . . . . . . . . . . . . . . . | Molière. |
| Jupiter . . . . . . . . . . . . . . . . | La Thorillière. |
| Mercure . . . . . . . . . . . . . . . | Du Croisy. |
| Amphitryon . . . . . . . . . . . . . . | Lagrange. |
| Alcmène . . . . . . . . . . . . . . . | Melle Molière. |

On ne sait de façon précise à qui fut confié le rôle de la Nuit ni celui de Cléanthis.

La première d'*Amphitryon* ramena au théâtre du Palais-Royal délaissé depuis un an une foule considérable, avec une recette de 1565 livres 10 sols, pour atteindre le dimanche suivant, pour la deuxième, 1668 livres 10 sols. Succès qui se maintint pendant 29 représentations consécutives jusqu'à la fermeture de Pâques.

Le lundi 16 janvier, trois jours après la première, *Amphitryon* est joué aux Tuileries, suivi d'un souper dans l'appartement du roi.

(1) *Th. complet de J. Poquelin de Molière* (Ed. Jouaust), déjà cité, t. V, p. 384.

(2) Le vendredi était le jour généralement réservé aux premières représentations.

Voici en quels termes Robinet parle de cette représentation à la Cour dans sa Lettre en vers du 21 janv. :

Lundi chez le nompareil SIRE (1)
On vit les deux *Amphitrions*,
Ou si l'on veut les deux Sosies,
Qu'on trouve dans les poësies
Du feu Sieur Plaute, franc latin,
Et que dans un françois très fin,
Son digne successeur *Molière*,
A travesti d'une manière,
A faire ébaudir les esprits,
Durant longtemps de tout Paris :
Car depuis un fort beau Prologue,
Qui s'y fait par un Dialogue,
De Mercure avecque la Nuit,
Jusqu'à la fin de ce déduit,
L'aimable enjouement du comique,
Et les beautés de l'héroïque,
Les intrigues, les passions,
Et bref, les décorations,
Avec des machines volantes,
Plus que des astres éclatantes,
Font un spectacle si charmant,
*Que je ne doute nullement,*
*Qu'on y courre en foule extrême,*
*Bien par delà la mi-Carême.*
Je n'ai rien touché des Acteurs,
Mais je vous avertis Lecteurs,
Qu'ils sont en couche très superbe,
Je puis user de cet adverbe,
Et que chacun, de son rollet,
Soit sérieux, ou soit follet,
S'acquitte de la bonne sorte,

. . . . . . . . . . . . . . .

Vous y verrez certaine nuit,
Fort propre à l'amoureux déduit ;
Et de même certaine Alcmène,
Ou bien sa remembrance humaine,
Qui voudroit bien, sans en douter,
Qu'un remembrant de Jupiter,
Plein de ce feu qui le cœur brûle,
Lui fit un remembrant d'Hercule.

Le 25 avril, la troupe mandée par ordre du roi, joua

(1) En marge : 16 janvier.

encore *Amphitryon* à Versailles, et nous savons par un manuscrit de la Bibliothèque de l'Arsenal que la pièce jouissait encore d'un plein succès en septembre : « Le 18 septembre 1668, lisons-nous dans ledit manuscrit (1) la troupe du sieur de Molière représenta l'*Amphitryon* avec des machines et des entrées de ballet qui plurent extrêmement à l'ambassadeur et à son fils à qui on présenta sur l'amphithéâtre où ils étaient deux grands bassins, l'un de confitures seiches, l'autre de fruits, dont ils ne mangèrent point, mais ils burent et remercièrent les comédiens ».

En attendant, le succès d'*Amphitryon* avait permis de remonter la part de sociétaire, joliment compromise pour cette année théâtrale (15 mai 1667-18 mars 1668) bien qu'elle ne fût que de 2608 livres 13 sols, au lieu de 3352 livres 11 sols pour l'année précédente correspondante. Il fallait attendre l'apparition de *Tartuffe* l'année suivante pour ramener cette part à 5477 livres 35 sols.

Quant aux costumes d'*Amphitryon*, il ne nous est parvenu que ce document, puisé dans l'inventaire de Molière après décès : « Une autre boîte où est l'habit de la représentation de l'*Amphitryon* contenant un tonnelet de taffetas vert avec une petite dentelle d'argent fin, une chemisette de même taffetas, deux cuissards de satin rouge, une paire de souliers avec les lassures garnies d'un galon d'argent, avec un bas de soie céladon, les festons, la ceinture et un jupon, et en bonnet brodé or et argent fin ; prisé soixante livres (2). »

(1) Le journal de Pierre Johannidès Poterquin (Potenkin) en 1668, trouvé dans les Mémoires du Baron de Breteuil (N° 222 II. F. in-fol. mss.) Bibl. de l'Arsenal.

(2) Inventaire de Molière. Eud. Soulié, *Recherches sur Molière et sur sa famille*, déjà cité.

# CHAPITRE XX

## GEORGE DANDIN ou LE MARI CONFONDU

Comédie en prose, en trois actes,
Petit Parc de Versailles (avec la *Pastorale*) : 18 juillet 1668,
Théâtre du Palais-Royal (sans la *Pastorale*) : 9 novembre.

*Nouvelles fêtes à Versailles. — Relation de Félibien. — Description du théâtre dans le Petit-Parc. — Première de George Dandin. — Dépenses somptueuses. — La pièce à Paris. — Succès.*

Le Traité d'Aix-la-Chapelle donnant la Flandre à la France avait été signé le 2 mai 1668. Il fut aussitôt résolu que l'on célébrerait ce joyeux événement par de grandes fêtes données à Versailles, et dont la relation nous est heureusement parvenue de différents côtés (1).

Pour l'exécution de ces fêtes, le duc de Créquy, en qualité de premier gentilhomme de la Chambre, fut chargé de ce qui regardait la comédie : le sieur Vigarani reçut l'ordre de dresser un théâtre dans le PetitParc ; d'autres eurent pour mission de veiller aux préparatifs du souper, du bal et des feux d'artifice.

Cette fois, Molière ne semble pas avoir été pris au dépourvu, ayant en portefeuille le manuscrit d'une comédie toute prête, sinon presque achevée, *George*

(1) *Relation de la Feste de Versailles du dix-huit juillet mil six cent soixante huit* par Félibien. Le tome VI du Molière-Hachette reproduit en appendice le curieux livret du Grand Divertissement royal, ainsi que cette relation. Mais il existe une autre relation écrite par l'abbé de Montigny, poète et académicien (évêque de Léon en 1671), sous forme de lettre adressée au marquis de la Fuente, imp. La Haye chez Jean Daniel Sténcker, 1669, sous le titre : *Recueil de diverses pièces faites par plusieurs personnes illustres*, 3ᵉ partie, pages 3 à 33 « *La Feste de Versailles du 18 juillet 1668.*

*Dandin*, ou le *Mari confondu*. Toutefois, selon l'usage établi à la Cour, la comédie seule ne suffit pas. Il faut des intermèdes de chant et de danse, tout au moins un de ces intermèdes où le roi puisse paraître en personne, et, sans rien changer à sa pièce, Molière se mit à l'œuvre pour le remplissage demandé. Tout ceci demandait certains préparatifs, et toute la troupe s'était mise en route dès le 10 juillet. Déjà, le 26 juin, nous savons que Molière avait touché 400 livres pour « habit de la feste de Versailles ».

Le mercredi 18 juillet, le roi étant parti de Saint-Germain-en-Laye, vint dîner à Versailles avec la reine, le dauphin, Monsieur et Madame. Sur les six heures du soir, accompagné de la reine, et suivi de toute la cour, le roi sortit du château. Mais nous ne pouvons que renvoyer à la Relation de Félibien pour la description de la décoration des jardins, des grandes eaux, des cabinets de verdure et des tables somptueusement servies. Le théâtre où va jouer Molière nous intéresse seul ici.

« A côté de la grande allée royale, écrit Félibien, il y en a deux autres qui en sont éloignées d'environ deux cents pas. Celle qui est à droite, en montant vers le château, s'appelle l'allée du Roy, et celle qui est à gauche l'allée des Prez. Ces trois allées sont traversées par une autre qui se termine à deux grilles, qui font la clôture du petit parc. Ces deux allées des côtés et celle qui les traverse, ont cinq toises de large ; mais à l'endroit où elles se rencontrent, elles forment un grand espace, qui a plus de treize toises en carré. C'est dans cet endroit de l'Allée du Roy que le sieur Vigarani avait disposé le lieu de la Comédie. Le théâtre, qui avançait un peu dans le carré de la place, s'enfonçait de dix toises dans l'allée qui monte vers le Château, et laisait pour la salle un espace de treize toises de face sur neuf de large.

« L'exhaussement de ce Salon était de trente pieds

jusques à la corniche, d'où les côtés du plafond s'élevaient encore de huit pieds jusques au dernier enfoncement. Il était couvert de feuillée par dehors, et par dedans paré de riches tapisseries, que le sieur du Metz, Intendant des meubles de la Couronne, avait pris soin de faire disposer de la manière la plus belle et la plus convenable pour la décoration de ce lieu. Du haut du plafond pendaient trente-deux chandeliers de cristal, portant chacun dix bougies de cire blanche.

« Autour de la salle étaient plusieurs sièges disposés en amphithéâtre, remplis de plus de douze cents personnes ; et dans le parterre il y avait encore sur des bancs une plus grande quantité de monde. Cette salle était percée par deux grandes arcades, dont l'une était vis-à-vis du théâtre, et l'autre du côté qui va vers la grande allée. L'ouverture du théâtre étant de trente-six pieds ; et de chaque côté, il y avait deux grandes colonnes torses de bronze et de lapis, environnées de branches et de feuilles de vigne d'or. Elles étaient posées sur des piédestaux de marbre, et portaient une grande corniche aussi de marbre, dans le milieu de laquelle, on voyait les armes du Roy sur un cartouche doré, accompagné de trophées. L'Architecture était d'ordre ionique : entre chaque colonne il y avait une figure : celle qui était à droite représentait la paix, et celle qui était à gauche figurait la victoire...

« Lorsque leurs Majestés furent arrivées dans ce lieu dont la grandeur et la magnificence surprirent toute la Cour, et quand elles eurent pris leurs places sous le haut dais qui était au milieu du parterre, on leva la toile qui cachait la décoration du théâtre : et alors les yeux se trouvant tout à fait trompés, l'on crut voir effectivement un jardin d'une beauté extraordinaire ».

Texte à rapprocher de cet autre passage : « On voit ici sortir, en moins de rien, du milieu des jardins, les superbes palais et les magnifiques théâtres, de tous côtés enrichis d'or et de grandes statues, que la verdure égaye et que cent jets d'eau rafraîchissent ».

Tel est le cadre où Molière va donner sa première de *George Dandin*. Mais une comédie seule eut fait maigre figure en un lieu semblable. Il fallait l'accompagner de musique, de chants et de danses. Ce qui fut fait avec la collaboration de Lulli. Or, nous aurons donné une idée de ces somptuosités lorsque nous aurons dit que la dépense totale du *Divertissement* encadrant *George Dandin*, s'élevait (décors et costumes) à la somme de 52,972 livres, et que dix habits de Molière et de sa troupe avaient coûté 2400 livres (1), sommes qu'il faut au moins multiplier par dix pour obtenir la valeur actuelle équivalente.

Maintenant, comme le fait fort judicieusement observer M. Maurice Pellisson (2), n'est-il pas permis de supposer que Molière, qui dans la vie privée aimait à s'entourer de belles choses, comme le prouve l'inventaire établi après sa mort, n'était pas heureux, comme auteur, comme directeur de troupe, de produire ses œuvres et ses acteurs dans de semblables conditions ?

Nous renverrons encore à la *Relation* complète pour l'argument du ballet, que Molière n'a pas fait figurer dans ses œuvres, (les paroles chantées ont seules été conservées), et nous rapporterons les quelques passages suivants de la lettre en vers de Robinet (et quels vers) ! du 21 juillet :

. . . . . . . . . . . . . . . .

Ô le charmant lieu que c'était !
L'or partout, certes, éclatait ;
Trois rangs de riches hautelices,
Décoroient ce lieu de délices,

(1) Détail fourni par M. Nuitter dans sa préface en tête de l'Album de 50 planches à l'eau-forte en couleurs publié par Guillaumot fils, sous le titre de *Costumes de l'Opéra*. I. 1883, Cité par M. Maurice Pellisson.

(2) *Les Comédies-Ballets de Molière* par Maurice Pellisson, ouvrage déjà cité, p. 22,

Aussi haut, sans comparaison,
Que la vaste et haute cloison,
De l'Eglise de Notre-Dame,
Où l'on chante en si bonne gamme.
Maintes cascades y jouoient,
Qui de tous côtés l'égayoient,
Et pour en gros ne rien obmettre,
Dans les limites d'une lettre,
En ce beau rendez-vous des jeux,
Un Théâtre auguste et pompeux,
D'une manière singulière,
S'y voyoit dressé par *Molière*,
Le Mome cher et glorieux,
Du bas Olympe de nos Dieux.
Lui-même donc, avec sa Troupe,
Laquelle avoit les ris en croupe,
Fit là le début des ébats,
De notre Cour pleine d'appas,
Par un sujet archi-comique,
Auquel riroit le plus stoïque,
Vraiment malgré, bon gré ses dents,
Tant sont plaisans les accidents,
Cette petite Comédie (1).
Du crû de son rare génie,
Et je dis tout disant cela,
Etoit aussi, par-ci, par-là,
De beaux pas de ballet mêlée,
Qui plurent fort à l'assemblée,
Ainsi que les divins concerts,
Et les plus mélodieux airs,
Le tout du sieur Lully Baptiste ;
Dont maint est le singe et copiste,
D'ailleurs de ces airs bien chantés,
Dont les sens étoient enchantés,
Molière avoit fait les paroles,
Qui valoient beaucoup de pistoles,
Car en un mot, jusqu'à ce jour,
Soit pour Bacchus, soit pour l'amour,
On n'en avoit pas fait de telles,
C'est comme dire d'aussi belles,
Et pour plaisir plutôt que tard,
Allez voir chez le sieur Ballard, (2)

(1) En marge : *George Dandin* (Note de Robinet).
(2) Le *Grand Divertissement Royal*, livret in-4° chez R. Ballard, 10 juillet.
Ceci laisserait à penser que les spectateurs avaient en mains l'argument à
la représentation.

Si je vous mens ni peu ni prou,
Et si vous ne sçaviez pas où,
C'est à l'enseigne du Parnasse :
Allez y donc, vite, et de grâce.

Mais revenons à nos Moutons,
Et pour achever ajoutons,
Que chacun fit là des merveilles,
Qui n'eurent jamais de pareilles :
Et qu'à l'envi, soit les Acteurs,
Les Baladins et les Chanteurs,
Tous en ce jour se surpassèrent,
Et bravement se signalèrent.
Mais entre tous ces grands zélés,
Qui se sont si bien signalés,
Remarquable est la *Thorillière*,
Qui prêt de tomber dans la bière,
Ayant été durant le cours,
Tout au plus d'environ huit jours,
Saigné dix fois pour une fièvre,
Qui dans son sang faisoit la mièvre,
Quitta son grabat prestement,
Et voulut héroïquement,
Du gros Lubin faire le rôle,
Qui sans doute étoit le plus drôle,

La pièce avait tellement plu dès son apparition, qu'on la redemanda à la Cour, à St-Germain-en-Laye, pour les fêtes de la Saint-Hubert. La Troupe la joua donc encore trois fois devant le Roi, les samedi 3, dimanche 4 et mardi 6, indépendamment de l'*Avare*, une nouveauté dont nous parlerons plus loin, et qui fut donnée le lundi 5. Le retour à Paris s'effectua le 7 et le 11, Molière toucha 440 livres pour les nourritures des 5 jours à St-Germain.

La réouverture du Théâtre du Palais-Royal eut lieu le 9, et cette fois avec *George Dandin* qui était encore inconnu du public. Il y eut 39 représentations consécutives.

Le suppression du *Divertissement* à Paris où l'on ne pouvait supporter les frais faits à la Cour, fit peut-être paraître le dénouement un peu triste. On se rappelle la phrase dernière de George Dandin :

« Lorsqu'on a, comme moi, épousé une méchante femme, le meilleur parti qu'on puisse prendre, c'est de s'aller jeter dans l'eau la tête la première. »

*George Dandin* est douloureux, a dit Michelet.

Le dénouement de George Dandin est un suicide, a écrit Gounod qui certainement exagère.

Dans le livret du *Divertissement* nous lisons : « Dans ce dernier acte, l'on voit le païsan (George Dandin) dans le comble de la douleur par les mauvais traitements de sa femme. *Enfin un de ses amis lui conseille de noyer dans le vin toutes ses inquiétudes, et l'emmène pour joindre sa troupe, voyant venir toute la foule des bergers amoureux qui commence à célébrer par des chants et des danses le pouvoir de l'amour. Ici la décoration du théâtre se trouve changée en un instant, etc. ».*

Dandin allait donc noyer son chagrin dans le vin. C'était plus gai. Mais les habitués du Palais-Royal, en lui entendant dire qu'il ne lui restait plus qu'à se jeter à l'eau, ont-ils pris cette boutade au sérieux? Nous ne le croyons pas. Aussi est-ce une erreur à notre avis de vouloir découvrir un drame à la fin de cette bouffonnerie.

# CHAPITRE XXI

## L'AVARE

Comédie en prose, en cinq actes.
Théâtre du Palais-Royal : 9 Septembre 1668.

*L'Avare au Palais-Royal. --- Causes de son insuccès. — On n'admet pas cinq actes en prose. — Compte-rendu de Robinet. --- Le pièce est retirée de l'affiche mais jouée à la Cour.*

Ce fut le dimanche 9 septembre que Molière se hasarda à présenter à son public habituel sa nouvelle pièce l'*Avare*. Nous disons « se hasarda » car jamais pièce ne fut plus mal accueillie, même avant d'avoir vu le feu des chandelles.

Si l'on songe que cette comédie moliéresque est une de celles qui soit restée au répertoire depuis deux siècles et demi, toujours avec succès, qu'elle a de tout temps donné lieu à des débuts sensationnels pour les artistes se destinant à l'emploi des grimes et des manteaux, on peut se demander sur quoi se basaient les préventions du parterre à cette époque ? Tous les commentateurs ont cherché à éclaircir cette énigme ; certains diront : ce manque de goût.

Eh bien, la meilleure explication que l'on ait pu donner jusqu'à présent de cet échec immérité est la suivante : l'*Avare* est une comédie en cinq actes et en prose. Or le public de 1668 ne pouvait admettre qu'une pièce sérieuse, une pièce de mœurs fût écrite autrement qu'en vers, surtout lorsqu'elle comportait cinq actes. Passez en revue toutes les pièces du répertoire des trois théâtres, Hôtel de Bourgogne, Marais et Palais-Royal, vous ne trouverez pas une grande pièce qui ne soit autrement qu'en vers. On ne supporte la prose que dans les farces de un ou trois actes au plus, et Molière jusqu'à ce jour, à une exception près, s'était conformé à l'usage.

*L'Étourdi*, le *Dépit*, *Dom Garcie*, l'*École des femmes*, le *Misanthrope* en cinq actes, sont en vers. Et même les *Fâcheux*, 3 actes.

Les *Précieuses*, la *Critique*, l'*Impromptu*, le *Sicilien*, pièces en un acte sont en prose. L'*Amour médecin* et le *Médecin malgré lui*, en prose également ne dépassent pas trois actes.

Nous avons parlé d'une exception : *Dom Juan*, cinq actes en prose. Mais *Dom Juan* était considéré comme une espèce d'adaptation du théâtre italien. Encore la pièce n'alla-t-elle pas loin.

Molière donne l'*Avare*, et on lui reproche aussitôt de ne pas avoir versifié ces cinq actes. Quant à la question de savoir s'il a plus ou moins emprunté quelques situations à l'*Aulularia* de Plaute, nous la laisserons, si vous voulez bien, au second plan. Les habitués du Palais-Royal ne se souciaient que modérément de Plaute. On avait affiché une comédie en cinq actes, et l'on s'attendait à un langage noble en vers. Le public fut désorienté. Ce n'était plus la farce pure en prose, et ce n'était pas la grande pièce en cinq actes en vers. Ne nous étonnons pas de ces prétentions. Qu'un auteur de nos jours présente un ouvrage en deux actes, coupe qui fut fort à la mode de 1830 à 1860, et le directeur de théâtre auquel on s'adressera vous dira de suite qu'il lui faut un troisième acte, n'eussiez-vous rien à dire. Étonnez-vous après cela que tant de pièces, de vaudevilles surtout, aient un acte vide. On vous répondra : « C'est l'usage ». Or, du temps de Molière, à moins que ce ne fût une farce, ce n'était pas l'usage d'écrire en prose, et encore moins d'écrire cinq actes qui ne fussent pas en vers. Et, pas plus du temps de Molière que du nôtre, on n'aura jamais raison des modes, usages et coutumes.

Molière se doutait-il du sort réservé à sa pièce ? On pourrait le croire lorsque l'on voit la timidité avec laquelle il la présente pour la première fois en public, non pas un vendredi, jour de mode, mais le dimanche 9 septembre 1668, non à la Cour, comme il avait souvent coutume de faire pour ses ouvrages nouveaux, mais à son théâtre. On vient le premier jour par curiosité. Mais la recette de 1069 livres 10 sols pour la première, ne tarde pas à retomber à 495 pour la deuxième et à 271, 10 sols pour la septième. C'eût été folie de s'entêter. La pièce est retirée de l'affiche après neuf représentations seulement consécutives. Il faudra, quand on reprendra l'*Avare* en décembre, compléter ces cinq actes avec la farce du *Fin lourdaud*.

Et cependant Molière a monté l'ouvrage avec soin. C'est lui-même qui s'est chargé du rôle écrasant d'Harpagon. Son inventaire après décès nous a même appris quel était son costume : « Une autre boîte de la représentation de l'*Avare*, consistant en un manteau, chausse et pourpoint de satin noir, garni de dentelle ronde de soie noire, chapeau, perruque, souliers ; prisé vingt livres ». (1)

Quant à l'interprétation elle est de premier ordre : à côté de Molière-Harpagon, voici Melle Molière-Élise, Melle de Bric-Mariane, Madeleine Béjart-Frosine. Béjart cadet, devenu boiteux par suite d'un accident, a attaché son nom au rôle de la Flèche (2).

L'ouvrage trouve cependant grâce devant Robinet, qui écrit dans sa lettre en vers lu 15 septembre :

> Prenant soin du plaisir public,
> Moi, qui marchant ne fais point clic,
> J'avertis que le sieur *Molière*,
> De qui l'âme est si familière,
> Avecque les neuf doctes Sœurs,
> Dont il reçoit mille douceurs,

---

(1) E. Soulié, ouvr. déjà cité, p. 276.

(2) « Je ne me plais point à voir ce chien de boiteux-là. » Acte I, scène III.

Donne à présent sur son Théâtre,
Où son génie on idolâtre,
Un *Avare* qui divertit,
Non pas certes pour un petit,
Mais au delà ce qu'on peut dire,
Car d'un bout à l'autre il fait rire,
Il parle en prose, et non en vers ;
Mais nonobstant les goûts divers,
Cette Pièce est si théâtrale,
Qu'en douceur les vers elle égale.
Au reste, il est si bien joué,
(C'est un fait de tous avoué),
Par toute sa Troupe excellente,
Que cet Avare que je chante,
Est prodigue en gais incidens,
Qui font des mieux passer le temps.

Malgré toutes les précautions dont il s'entoure, le brave Robinet laisse bien entendre que le public fut étonné d'entendre cinq actes qui ne fussent pas en vers. L'*Avare* est tombé pour ne pas s'être conformé à l'usage.

Ce qui n'empêcha pas cependant le public de venir encore quelquefois l'applaudir. Robinet nous le dit positivement dans sa Lettre en vers du 22 suivant :

Et le divertissant *Avare*
Aussi vrai que je vous le di,
Dimanche fut très applaudi.

Il s'agit du dimanche 16 septembre. En quoi il est d'accord avec Lagrange qui enregistre 664 livres de recette pour ce jour-là.

Enfin, à l'occasion de la Saint-Hubert, (2-7 novembre) Molière joue encore une fois l'*Avare* devant la Cour à Saint-Germain.

Et dans son excellent *Avare*,
Que ceux de l'esprit plus bizarre,
Ont rencontré fort à leur goût
Du commencement jusqu'au bout, (1)

(1) Lettre du 20 novembre 1668.

## CHAPITRE XXII

## LE TARTUFFE ou L'IMPOSTEUR

Comédie en vers, en 5 actes.
Théâtre du Palais-Royal : 1<sup>re</sup> représentation sans lendemain (interdite)
5 août 1667.
5 février 1669 (autorisée).

*Représentation des trois premiers actes de Tartuffe. — Interdic-*
*tion. — Lecture au Légat. — Premier Placet au roi. — Pro-*
*tection du grand Condé. — Une représentation sans lendemain.*
*— Lagrange et La Thorillière au siège de Lille. — Second*
*Placet. — Première représentation. — Compte-rendu de*
*Robinet. — Succès sans précédent.*

Aucune pièce de Molière ne fit couler autant d'encre :
non seulement parce qu'elle est son chef-d'œuvre, parce
qu'elle est celle de ses comédies qu'il affectionnait
le plus, mais aussi à cause des vicissitudes qui accom-
pagnèrent son apparition.

L'auteur a pris le soin, du reste, de nous en avertir
dans sa Préface : « Voicy une comédie dont on a fait
beaucoup de bruit, qui a esté longtemps persécutée ;
et les gens qu'elle joué ont bien fait voir qu'ils
estoient plus puissants en France que tous ceux que
j'ay joüez jusqu'icy. Les marquis, les précieuses, les
cocus et les médecins ont souffert doucement qu'on les
ait représentez, et ils ont fait semblant de se divertir,
avec tout le monde, des peintures que l'on a faites
d'eux. Mais les hipocrites n'ont point entendu raillerie, etc... »

Toute cette admirable préface est à lire.

En 1664, Molière a écrit son œuvre, et lorsqu'il est
convié à la Cour, à Versailles, pour jouer la *Princesse*
*d'Elide,* dont nous avons rendu compte, il trouve le

moyen, avec la complicité du roi, si l'on peut dire,
de représenter le 12 mai — sixième journée des *Plaisirs
de l'Ile enchantée* — les trois premiers actes de *Tartuffe
ou l'Hypocrite.*

Aussitôt grand scandale. La « cabale », et par ce mot
on désignait les jansénistes, se met en campagne pour
arrêter la représentation publique, et lorsque le roi
quitte Versailles deux jours plus tard, pour se rendre
à Fontainebleau, la *Gazette* annonce la mise à l'index
dont la comédie a été frappée. Il va sans dire qu'elle
impute cette interdiction au roi lui-même.

Ce n'est pas tout : un certain Pierre Roullé, curé de
Saint-Barthélemy (1) à Paris, Docteur en Sorbonne,
dans un écrit intitulé *Le Roi glorieux au monde*, ou
*Louis XIV le plus glorieux de tous les rois du monde*,
se met à vilipender Molière dans les termes les plus
grossiers, les plus injurieux, l'appelant « un démon
vestu de chair et habillé en homme, et le plus signalé
impie et libertin qui fût jamais dans les siècles passés»,
annonçant par un trait d'audace rare que le roi avait
défendu de faire représenter ou imprimer *Tartuffe*,
et ce « sous peine de mort » (2).

Molière avait trop l'oreille du roi pour ne pas se
plaindre, et c'est ce que nous laisse entendre Loret
dans sa *Muze historique* (lettre du 24 mai) :

> . . . . . . Un quidam m'écrit
> Que le comédien Molière...
> Avoit fait quelque plainte au roi,
> Sans m'expliquer trop bien pourquoi,
> Sinon que sur son *Hypocrite*
> (Pièce dit-on, de grand mérite
> Et très fort au gré de la Cour),
> Maint censeur daube et nuit jour,
> Afin de repousser l'outrage,
> Il a fait coup sur coup voyage,
> Et le bon droit représenté
> De son travail persécuté. »

(1) Dans l'île de la Cité, emplacement actuel du Tribunal de Commerce.
(2) *Le Tartuffe par ordre de Louis XIV*, par Louis Lacour, Paris, Claudin,
1878.

Molière fait plus encore. Il apprend que le Légat du Pape, le Cardinal Chigi, Légat *a latere*, neveu d'Alexandre VII, vient d'arriver en France pour donner satisfaction de l'injure qui avait été faite à Rome à notre ambassadeur, et que ce ne sont à Fontainebleau que fêtes, chasses, comédies et bals (Il y joua quatre fois la *Princesse d'Elide* devant le Légat, dans la grande salle). Molière donc obtient de lire son Tartuffe devant le Légat, le 4 août, et peut-être bien les cinq actes.

Mais qu'en pensait le roi ? L'auteur du compte-rendu des Fêtes de Versailles, a pris soin de nous le dire : « *Sixième Journée* des Fêtes de Versailles :... Le soir, Sa Majesté fit jouer les trois premiers actes d'une comédie nommée *Tartuffe*, que le sieur de Molière avait fait contre les hypocrites ; mais, quoiqu'elle eût été trouvée fort divertissante, le Roi connut tant de conformité entre ceux qu'une véritable dévotion met dans le chemin du ciel et ceux qu'une vaine ostentation de bonnes œuvres n'empêche pas d'en commettre de mauvaises, que son extrême délicatesse pour les choses de la religion ne put souffrir cette ressemblance du vice et de la vertu, qui pouvaient être pris l'un pour l'autre. Et *quoiqu'on ne doutât pas des bonnes intentions de l'auteur*, il la défendit pourtant en public, et se priva soi-même de ce plaisir pour n'en pas laisser abuser d'autres moins capables d'en faire un juste discernement ».

Le roi a été circonscrit par les intrigues des jansénistes, par mesdames de Conti et de Longueville, et par amour de la paix dans sa famille, il a cédé.

Cependant la lecture faite au Légat a encouragé Molière à relever la tête. De ce jour la question de *Tartuffe* lui tient au cœur. Le 31 du même mois il lance un pamphlet auquel il donne la forme de supplique. C'est le premier Placet au roi : « Votre Majesté a beau dire, et M. le Légat et M.M. les prélats ont beau donner leur jugement, ma comédie, sans l'avoir vue, est diabolique ; je suis un démon vêtu de chair et habillé en homme, un libertin, un impie digne d'un supplice exemplaire. Ce n'est pas assez que le feu expie en public mon offense, j'en serais quitte à trop bon marché : le zèle charitable de ce galant homme de bien... (le curé de St Barthélemy) veut absolument que je sois damné, c'est une affaire résolue... les rois éclairés comme vous, n'ont pas besoin qu'on leur marque ce qu'on souhaite ; ils voient, comme Dieu, ce qu'il nous faut ».

Personnellement, le roi ne s'effarouche guère. Le 25 septembre, pendant une série de fêtes offertes à Leurs Majestés par Monsieur, frère du Roi, à Villers-Cotterets, il assiste fort bien à une seconde représentation des trois premiers actes de *Tartuffe*.

Le Prince de Condé est plus curieux ; il veut connaître les cinq actes, et c'est *par ordre* que Molière et sa troupe sont mandés par ce. Prince au Raincy, maison de plaisance de la Princesse Palatine (1). C'est donc au 29 novembre de cette année qu'il faut fixer, au Raincy, la première représentation des cinq actes, ce qui nous prouve surabondamment que l'ouvrage était entièrement terminé, bien que l'on n'en ait joué que trois actes devant la Cour deux mois auparavant. Cette représentation valut à la Troupe 1100 livres, et c'est même au retour de cette expédition qu'eut lieu un léger accident. Les bagages ayant versé dans un bourbier, nos comédiens durent faire une halte dans une hôtellerie à Bondy.

Un an se passe, et la représentation en public n'est toujours pas autorisée. On devine que Molière multiplie ses démarches et ses lectures. Nouvel ordre du Prince de Condé, qui décidément se fait le protecteur de

---

(1) Le château du Raincy avait été bâti au XVIIe siècle pour Jacques Bordier, conseiller et secrétaire du roi. On assure, dit l'abbé Lebeuf, que la construction en avait coûté 4.500.000 livres. Après Bordier, il appartint à la princesse Palatine.

Molière, pour donner au même lieu, et en présence des mêmes spectateurs, une seconde audition de *Tartuffe* en 5 actes avec les *Médecins* (*l'Amour médecin*), le 8 novembre 1665. Nouvelle gratification de 1100 livres.

Nous avons dit au chapitre de *Dom Juan* comment Molière avait exhalé ses plaintes dans cette pièce, donnée le 15 février suivant. M. Louis Lacour, dans son curieux travail Le *Tartuffe par ordre de Louis XIV*, veut reconnaître dans le Dom Juan de Molière un portrait de Conti, cet ancien protecteur de la Grange des Prés à Pézenas, ce prince dissolu devenu tout à coup l'ennemi irréconciliable des spectacles, avec des manières de capucin. « Nous nous étonnons que tant de traits de ressemblance n'aient pas été signalés jusqu'ici », écrit le commentateur.

« Un grand seigneur méchant homme est une terrible chose » (*Dom Juan*).

« Il (Conti) ne croyait pas trop en Dieu » (Mademoiselle, *Mémoires*).

« Le ciel ! Nous nous moquons bien de cela ! » (*Dom Juan*).

Plus loin, acte V scène 1, la conversion de Dom Juan est à peu près décalquée sur la conversion de Conti. M. Louis Lacour a publié en regard les deux textes (1)

Mais revenons à Tartuffe et à ses péripéties.

(1) Le Prince de Conti mourut l'année suivante le 20 février 1666 à La Grange des Prés, à l'âge de 37 ans. Mais sa conversion qui fit quelque bruit avait eu lieu bien avant, et il est assez étrange que Molière ait eu connaissance de ce texte, qu'il a suivi de très près. Cf. Le *Tartuffe par ordre de Louis XIV*, p. 46, déjà cité ; Conti, Discours sur sa conversion par le P. des Champs, lettres du P. de Ciron et *passim* dans la *Princesse de Conti* de M. de B., 1875.

Le libelle du Prince de Conti ne fut imprimé, il est vrai, qu'après sa mort (*Traité de la comédie et des spectacles selon les traditions de l'Église*, Paris, Louis Billaine, 1671, in-8°), mais Molière connaissait si bien cet ouvrage, fait remarquer M. Louis Lacour, que sa préface de *Tartuffe* est consacrée presque entièrement à en réfuter les arguments.

Il a été publié dans le IIIe vol. du *Moliériste* (1er octobre 1881) un curieux document que nous ne pouvons passer sous silence. C'est une communication du Duc d'Aumale, lequel avait retrouvé dans les

Nous avons vu dans les précédents chapitres que Molière occupé par les travaux de son théâtre et par les commandes de la Cour avait dû renoncer, bien à contre-cœur, à son chef-d'œuvre. Aussi le camp de ses ennemis fut-il tout à coup en émoi lorsqu'il apprit que Molière allait mettre ses cinq actes de l'*Hypocrite* sous un nom nouveau à la scène. Panulphe devenait Tartuffe, et l'*Hypocrite* s'était changé en *Imposteur*.

Et cependant, l'auteur veut s'entourer encore de toutes sortes de précautions. Cinq jours avant cette grave décision, il va faire la lecture de son *Tartuffe* chez Madame (31 juillet). Fort de ce nouvel appui, il annonce sa première pour le 5 août sur le Théâtre du Palais-Royal. La foule accourt, le caissier encaisse 1890 livres, mais dès le lendemain survient un huissier de la Cour du Parlement, de la part du premier Président, M. de Lamoignon, pour défendre aux comédiens de jouer la pièce une seconde fois. La porte de la

*Archives de Condé*, portefeuille 754, une lettre du Duc d'Enghien, Henr Jules de Bourbon à un M. de Ricous qui faisait à Paris les affaires de son père. Il s'agissait d'organiser au Raincy la représentation qui eut lieu le 8 novembre 1665. On y lit entre autres choses : « On y voudroit avoir Molière pour jouer la comédie des *Médecins* et l'on voudroit aussi y avoir *Tartufe*. Parles-luy donc pour qu'il tiene ces deux comédies prestes et s'il y a quelque rôle à repasser qu'il les fasse repasser à ces (sic) camarades. S'il en vouloit faire quelques difficultés, parles luy d'une manière qui lui face comprendre que Monsieur mon Père et moy en avons bien envie et qu'il nous fera plaisir de nous contenter en cela et de n'y point aporter de difficulté. Si le quatriesme acte de *Tartufe* estoit faict demandés luy s'il ne le pouroit pas jouer. Et ce qu'il faut lui recommander particulièrement c'est de n'en parler à persone et l'on ne veut point que l'on le scache devant que cela soit faict…. »

Comment se fait-il alors que Lagrange avait déclaré que les cinq actes avaient été joués un an plus tôt. Cette communication fit naître naturellement des controverses. P. Regnier répondit d'abord dans le *Temps* du 8 octobre 1881, cet excellent article fut reproduit dans le Moliériste du 1ᵉʳ Novembre. Nous ne pouvons entrer dans cette longue argumentation, mais nous en citerons la conclusion. Lagrange n'a pas dû se tromper quand il dit que la pièce fut jouée en cinq actes une première fois au Raincy, mais il y a tout lieu de supposer que le grand Condé conseilla à Molière de retoucher son quatrième acte. Il faudrait donc lire « refait » au lieu de « fait » dans la lettre du fils du grand Condé, et voir dans cette demande le désir qu'avaient le père et le fils de s'assurer si leurs conseils de prudence avaient été suivis.

Comédie est fermée par ordre et gardée militairement.

Louis XIV, protecteur naturel de Molière en cette affaire, est au camp devant Lille. Molière saisit sa plume et écrit un « Second Placet » au roi. Il le fera porter au monarque par Lagrange et La Thorillière, ces deux comédiens aux allures de gentilshommes, lesquels partirent en poste. Le voyage, nous apprend Lagrange dans son *Registre* coûta 1000 livres à la Société.

Pendant ce temps, à Paris, Molière était allé dès le 7 août se plaindre à Madame qui avait approuvé l'ouvrage une semaine plus tôt. Lamoignon s'y rend à son tour. Molière et Despréaux s'en vont chez Lamoignon qui se retranche derrière l'absence du roi, et les invite à attendre son retour. Le Théâtre du Palais-Royal n'en reste pas moins fermé pendant sept semaines. Le 11 août l'archevêque de Paris, dans une ordonnance devenue historique, avait lancé l'anathème contre le poète et son œuvre (1).

Que disait le « Second Placet » ? Après s'être excusé de venir importuner le monarque au milieu de ses glorieuses conquêtes, l'auteur réclame aide et protection. Il rappelle les bontés du roi qui avait cependant bien accueilli cette comédie : « En vain je l'ai produite, écrit-il, sous le titre de l'*Imposteur*, et déguisé le personnage sous l'ajustement d'un homme du monde ; j'ai eu beau lui donner un petit chapeau, de grands chéveux, un grand collet, une épée, et des dentelles sur tout l'habit ; mettre en plusieurs endroits des adoucissements et retrancher avec soin tout ce que j'ai jugé capable de fournir l'ombre d'un prétexte aux célèbres originaux du portrait que je voulais faire ; tout cela n'a de rien servi » (2). Le roi fit bon accueil

<hr>

(1) *Ordonnance de Monseigneur l'archevêque de Paris.* De l'imprimerie de François Muguet, imprimeur ordinaire du roy et de Monseigneur l'archevêque de Paris. (Affiche in-f°, 11 août 1667.)

(2) Second Placet présenté au Roy dans son camp devant la ville de Lisle en Flandre. Édit. des œuvres complètes de Molière.

aux comédiens, et promit que la pièce serait examinée à nouveau lors de son retour à Paris.

Le Prince de Condé, pour son compte, ne se lasse pas d'entendre *Tartuffe*. Il fait appeler Molière chez lui, en son hôtel, à Paris, (1) le 4 mars 1668, puis à Chantilly le 20 Septembre où le vainqueur de la Franche-Comté donne des fêtes, devant le Duc d'Orléans et M^me la Duchesse Henriette.

Molière touche enfin à son but. Tous les obstacles sont levés, et le 5 février 1669, la première de l'*Imposteur* est affichée au Palais-Royal. La recette, nous dit Lagrange atteignit 2860 livres et comme la pièce fut donnée 44 fois de suite, fait sans exemple, avec un maximum presque chaque jour, la part de l'auteur s'éleva à la somme de 6.871 livres.

Ce jour même, Molière adresse son « troisième Placet » au roi, non pour le remercier, mais pour lui demander une grâce (un canonicat vacant à Vincennes) : « Oserais-je demander encore cette grâce à Votre Majesté le propre jour de la grande ressurrection de *Tartuffe* ressuscité par vos bontés ? Je suis par cette première faveur réconcilié avec les dévots... etc. »

A rappeler aussi le dernier paragraphe de cette magnifique Préface du *Tartuffe*, préface trop oubliée, et qu'on ne lira jamais assez : « Finissons par le mot d'un grand prince sur la comédie du *Tartuffe*.

« Huit jours après qu'elle eut été défendue, on représenta devant la cour une pièce intitulée : *Scaramouche ermite* (2) et le roy, en sortant, dit au grand prince que je veux dire : « Je voudrais bien savoir pourquoi les gens qui se scandalisent si fort de la comédie de Molière ne disent mot de celle de *Scaramouche* ». A quoi

---

(1) L'Hôtel de Condé se trouvait sur les terrains occupés actuellement par la Rue de Condé, le carrefour de l'Odéon, jusqu'à la rue Monsieur le Prince.

(2) Le 16 août au Th. Italien, la pièce très licencieuse, dans laquelle un ermite vêtu en moine, monte la nuit par une fenêtre chez une femme mariée, et y reparait de temps en temps en disant : *Questo per mortificar la carne.*

le prince répondit : « La raison de cela, c'est que la comédie de *Scaramouche* joue le Ciel et la religion, dont ces messieurs-là ne se soucient point ; mais celle de Molière les joue eux-mêmes : c'est ce qu'ils ne peuvent souffrir ».

Retraçant ici surtout la vie théâtrale de Molière et la façon dont ses pièces furent accueillies à leur apparition, nous ne nous attarderons pas à rechercher, comme ont fait tant de commentateurs, sans se mettre d'accord entre eux, le ou les personnages qui purent servir de modèle à Molière pour tracer le caractère de son Tartuffe, pas plus que nous ne rechercherons la paternité de ce mot. Nous aimons mieux reproduire les lettres en vers de Robinet, qui constituent, hélas, à peu près tous les compte-rendus de l'époque.

### *Lettre du 9 Février* 1669

A propos de surprise ici,
La mienne fut très grande aussi,
Quand Mardi (1) je sçus qu'en lumière
Le beau *Tartuffe* (2) de Molière,
Alloit paroître, et qu'en effet,
Selon mon très ardent souhait,
Je le vis, non sans quelque peine,
Ce même jour-là sur la Scène :
Car je vous jure en vérité,
Qu'alors la curiosité,
Abhorrant, comme la nature,
Le vuide, en cette conjoncture,
Elle n'en laissa nulle part,
Et que maints coururent hazard,
D'être étouffés dans la presse,
Où l'on oyoit crier sans cesse,
» Je suffoque, je n'en puis plus ;
» Hélas, Monsieur *Tartuffius*,
» Faut-il que de vous voir, l'envie
» Me coûte peut-être la vie !
Nul néanmoins n'y suffoqua,
Et seulement on disloqua,

(1) Mardi 5 Février (*Note de Robinet*).
(2) Autrement l'*Imposteur* (*Note de Robinet*).

A quelques-uns manteaux et côtes,
A cela près, qui fut leur faute,
Car à la presse vont les foux,
On vit, en riant à tous coups,
Ce Tartuffe, cet hypocrite,
Lequel faisant la chate-mitte,
Sous un masque de piété,
Déguise sa malignité,
Et trompe ainsi, séduit, abuse,
Le simple, la dupe, la buse.
Ce Molière, par son pinceau,
En a fait le parlant tableau,
Avec tant d'art, tant de justesse,
Et bref, tant de délicatesse,
Qu'il charme tous les vrais dévots,
Comme il fait enrager les faux.
Et les caractères, au reste,
(C'est une chose manifeste)
Sont tous si bien distribués,
Et naturelllement joués,
Que jamais nulle Comédie,
Ne fut aussi tant applaudie.

Cependant Robinet ne se contente pas de constater 'empressement de la foule à se rendre à *Tartuffe*, et le uccès considérable de l'ouvrage, il nous parle, con- rairement à ses habitudes, de l'interprétation de la omédie, et cite en marge les noms des interprètes.

### *Lettre du* 23 *Février* 1669

A propos d'ébat Théâtral :
Toujours dans le Palais-Royal,
Aussi le *Tartuffe* se joue :
Où son Auteur (1), je vous l'avoue,
Sous le nom de Monsieur *Orgon*,
Amasse pécune et renom.
Mais pas moins encor je n'admire
Son épouse la jeune *Elmire* (2),
Car on sçauroit constamment
Jouer plus naturellement.
Leur mère, *Madame Pernelle* (3),
Est une frigante femelle,

(1) M. Molière.          (*Note de Robinet*).
(2) Mademoiselle Molière.          —
(3) Le Sieur Béjart.          —

> Elle s'acquite ma foi des mieux,
> De son rôle facécieux.
> *Dorine* (1) maîtresse servante,
> Est encor bien divertissante.
> Et *Cléante* (2) enchante et ravit,
> Dans les excellens vers qu'il dit.
> Ces deux autres, ou Dieu me damne,
> *Damis* (3) et sa sœur *Marianne* (4),
> Qui sont les deux enfans d'Orgon,
> Y font merveille tout de bon.
> *Valère* (5), amant de cette belle,
> Des galans y semble un modèle :
> Et le bon *Tartuffe* (6), en un mot,
> Charme en son rôle de bigot.

On a pu voir par la distribution ci-dessus que les rôles de duègnes comme celui de Madame Pernelle étaient encore tenus par des hommes.

Il nous reste à dire quelques mots du costume trouvé chez Molière : « Une autre boîte où est l'habit de la représentation du *Tartuffe*, consistant en pourpoint, chausses et manteau de vénitienne noire, le manteau doublé de tabis et garni de dentelles d'Angleterre, les jarretières et ronds de souliers et souliers pareillement garnis » comme il résulte de l'inventaire après décès (7).

Paul Lacroix, dans son *Iconographie Moliéresque* (8) se demande, non sans raison, si ce costume est bien celui d'Orgon, ou celui de Tartuffe ? Nous manquons absolument de détails sur la représentation des trois premiers actes joués devant le roi et la Cour le 12 mai 1664. Or n'y a-t-il pas lieu de supposer que Molière s'y était réservé le rôle de la pièce qui demandait e plus d'adresse et de prudence pour ne pas paraître trop hardi ou trop révoltant ?

(1) Mademoiselle Béjart *(Note de Robinet)*.
(2) Le Sieur la Thorillière.    —
(3) M. Hubert.    —
(4) Mademoiselle de Brie.    —
(5) Le Sieur la Grange.    —
(6) Le Sieur du Croisy.    —
(7) *Inventaire de Molière*, E. Soulié, p. 275.
(8) *Iconographie Moliéresque*, p. 88.

En tous cas, et la preuve en est faite, c'est du Croisy qui créa le rôle de Tartuffe lorsque la comédie interdite fut enfin représentée. Robinet vient encore de nous le dire dans sa lettre en vers. Mais cet habit nous paraît bien sombre pour Orgon, d'autant plus que le rôle de Tartuffe se joue aussi en noir.

Indépendamment des représentations au théâtre du Palais-Royal, Molière fut demandé partout « en visite ». C'était alors le « chic » suprême, si l'on peut appliquer ce mot à cette époque, de faire représenter *Tartuffe* chez soi. Le 15 mars, le privilège du *Tartuffe* pour 10 ans fut accordé à son auteur. Défenses à Jean, François et Jacques Hesnault père et fils d'imprimer ou de vendre des contrefaçons du *Tartuffe*. Le 22 ou 23, la pièce est imprimée « aux dépens de l'auteur », et se vend un écu chez Ribou, in-12 avec la préface. A la même date paraissait chez Ribou et P. Le Petit, *La Gloire du Dôme du Val de Grâce*, poème de Molière in-4°, orné de belles estampes de F. Chauveau, d'après Mignard.

*Tartuffe* et la *Gloire du Val de Grâce* en librairie le même jour, est-ce un hasard ou un fait voulu ?

Robinet annonça en ces termes, le 6 avril 1669, la publication du *Tartuffe* :

> Monsieur Tartuffe ou le Pauvre homme,
> Ce qui les faux dévots assomme,
> Devient public plus que jamais,
> Comme au Théâtre désormais
> Il se montre chez le libraire,
> Qui vend l'écu chaque exemplaire.

On eut pu s'attendre, comme après l'*Ecole des femmes*, toute une série de critiques, de parodies, de controverses mises à la scène. Il n'en fut rien. Le coup avait été trop rudement porté et restait sans riposte. En effet, la *Lettre sur la Comédie l'Imposteur* (20 mai 1667) rédigée dans l'entourage de Molière mais non par lui, n'est qu'un assemblage de renseignements sur la pièce, dont elle suit la composition, en indiquant les modifications faites pour la représentation de 1667. Quelques critiques l'attribuent à Chapelle, ami de l'auteur. Et la *Critique du Tartuffe*, comédie en vers, avec une préface rimée (par Pradon, disent quelques-uns) n'est qu'une pièce imprimée fin décembre 1669, rééditée en 1868, avec une préface de Paul Lacroix, et dont on ne connaît pas positivement l'apparition au théâtre (1).

Telle est l'histoire en raccourci, non de la «première», mais des « premières » de l'immortel chef-d'œuvre de Molière, dont la mise définitive à la scène lui causa plus de peines que celle de toutes ses autres pièces réunies.

---

(1) Ce n'est pas l'avis de G. Monval qui, dans sa *Chronologie Moliéresque*, mentionne à la date du 18 avril (jeudi saint) 1669 : « Molière fait constater chez Hesnault père et fils, la vente de six exemplaires à 25 sols pièce, d'une contrefaçon du *Tartuffe*. Saisie du reste.

« La *Critique de Tartuffe*, en vers, jouée sur un théâtre particulier, chez un seigneur du faubourg St-Honoré, puis à l'Hôtel de Bourgogne. »

Les Frères Parfait de leur côté écrivent (Hist. du théâtre français, t. X, p. 411) : « On n'ose assurer que cette pièce ait été représentée, mais cependant on n'a aucune preuve du contraire. » Elle fit donc bien peu de bruit.

# CHAPITRE XXIII

## MONSIEUR DE POURCEAUGNAC

Comédie en prose en trois actes.
Château de Chambord : 6 Octobre 1669.
Théâtre du Palais-Royal : 15 Novembre 1669.

*Monsieur de Pourceaugnac à Chambord. — Distribution de la pièce. — Costume de Molière. — Ce que coûtaient 15 représentations. — La pièce à Paris. — Compte-rendu de Robinet.*

La vogue de *Tartuffe* remplit la caisse, et lorsque nos comédiens si longtemps éprouvés arrêtèrent leurs comptes à Pâques 1669, ils purent s'apercevoir que la part de sociétaire tombée pour la période de l'année précédente (1667-68) à 2608 livres 13 sols, se chiffrait pour celle-ci (1668-69) à 5477 livres 3 sols.

La réouverture du 30 avril se fit avec *Amphitryon*, précédant une reprise de *Tartuffe* dont le succès était loin d'être épuisé. Cette pièce alternera désormais sur l'affiche avec *George Dandin*, l'*Avare*, le *Médecin malgré lui*, le *Misanthrope*, etc. de telle sorte que l'on pourra dire désormais que le Théâtre du Palais-Royal est bien décidément le *Théâtre de Molière*.

Après quelques voyages à Saint Germain-en-Laye (1). la Troupe reçut l'ordre de partir le 17 Septembre, à Chambord où la Cour devait arriver elle-même le 19. On y joua 15 comédies, et l'on revint à Paris le 20 oct. Mais la grande nouveauté avait été la première représentation de *Monsieur de Pourceaugnac* le 6 octobre.

(1) 3 août, par ordre du roi : l'*Avare* et *Tartuffe*, retour le 5. — 23 août, quatre fois la *Princesse d'Elide* dans la Galerie du Châteauneuf. Retour 1<sup>er</sup> septembre. — La vue du Châteauneuf de St-Germain a été dessinée par I. Silvestre. — Cf. *Iconographie Moliéresque*, p. 246.

On donna cette pièce en tout 5 ou 6 fois. La *Gazette* (1) nous a laissé un court aperçu de ces représentations. Le récit en est ainsi conçu : « L'ouverture s'en fit par un délicieux concert suivi d'une sérénade de voix, d'instruments et de danses, et dans le quatrième intermède il parut grand nombre de masques qui, par leurs chansons et leurs danses plurent grandement aux spectateurs. La décoration de la scène était pareillement si superbe que la magnificence n'éclata pas moins en ce divertissement que la galanterie, de manière qu'il n'était pas moins digne de cette belle Cour que tous ceux qui l'ont précédé ».

La distribution de *Monsieur de Pourceaugnac* nous est parvenue :

| | |
|---|---|
| Pourceaugnac | MOLIÈRE. |
| Oronte | BÉJART. |
| Julie | M<sup>elle</sup> MOLIÈRE. |
| Eraste | LAGRANGE. |
| Nérine | MADELEINE BÉJART. |
| Lucette | HUBERT. |
| Sbrigani | DU CROISY. |

Les noms des chanteurs, danseurs, musiciens, etc. des intermèdes et des ballets, musique de Lulli, figurent dans l'ouvrage de M. Campardon *Nouvelles pièces sur Molière*, recueillies aux Archives nationales (2). Quant au costume que Molière portait dans Pourceaugnac, il se trouve décrit en ces termes dans l'inventaire après décès : (3)

« Une boîte dans laquelle est un habit pour la représentation de *Pourceaugnac* consistant en un haut de chausses de damas rouge garni de dentelles, un justaucorps de velours bleu garni d'or faux, un ceinturon à franges, des jarretières vertes, un chapeau gris garni d'une plume verte, l'écharpe de taffetas vert, une paire

(1) La *Gazette*, année 1669, p. 996.
(2) Berger-Levrault et C<sup>e</sup>, Paris, 1876, p. 78.
(3) Eud. Soulié, *Recherches sur Molière*, p. 275.

le gants, une jupe de taffetas vert garnie de dentelles
et un manteau de taffetas noir ».

Nous savons par les *Bons à payer* au Trésor des
Menus-Plaisirs et Affaires de la Chambre du Roi, que
les dépenses pour les 15 comédies données à Chambord
ont coûté 6263 livres 8 sols (1), et qu'il fut payé à la
Troupe des Comédiens du Palais-Royal pour le voyage
et séjour à Chambord faits par ordre, 6000 livres en
deux fois (2).

Le 4 novembre, nouveau départ pour quatre jours
à St-Germain, à l'occasion de la Saint-Hubert, et
le 7 représentation de *Pourceaugnac* devant l'envoyé
turc incognito. Retour le 8. — Enfin le 15 novembre,
première représentation de *Monsieur de Pourceaugnac*
au Th. du Palais-Royal avec les intermèdes. — Vingt
représentations consécutives.

Dans sa lettre en vers du 12 octobre, Robinet n'avait
parlé que par ouï-dire de la nouvelle pièce, n'ayant pas
été à Chambord :

> Un petit livre dont je tire
> Tout ce qu'ici je viens d'écrire . .

Mais lorsque *Monsieur de Pourceaugnac* fut repré-
enté au Théâtre du Palais-Royal, le critique délie
la langue dans sa lettre du 23 novembre. Cette fois,
il a assisté à la représentation.

> La perle, la fleur des Marquis,
> De la façon du sieur *Molière,*
> Si plaisante et si singulière ;
> Tout est dans ce sujet follet,
> De Comédie et de Ballet,
> Digne de son rare génie,
> Qu'il tourne certe et qu'il manie,
> Comme il lui plaît incessamment,
> Avec un nouvel agrément,

(1) Fait à Saint-Germain-en-Laye le 9 novembre 1669, signé : Louis et
Colbert.
(2) Fait à Saint-Germain les 25 janvier et 19 février 1670, signé Louis
Colbert.

Comme il tourne aussi sa personne,
Ce qui pas moins ne nous étonne,
Selon les sujets comme il veut.
Il joue autant bien qu'il se peut.
Ce marquis de nouvelle fonte,
Dont par hazard, à ce qu'on conte
L'original est à Paris, (1).
En colère autant que surpris,
De s'y voir dépeint de la sorte,
Il jure, il tempête, il s'emporte,
Et veut faire ajourner l'auteur.
En réparation d'honneur,
Tant pour lui que pour sa famille,
Laquelle en *Pourceaugnacs* fourmille.

. . . . . . . . . . . . . . . . . .

Quoi qu'il en soit, voyez la Pièce,
Vous tous, citoyens de Lutèce.
Vous avouerez en bonne foi,
Que c'est un vrai plaisir de Roi.

(1) Allusion à une histoire qui courut les ruelles. On prétendait que Molière avait choisi pour modèle un gentilhomme limousin qui, un jour de spectacle, et sur le théâtre, eut une querelle avec les comédiens, en étalant en public tout son ridicule.

# CHAPITRE XXIV

## LES AMANS MAGNIFIQUES

Comédie mêlée de musique et d'entrées de ballet
en prose et en cinq actes.
Vieux Château de St-Germain-en-Laye : 4 Février 1670.

*La Troupe à St-Germain-en-Laye. — Les Amans magnifiques. —
Ce que coûtait une comédie-ballet. — Compte des menus. —
Louis XIV collaborateur de Molière. — Changements dans
la troupe. — Rentrée de Baron. — Le couple Beauval.*

L'histoire de la vingt-quatrième pièce de Molière
est très courte. Le 30 janvier 1670, la Troupe des comédiens du roi s'en va par ordre à Saint-Germain-en-Laye
pour 20 jours, et y représente le 4 février, au Vieux
Château, les *Amans magnifiques*, comédie-ballet commandée par Louis XIV qui en a donné le sujet. On
redonne la pièce devant le même auditoire les 13 et
17 février, puis les 4 et 8 mars, et Molière fait si peu
de cas de cet ouvrage qu'il ne songe ni à le jouer à son
théâtre, ni à le faire imprimer.

Ce n'est que plus tard, après sa mort, que Lagrange
et Vinot eurent l'idée de la comprendre dans leur
édition de 1682. Mise à la scène en 1688, elle atteignit
avec peine la neuvième représentation.

La *Gazette* elle-même (1) est très sobre de détails
au sujet de ces fêtes données à St-Germain : « 13 février
1670. — Leurs Majestés ont continué de prendre avec
toute la Cour le divertissement royal où se trouva auss
hier le roi Casimir de Pologne qui admira la magnificence et la beauté de ce spectacle, composé de comédies et d'entrées de ballets, dans lesquels le Comte

(1) Année 1670, p. 168.

d'Armagnac et le Marquis de Villéroi représentent Neptune et Apollon en place du roi qui n'y danse pas.»

M. Campardon a retrouvé aux Archives nationales — Maison du roi, Menus — le compte des dépenses pour les représentations des *Amans magnifiques* et de *Mr de Pourceaugnac* (reprise) données à St-Germain-en-Laye.

On y voit mentionné jusqu'au prix de la calèche qui porta Molière de Paris à St-Germain et qui l'en ramena(1).

On y lit les prix des habits des danseurs, ce que coûtèrent les cravates, caleçons, bas, jarretières, écharpes, gants, perruques, barbes et pommade fournis tant aux premiers sujets, qu'aux figurants. On y remarque même la mention de la somme donnée à Ballard, l'imprimeur de musique du roi, pour les livrets des ballets. Dix sept cent soixante de ces livrets destinés aux courtisans ordinaires, étaient de petits livres tout simples ; deux cent quatre vingts offerts au roi, aux princesses et aux personnes de leur intimité. avaient une couverture en papier marbré, et se fermaient avec des rubans. Enfin on y voit figurer jusqu'à la somme dont on gratifia Lulli pour les rubans et garnitures qui agrémentaient son costume (2).

Nous apprenons encore que la location d'un costume pour chaque représentation coûtait cent sols, qu'il n'y avait pas moins de 74 costumes pour une seule de ces représentations, et qu'un costume neuf, soit d'Égyptienne, soit de Bergère, ne revenait pas à moins de 200 livres.

Du reste, si l'on veut se rendre compte de la somptuosité de ces comédies-ballets et des dépenses qu'elles occasionnaient, il nous suffira de compulser ces mêmes Archives (Maison du Roi-Menus) sans oublier, pour une

(1) « Une calèche pour le Sieur Molière à raison de 11 livres par jour : 2 jours font 22 livres. » Les comédiens voyageaient en 4 carrosses à quatre chevaux chaque ; le chargement et le déchargement des bagages coû's 32 livres 10 sols.

(2) Campardon, *Nouvelles pièces sur Molière*, ouvrage déjà cité, p. 9² et suiv.

estimation exacte, que la valeur de l'argent a décuplé aujourd'hui.

C'est d'abord l'édification d'un théâtre dans le vieux Château de St-Germain, sous les ordres de Vigarani.

Charles Vigarani, natif de Modène et naturalisé français plus tard par lettres patentes en dat de 1676, était alors réputé pour construire des machines de théâtre. Nous enregistrons donc, d'après les recherches de M. Emile Campardon, déjà cité, et à propos de ces représentations des *Amans magnifiques* :

21 décembre 1669 — A Vigarani, à compte de la dépense à faire pour le théâtre, machines et décorations, charpentes, échafauds et autres ouvrages nécessaires pour la comédie et ballet (à faire dans la salle des ballets de St-Germain pour fin janvier prochain) . . . . . . . . . . 10,000 liv.

24 Décembre — A compte pour le même objet . . . . . . . . 6.000 »

18 Janvier 1670 — A compte des dépenses à faire pour la nourriture des comédiens et autres gens d'augmentation qui seront au grand ballet qui doit être dansé à St-Germain-en-Laye . . . . . 10.000 »

2 Mars — A Vigarani pour son parfait paiement des dépenses du théâtre, machines, décorations, charpentes et échafauds . . . 10.000 »

2 Mars — A Vigarani pour la dépense d'une galerie qui a été dressée à côté du théâtre du vieux château . . . . . . . . . . 1.092 »

19 Février— Aux comédiens du Palais-Royal pour les représentations données à St-Germain en février . . . . . . . . . 6.000 »
_______________
*A reporter* . 43.092 »

*Report.*  43.092  »

15 Avril — pour le divertissement de Chambord (reprise de
*Pourceaugnac*) et pour le dernier
ballet (les *Amans magnifiques*)
recommencé  à  St-Germain-en-
Laye, par le commandement de sa
Majesté, depuis le 26ᵉ février jusques au 9ᵉ mars 1670 — Tailleur,
location de costumes, habits neufs,
parures, fournitures, masques,
ustensiles, armes, bas de soie,
gants, rubans, plumes, éventails,
miroirs, escarpins, logements, nourritures, livrets, carrosses, concierge,
port des bagages et des instru-
ments, menues dépenses, etc. (1) .  16.800 - 2 sols

59.892 liv. 2 sols

Voilà donc ce que coûtait — en 1670 — un Ballet à la
Cour. On comprendra aisément que Molière n'avait
nullement l'envie, ni la possibilité, de faire de semblables
frais sur son théâtre du Palais-Royal. Il nous laisse
bien entendre, du reste, dans l'Avant-Propos de son
ouvrage, que celui-ci ne fut jamais qu'une pièce de
commande : « Le Roi qui ne veut que des choses extraordinaires dans tout ce qu'il entreprend, s'est proposé
de donner à la Cour un divertissement qui fût composé
de tous ceux que le théâtre peut fournir, et pour embrasser cette vaste idée et enchaîner ensemble tant de
choses diverses, Sa Majesté a choisi pour sujet des
princes rivaux qui, dans le champêtre séjour de la
vallée de Tempé, où l'on doit célébrer la fête des jeux
Pythiens, régalent à l'envi une jeune princesse et sa

(1) Voir pour le détail l'ouvrage de M. Campardon déjà cité, p. 95
et suiv.

nère de toutes les galanteries dont ils se peuvent
aviser ».

Louis XIV collaborateur de Molière ? Le mot fait
rêver. A moins que Molière n'ait rempli dans cette
collaboration l'emploi de souffleur — *suggeritore*, disent
es italiens — tout en laissant croire à son royal « con-
rère » que c'était lui qui avait tout trouvé.

L'année théâtrale 1669-70 s'était terminée le 23 mars
avec quelques changements. C'est Lagrange qui nous
l'apprend.

Louis Béjart — devenu boiteux, comme on sait —
avait été mis à la pension de 1000 livres, par délibération de toute la troupe, et était sorti de la compagnie (1).
Cette pension fut même la première établie dans la
troupe de Molière, à l'exemple de celles que l'on donnait aux acteurs de la troupe de l'Hôtel de Bourgogne.

Puis, quelques jours après la réouverture de Pâques,
Molière faisait venir de Dijon, par lettre de cachet,
on ex-élève Baron, pour le faire rentrer dans sa troupe
avec une part.

Le 31 juillet, le couple Beauval quittait Mâcon pour
entrer également au Palais-Royal, par ordre du roi,
avec une part pour Melle Beauval, et une demie pour
on mari, à charge cependant de payer tous deux
500 livres sur la pension Béjart, et 3 livres chaque
our de représentation à Chasteauneuf, gagiste. Nous
aurons l'occasion de reparler du couple Beauval.

La campagne 1670-71 recommençait donc sur le
pied de 12 parts 1/2, et d'un pensionnaire. La part de
sociétaire pour l'année 1669-70 avait été de livres
5034, 11 sols.

(1) Louis Béjart mourut le 13 octobre 1678, à 48 ans, — et non 45 —
ue de Guénégaud, paroisse St-Sulpice, qualifié officier du Régiment La
erté. Titre honorifique, ou dissimulant un simple emploi dans un bureau
e la guerre ?

# CHAPITRE XXV

## LE BOURGEOIS GENTILHOMME

Comédie-ballet en prose, en cinq actes.
Château de Chambord :  14 Octobre 1670.
Théâtre du Palais-Royal : 23 Novembre 1670

*La Troupe du Palais-Royal à Chambord. — Collaboration du Chevalier d'Arvieux pour la Cérémonie turque. — Débuts du couple Beauval. — Le Bourgeois Gentilhomme cause d'abord une désillusion. — Succès aux représentations suivantes. — Costume de M. Jourdain. — Le laquais de Molière.*

Le Théâtre du Palais Royal avait clôturé ses représentations le 30 Septembre 1670, avec une représentation de *Pourceaugnac*. Puis, le 3 Octobre, la troupe était partie par ordre du roi pour Chambord. Le 9 arrivée au Château de Leurs Majestés, de Monsieur, de Madame et de Mademoiselle. Réception, harangues et chasses. La première représentation du *Bourgeois gentilhomme*, la nouvelle pièce de Molière, fut donc fixée au 14.

Il est d'usage d'admettre que c'est sur l'ordre du roi que Molière composa son *Bourgeois gentilhomme*. Peut-être bien; toujours est-il que Molière savait être particulièrement agréable au roi en se moquant des bourgeois qui voulaient prendre des airs de gentils-hommes. Nous dirions aujourd'hui des « nouveaux riches ». De même pour la Cérémonie turque. Louis XIV la lui aurait commandée en souvenir de l'ambassade ottomane qui était venue en France au commencement de l'année, et dont les usages l'avaient quelque peu diverti.

Le Chevalier d'Arvieux qui avait voyagé en Orient et séjourné longtemps dans les échelles du Levant, se vante dans ses *Mémoires* publiés après sa mort en 1735, d'avoir aidé Molière à composer la Cérémonie turque du *Bourgeois Gentilhomme*. Voici ce qu'il raconte (1) :

« Le Roi, ayant voulu faire un voyage à Chambord pour y prendre le divertissement de la chasse, voulut donner à sa Cour celui d'un ballet ; et comme l'idée des Turcs qu'on venoit de voir à Paris étoit récente, il crut qu'il seroit bon de les faire paroître sur la scène. Sa Majesté m'ordonna de me joindre à Messieurs Molière et de Lulli, pour composer une pièce de théâtre, où l'on pût faire entrer quelque chose des habillemens et des manières des Turcs. Je me rendis, pour cet effet, au village d'Auteuil, où M. de Molière avoit une maison fort jolie. Ce fut là que nous travaillâmes à cette pièce de théâtre, que l'on voit dans les œuvres de Molière sous le titre de *Bourgeois gentilhomme*, qui se fit Turc pour épouser la fille du Grand-Seigneur. Je fus chargé de tout ce qui regardoit les habillemens et les manières des Turcs. La pièce achevée, on la présenta au roi qui l'agréa, et je demeurai huit jours chez Baraillon, maître tailleur, pour faire les habits et les turbans à la turque. Tout fut transporté à Chambord, et la pièce fut représentée, dans le mois de septembre (*sic*) (2) avec un succès qui satisfit le Roi et toute la Cour. Sa Majesté eut la bonté de dire qu'elle voyoit bien que le chevalier d'Arvieux s'en étoit mêlé ; à quoi M. le duc d'Aumont et M. Dacquin répondirent : « Sire, nous pouvons assurer Votre Majesté qu'il y a pris une très grande joie et qu'il cherchera toutes les occasions de faire quelque chose qui lui puisse être agréable. « Le Roi leur répliqua qu'il en étoit persuadé et qu'il ne m'avoit jamais rien commandé que je n'eusse fait à sa

(1) Cité par Paul Lacroix dans son *Iconographie Moliéresque* p. 245.
(2) Erreur de mémoire. C'est le 14 octobre qu'il fallait dire.

satisfaction ; qu'il auroit soin de moi, et qu'il s'en souviendroit dans les occasions ».

Le chevalier ajoute même plus loin que l'on eut un moment l'idée de faire entrer ces scènes turques dans le ballet de *Psyché* que l'on préparait pour le carnaval suivant, mais qu'après réflexion l'on jugea que les deux sujets ne pouvaient aller ensemble.

Molière, selon son habitude, avait soigné tout particulièrement la distribution de sa pièce. Il s'est taillé pour sa part le rôle de M. Jourdain, et comme les femmes ne jouent pas encore à cette époque, sur la scène, les rôles de vieilles ridicules, il a chargé Hubert de celui de Madame Jourdain. Hubert, second comique de la troupe s'est fait une spécialité dans ce genre. Il a déjà été M<sup>me</sup> Pernelle de *Tartuffe*, M<sup>me</sup> de *Sottenville de George Dandin*, Lucette de *Pourceaugnac*. Cléonte c'est Lagrange ; Dorante, La Thorillière ; le maître d'armes est échu à de Brie qui passa toujours pour un bretteur, et le maître de Philosophie est représenté par du Croisy à qui l'on confia toujours les rôles de poètes et de pédants. La distribution féminine comprend M<sup>elle</sup> Molière (Lucile), M<sup>elle</sup> de Brie (Dorimène) et la nouvelle sociétaire M<sup>elle</sup> Beauval (Nicole).

Le couple Beauval, venu de Bourgogne, avait été signalé, croit-on, à Molière, par Baron qui en arrivait aussi (1). L'histoire de M<sup>elle</sup> Beauval (Jeanne Olivier Bourguignon) tenait du roman. Exposée tout enfant à la porte d'une église de Hollande, elle avait été recueillie par une blanchisseuse qui l'avait cédée à Filandre, directeur d'une troupe ambulante, celle-là même qui s'intitule plus tard : Troupe de M. le Prince de Condé, et que M. Chardon croit être celle décrite par Scarron dans le *Roman comique*.

<hr>

(1) Le fait est d'autant certain que le 31 août Molière cautionna Baron vis-à-vis de Monchaingre et de sa femme, au sujet d'une vente de costumes. Baron faisait donc partie de la même troupe que les Beauval. Nous avons reproduit textuellement à l'article *Beauval* de notre *Dictionnaire des comédiens français*, t. I, p. 115, l'ordre du roi en date du 31 juillet 1670, retrouvé par Jal.

Quoiqu'il en soit, la petite Bourguignon — quand et
où prit-elle ce nom ? on l'ignore — parcourut avec
Filandre la Hollande, la Flandre et vint à Lyon.
L'enfant avait grandi. Entre temps son directeur avait
pris le nom de Monchinge ou Monchaingre dit Paphetin.
Elle ne changea donc point de troupe, comme on le crut,
et c'est ainsi qu'elle épousa Beauval, simple moucheur
de chandelles, lequel, grâce à sa femme, devint un
comédien excellent dans les rôles de timides et de niais.

M<sup>elle</sup> Beauval n'était pas belle, mais elle était grande
et bien faite, et, ce qui la singularisait, c'était un rire
presque continuel dont Molière allait aussitôt tirer
parti. On se souvient de l'entrée de Nicole dans le
*Bourgeois gentilhomme*.

M. JOURDAIN. — Nicole !

NICOLE. — Plaît-il ?

M. JOURDAIN. — Écoutez.

NICOLE. — Hi ! Hi ! Hi ! Hi ! Hi !

M. JOURDAIN. — Qu'as-tu à rire ?

NICOLE. — Hi ! Hi ! Hi ! Hi ! Hi !

M. JOURDAIN. — Que veut dire cette coquine là ?

NICOLE. — Hi ! Hi ! Hi ! Comme vous voilà bâti !
Hi ! Hi ! Hi !

M<sup>elle</sup> Beauval ne plut pas au roi tout d'abord. Mais
ce qu'on oublie de dire c'est que cette actrice était alors
enceinte de huit mois, puisqu'elle accoucha d'une fille
le 15 novembre suivant (1). Première impression revisée
bientôt par ces paroles royales adressées à Molière
au sortir d'une représentation : « Je reçois votre
actrice ».

Malgré toutes les précautions prises pour intercaler

(1) A propos des *vingt-huit* enfants que l'on a prêtés au ménage Beauval,
Jal a démontré qu'il fallait considérablement en rabattre, comme si dix
enfants ne suffisaient pas en 19 années. L'aînée, Louise, qui sera la petite
Louison du *Malade imaginaire*, était née à Lyon. Le second enfant, François, mourut à Paris, rue du Chantre, au Louis d'or, le 30 octobre 1670,
16 jours après cette représentation, âgé de 3 ans et demi. Puis vinrent
Philippe et Jeanne, Catherine, cette dernière née le 15 novembre 1670 et
tenue sur les fonts baptismaux par Molière et M<sup>lle</sup> de Brie.

dans les entr'actes de la comédie de somptueux ballets
avec musique de Lulli, il est certain que la première
représentation du *Bourgeois gentilhomme* à Chambord
fut une désillusion pour la Cour et pour Molière. Après
les *Amans magnifiques* qui avaient flatté le goût du
jour, on fut déçu de ne voir, au lieu de princes et de
princesses richement vêtus, que de simples bourgeois.
On ne comprit pas l'étude des caractères. On ne voulut
—peut-être à cause de la Cérémonie turque,—voir dans
cet ouvrage qu'une grosse farce, et, s'il faut en croire
Grimarest, le roi n'adressa pas la parole à l'auteur
le premier soir, tandis que les courtisans prenaient
plaisir à mettre la pièce en morceaux. Ce ne fut donc
qu'à la seconde que Louis XIV se prononça, entraînant
à sa suite l'opinion de la Cour qui ne devait jamais
n'avoir que celle du roi.

Robinet écrivit le 18 Octobre :

> Les deux Majestés à Chambord,
> Ont reçu tout de plein abord,
> Harangues, mauvaises ou bonnes,
> Des plus Magistrales personnes...
>
> . . . . . . . . . . . . . . . .
> Mardi (1) Ballet et Comédie,
> Avec très bonne mélodie,
> Aux autres ébats succéda,
> Où tout, dit-on, du mieux alla,
> Par les soins des deux grands Baptistes (2),
> Originaux, et non copistes,
> Comme on sait, dans leur noble emploi,
> Pour divertir notre grand Roi.

Quant aux frais du Ballet, ils avaient été, comme
pour tous les spectacles à la Cour, considérables. Jules
Claretie, dans sa Chronique du *Temps* le 31 août 1880,
en publia les détails sous le titre de : *Ce que coûtait
une représentation de gala sous Louis XIV* (3). Ces

(1) Le *Bourgeois gentilhomme* (Note de Robinet).
(2) Lulli et Molière s'appelaient tous deux Jean-Baptiste.
(3) Cette curieuse pièce avait été copiée en 1864 aux Archives nationales.
(Maison du roi, Menus, Pièces justificatives des années 1619 à 1700, O, 14,
083), par M. Eud. Soulié, et communiquée par son gendre, Victorien Sardou.

dépenses sont à rapprocher de celles que nous avons mentionnées en parlant des *Amans magnifiques.*

Les noms des artistes qui chantèrent et dansèrent dans le *Bourgeois gentilhomme,* à Chambord, et à St-Germain-en-Laye, se trouvent au complet dans l'Histoire du Th. Français par les Frères Parfait, T. XI, p. 63 et suivantes.

Le *Bourgeois gentilhomme* fut représenté à nouveau à Chambord les 16, 20, 21 Octobre et la troupe revint à Paris le 28. Chaque sociétaire reçut pour nourritures et gratification 600 livres 10 sols. Autre départ à St-Germain par ordre du roi le 8 Novembre. Trois autres représentations du *Bourgeois* les 9, 11 et 13, retour le 16. Chacun avait reçu pour les « nourritures » 6 livres par jour, soit 54 livres.

Ce fut le dimanche 23 Novembre que le *Bourgeois gentilhomme* fut représenté pour la première fois en public sur le théâtre du Palais-Royal avec 1397 livres de recette. La citation suivante va nous apprendre que la pièce y fut donnée avec tous ses « ornemens » comme on disait alors, c'est-à-dire avec les ballets et les chants. Voici, en effet, en quels termes Robinet annonce la seconde représentation pour le mardi 25, dans sa lettre rimée du 22 :

> . . . . . . sur le théâtre de Molière,
> . . . . . . . . . . . . . . . .
> *Mardi l'on y donne au public*
> *De bout en bout et ric à ric,*
> Son charmant *Bourgeois gentilhomme,*
> C'est-à-dire, presque tout comme,
> A Chambord, et dans Saint-Germain,
> L'a vu notre grand Souverain :
> Et même avec des Entrées
> Du Ballet, des mieux préparées,
> D'harmonieux et grands concerts,
> Et tous les ornemens divers. . . . .

Le *Bourgeois gentilhomme* eut à Paris, 24 représentations consécutives.

Il nous reste à dire quels furent les costumes de Molière dans le rôle de M. Jourdain, tels que les décrit l'inventaire dressé chez lui après décès (1).

« Une manne dans laquelle il y a un habit pour la représentation du *Bourgeois gentilhomme* consistant en une robe de chambre rayée, doublée de taffetas aurore et vert, un haut de chausses de panne rouge, une camisole de panne bleue, un bonnet et une coiffe, des chaussures et une écharpe de toile peinte à l'indienne, une veste à la turque et un turban, un sabre, des chausses de brocart aussi garnies de rubans verts et aurore, et deux points de Sedan ; le pourpoint de taffetas garni de dentelle d'argent faux ; le ceinturon, des bas de soie verts et des gants, avec un chapeau garni de plumes aurore et vert ; prisé ensemble soixante dix livres ».

Nous ne quitterons pas Chambord, sans signaler une particularité, mise au point par G. Monval dans son livre « Le Laquais de Molière ». On sait que les comédiens avaient l'habitude de faire figurer leurs laquais dans les comédies. Celui de Molière qui l'accompagnait à Chambord (Histoire du bas mis à l'envers racontée par Grimarest), était un nommé Provençal qui parut, vraisemblablement dans le *Bourgeois gentilhomme*. Or, ce Provençal s'appelait de son vrai nom François Du Mouriez Du Périer. Devenu comédien de province sous le nom de Du Périer, il eut une vie très remplie, esquissée par nous dans notre *Dictionnaire des Comédiens français* T. I, p. 618 C. 1. - Du Périer aurait eu 24 garçons et 8 filles. G. Monval a retrouvé les traces de 15 de ces enfants.

Quoiqu'il en soit, il finit ses jours comme fabricant patenté de toutes les pompes à incendie du royaume, et fut le grand-père du général Dumouriez.

(1) Inventaire de Molière, E. Soulié, p. 275.

# CHAPITRE XXVI

## PSYCHÉ

Tragédie-Comédie-Ballet en vers, en 5 actes.
Grande Salle des Machines aux Tuileries : 17 janvier 1671.
Théâtre du Palais-Royal : 24 juillet 1671.

*Histoire de la collaboration de Psyché. — La salle des machines
aux Tuileries. — Description de la salle. — Mise en scène de
Psyché. — Réparations de la salle du Palais-Royal. — Psyché
au Palais-Royal. — Frais ordinaires de cet ouvrage.*

Molière a pris soin de nous éclairer sur la façon dont
fut composé cet ouvrage sous forme d'un « Avis du
Libraire au lecteur » :

« Cet ouvrage n'est pas tout d'une main : Quinault
en fit les paroles qui s'y chantent en musique, à la
réserve de la plainte italienne M. de Molière a dressé
le plan de la pièce et réglé la disposition, où il s'est le
plus attaché aux beautés et à la pompe du spectacle
qu'à l'exacte régularité. Quant à la versification, il n'a
pas eu le loisir de la faire entière. Le carnaval approchait
et les ordres pressants du Roi qui se voulait donner
ce magnifique divertissement plusieurs fois avant le
carême, l'ont mis dans la nécessité de souffrir un peu
de secours. Ainsi il n'y a que le prologue, le premier
acte, la première scène du second, et la première scène
du troisième, dont les vers soient de lui. M. Corneille
a employé une quinzaine au reste ; et par ce moyen,
Sa Majesté s'est trouvée servie dans le temps qu'elle
l'avait ordonné ».

Point besoin de faire remarquer, comme l'observe
fort judicieusement M. Ed. Thierry dans une étude

sur *Psyché* (1) ce que trahit l'expression « l'ont mis dans la nécessité de souffrir un peu de secours » ni... ce peu de secours amoindri de Corneille, réduit à une étroite quinzaine, sans un mot qui le remercie.

Il s'agissait en outre d'utiliser le théâtre construit aux Tuileries dans la grande salle, appelée désormais la « Salle des Machines ». On verra par ce qui suit que le roi avait dû recommander aux auteurs de *Psyché* de faire valoir dans leur ouvrage tous les « trucs » comme on dirait aujourd'hui, inventés par Vigarani. Il faut éblouir la Cour par des décorations féériques. La *Gazette* du 24 Janvier nous a laissé fort heureusement un aperçu de cette représentation extraordinaire (2).

« Le 17 de ce mois, Leurs Majestés, avec lesquelles estoyent Monseigneur le Dauphin, Monsieur, Mademoiselle, Mademoiselle d'Orléans, et tous les Seigneurs et Dames de la Cour, prirent pour la première fois, dans la salle des Machines, au Palais des Thuilleries, le divertissement d'un grand Ballet, dansé dans les entr'actes d'une tragi-comédie de *Psiché*, représentée par la Troupe du Roy, avec tout l'éclat et toute la pompe imaginable ».

On voit par ce qui précède que le Ballet semble tenir la principale place en l'affaire.

Quelques mots d'abord de la distribution de la pièce, en ce qui concerne les artistes de la Troupe de Molière :

| | |
|---|---|
| Jupiter | Du Croisy. |
| L'Amour | Baron. |
| Zéphyre | Molière. |
| Le Roi | La Thorillière. |
| Cléomène | Hubert. |
| Agénor | Lagrange. |
| Lycas | Chateauneuf. |
| Le Dieu d'un Fleuve | De Brie. |
| Deux petits Amours | La Thorillière fils. |
| | Barillonnet. |

(1) *Le Moliériste*, t. IX, p. 1 et 33.
(2) Citée pour la première fois par Paul Lacroix dans son *Iconographie Moliéresque*, p. 247-248.

| Vénus | M^elle De Brie. |
| Cégiale | La Petite La Thorillière. |
| Phaëne | La Petite Du Croisy. |
| Psyché | M^elle Molière. |
| Aglaure | Marotte. |
| Cidippe | M^elle Beauval. |

On remarquera que Madeleine Béjart no fait plus partie d'aucune distribution depuis celle des *Amans magnifiques*, et quo M^elle Beauval récemment engagée la remplace dans l'emploi des servantes. Malade peut-être, ou fatiguée ? Elle devait mourir un an plus tard, en février 1672.

La liste complète de tous les danseurs et chanteurs qui participèrent à cette représentation se trouve dans l'*Histoire du Théâtre français* par les Frères Parfait T. IX, p. 128 et suivantes.

Quelle était donc cette Salle des Machines où nous allons conduire le lecteur pour y assister à la «première» de *Psyché* ? Construite sur les ordres du roi, dans le Palais même des Tuileries dont on n'avait pas changé l'extérieur, elle était partagée nécessairement en deux parties : la scène proprement dite, adossée aux Ecuries, c'est-à-dire à la rue de Rivoli actuelle, et la Salle adossée aux appartements royaux. En d'autres termes l'acteur en scène avait le jardin à sa droite, et la cour (du Carrousel) à sa gauche, d'où les dénominations qui pré-valurent plus tard et qui ont été conservées au théâtre, le « Côté Cour » et le Côté Jardin ».

Voici du reste la description de cette Salle telle qu'elle figure en tête du Programme in-4° du Ballet de *Psyché* :

« Le lieu destiné pour la représentation, et pour les spectateurs de cet assemblage de tant de magnifiques divertissements est une Salle faite exprès pour les plus grandes fêtes, et qui seule peut passer pour un très superbe spectacle. Sa longueur est de 40 toises (1) ;

(1) 79 mètres 20.

elle est partagée en deux parties, l'une est pour le Théâtre, et l'autre pour l'assemblée. Cette dernière partie est celle qu'on voit la première ; elle a des beautés qui amusent agréablement les regards, jusques au moment où la Scène doit s'ouvrir. La Face du Théâtre, ainsi que les deux retours, est un grand ordre Corinthien, qui comprend toute la hauteur de l'édifice. On entre dans le Parterre par deux portes différentes, à droite et à gauche. Ces Entrées ont des deux côtés des Colonnes sur des piédestaux, et des Pilastres carrés élevés à la hauteur du théâtre : on monte ensuite sur un haut dais, réservé pour les places des personnes royales et de ce qu'il y a de plus considérable à la Cour. Cet espace est borné d'une balustrade par devant et de degrés en amphithéâtre tout alentour ; des colonnes posées sur le haut de ces degrés soutiennent des galeries sur lesquelles, entre les colonnes, on a placé des balcons qui sont ornés, ainsi que le plafond, et tout ce qui paraît dans la Salle, de tout ce que l'Architecture, la Sculpture, la Peinture et la Dorure ont de plus beau, de plus riche et de plus éclatant » (1).

(1) Cette salle construite par Vigarani, inaugurée le 7 février 1662 par *Ercole Amante*, opéra de Cavalli, et un ballet, fut abandonnée après les représentations de *Psyché*, jusqu'en 1716. Elle fut alors réparée et servit à des ballets. Complètement transformée par les architectes Soufflot et Gabriel qui n'en utilisèrent que la moitié, elle abrita l'Opéra, après l'incendie de la Salle du Palais-Royal survenu le 6 avril 1763, la Comédie française 1770-1782, le Théâtre de Monsieur 1789. Sur son emplacement le Premier Consul fit construire : une chapelle, une salle pour le Conseil d'État, une nouvelle salle de spectacle (plus petite). Ambulance en août 1870, cette dernière salle disparut dans l'incendie du château, dans la nuit du 25 mai 1871. On trouve encore dans l'ouvrage intitulé *Idée des Spectacles anciens et nouveaux*, par l'Abbé de Pure, une description de la première sale, rédigée d'après les renseignements que lui avait fournis Charles Vigarani, fils de Gaspard.

Nous en retiendrons les dimensions en les traduisant en mesures actuelles :

| | | |
|---|---|---|
| Longueur de l'édifice enclavé dans le château, | mètres | 79,20 |
| Profondeur de la scène | — | 43,56 |
| Il y a lieu de croire que dans cette profondeur, étaient comprises les loges des acteurs dont on ne parle pas. | | |
| Ouverture de la scène | — | 10,56 |
| Hauteur des châssis pour plantation des décors | — | 7,92 |

Nous allons voir à présent, d'après la *Gazette* déjà citée le parti que les auteurs avaient su tirer des nouvelles machines mises à leur disposition.

La pièce commence par un récit de Flore, en des lieux champêtres et délicieux, accompagnée du dieu des Jardins et de celui des Eaux, chacun assisté d'une grosse troupe de divinités. Vénus est conviée à venir jouir avec eux des Plaisirs que produit la Paix, œuvre du plus grand des monarques, et, en même temps cette Déesse descend du ciel dans une vaste machine, avec son fils et six petits Amours, tandis que les Grâces la suivent dans deux autres machines.

Changement à vue. Une longue allée de cyprès, ornée de tombeaux des anciens rois de la famille de Psyché, avec un bel arc de triomphe et un éloignement à perte de vue.

Pour faire un contraste à tant de merveilles, voici une solitude remplie de rochers. Première entrée d'hommes et de femmes affligés de la disgrâce de Psyché, laquelle est enlevée au second acte par un Zéphyr sur un amas de nuages.

« Une Cour succède, nous dit la *Gazette*, pour le second intermède avec un grand vestibule, à travers lequel on découvre un riche et brillant Palais que l'Amour a destiné à Psyché. Et des Cyclopes y font une entrée, travaillant avec empressement, d'achever des vases d'or qui leur sont apportés par des Fées, pour augmenter la magnificence de ce palais.

« Au troisième acte, deux Amours font un agréable

| | | |
|---|---|---|
| Hauteur au-dessus des châssis pour le mouvement des machines | — | 12,11 |
| Profondeur sous le plancher de la scène pour les changements à vue | — | 4,95 |
| Largeur de la salle entre les murs | — | 20,79 |
| Largeur entre les corridors | — | 16,17 |
| Largeur des corridors | — | 1,98 |
| Profondeur de la salle jusqu'à la scène | — | 30,69 |
| Hauteur du parterre au plafond | — | 16,17 |

Le Plafond en carton-pierre était remarquable par sa beauté et sa richesse.

dialogue en musique ; puis, un jardin paraît à l'instant avec tous les ornements imaginables, et un autre Palais non moins superbe que le premier, où se passe une partie du quatrième acte, pendant lequel une vaste campagne succède à ce délicieux jardin.

« La scène, pour le quatrième intermède, représente une mer de feu, au milieu de laquelle paraît le Palais de Pluton ; et des Furies avec des Lutins, y font une danse, en laquelle ils essayent d'épouvanter Psyché descendue aux Enfers. Le 5e acte s'exécute avec de nouvelles machines très pompeuses, en laquelle Vénus paraît sur son char, disputant avec son fils, qu'elle veut engager en la vengeance qu'elle désire prendre de Psyché, et Jupiter, dans une autre, qui vient les mettre d'accord, et commande à l'Amour d'enlever cette amante dans le ciel pour célébrer leurs noces. Alors le Théâtre se change, pour le dernier intermède, en un Palais de Jupiter, qui descend et laisse voir, dans l'éloignement ceux des autres principaux dieux ; et l'Amour, avec Psyché, ayant été emporté sur un nuage, une Troupe d'Amours vient, dans cinq machines, leur témoigner sa joie.

« En même temps Jupiter et Vénus se rangent auprès de ce beau couple, et les Divinités qui avaient été partagées dans le démêlé, s'étant réunies, paraissent au nombre de trois cents, aussi, sur des nuages, dont la scène est remplie, et par des concerts, des danses et plusieurs autres entrées, célèbrent les noces de l'Amour et terminent ce pompeux divertissement, qui fut continué le 18 en présence du Nonce du Pape, de l'Ambassadeur de Venise, et de quelques autres ministres, qui en admirèrent la magnificence et la galanterie, avouant, avec grand nombre d'autres étrangers, qu'il n'y a que la Cour de France et son incomparable Monarque, qui puissent produire de si charmants et si éclatants spectacles ».

Nous aimons à croire que lorsqu'il est question de

300 divinités en scène, une bonne partie devait être peinte sur les nuages.

Il est aisé de comprendre que Molière hésitait à transporter sur son théâtre du Palais-Royal une telle mise en scène. Il y songea cependant. Les représentations à la Cour, s'étaient terminées aux Tuileries avec le Carnaval. Molière décida de profiter de la fermeture annuelle de Pâques pour faire remettre à neuf sa salle de spectacle, et de donner ainsi, chez lui un écrin tout brillant à sa «première» en public. Nous laisserons la parole à Lagrange, qui, contrairement à son habitude, est loquace sur ce sujet.

### « PSYCHÉ

« Il est à remarquer que le Dimanche 15 mars de la présente année, écrit-il, avant que de fermer le Théâtre, la Troupe a résolu de faire rétablir les dedans de la salle qui avaient été faits à la hâte lors de l'établissement et à la légère, et que par délibération il a été conclu de refaire tout le Théâtre, particulièrement la charpente, et le rendre propre pour des machines : de raccommoder toutes les loges et amphithéâtre, bancs et balcons, tant pour ce qui regarde les ouvrages de menuiserie que de tapisseries et ornements et commodités, plus de faire un grand plafond qui règne par toute la salle, qui jusques au dit jour 15e Mars n'avait été couverte que d'une grande toile bleue suspendue avec des cordages. De plus, il a été résolu de faire peindre ledit plafond, loges, amphithéâtre et généralement tout ce qui concerne la décoration de ladite salle, où l'on a augmenté un troisième rang de loges qui n'y était point ci-devant, plus d'avoir dorénavant à toutes sortes de représentations, tant simples que de machines, un concert de douze violons ce qui n'a été exécuté qu'après la représentation de *Psyché*.

« Sur ladite délibération de la Troupe, on a commencé à travailler aux ouvrages de réparation et décoration de la salle le 18e Mars qui était un mercredi, et on a fini un mercredi 15 Avril de la présente année. La dépense générale s'est montée en bois de menuiserie, charpenterie, serrureries, peintures, toiles, clous, cordages, ustensiles, journées d'ouvriers, et généralement toutes choses nécessaires, à dix neuf cent quatre vingt neuf livres dix sols, ci.    .    .   .   1989 Livres 10 sols.

« Les Italiens sont entrés dans la moitié de la dépense et ont remboursé à la Troupe pour ladite moitié, neuf cent quatre vingt quatorze livres quinze sols, ci . . . . . . . . . . . . 994 livres 15 sols.

« Le dit jour Mercredi 15 Avril, après une délibération de la Compagnie de représenter *Psyché* qui avait été faite pour le Roi, l'hiver dernier, et représentée sur le grand Théâtre du Palais des Tuileries, on commença à faire travailler tant aux machines, décorations, musique, ballet, et généralement tous les ornements nécessaires pour ce grand spectacle.

« Jusques ici les musiciens et musiciennes n'avaient point voulu paraître en public ; ils chantaient à la Comédie dans des loges grillées et treillissées, mais on surmonta cet obstacle, et avec quelque légère dépense on trouva des personnes qui chantèrent sur le Théâtre à visage découvert, habillées comme les Comédiens, savoir :

Melle De Rieux
Mrs.   Forestier                Mrs. Ribon,
         Mosnier                      Poussin
         Champenois
Melle Turpin
         Grandpré, etc.

Tous les frais et dépenses pour la préparation de *Psyché* en charpenterie, menuiserie, bois, serrurerie, peintures, toiles, cordages, contrepoids, machines, ustensiles, bas de soie pour les danseurs et musiciens, vin des répétitions, plaques de fer blanc, ouvriers, fils de fer et laiton, et généralement toutes choses, se sont montées à la somme de quatre mille trois cent cinquante neuf livres, un sol, ci . . . 4359 Liv. 1 sol. »

Voici à présent, à titre de curiosité, le montant des frais ordinaires, pendant les cours de ces représentations de *Psyché*.

### FRAIS ORDINAIRES

| | | |
|---|---:|---|
| 12 danseurs à 5 l. 10 s. ci . . | 66 l. | Dans le cours de la pièce Mons. de Beauchamps a reçu de récompense pour avoir fait les ballets et conduit la musique, onze cents livres, ci 1100 l. non compris les 11 l. par jour que la Troupe lui a données, tant pr. battre la mesure à la musique que pr. entretenir les ballets. |
| 4 petits danseurs 3 l. ci . . | 12 l. | |
| 3 voix à 11 l., ci . . . . . . | 33 l. | |
| 4 voix à 5 l. 10 s. ci . . . . | 22 l. | |
| Symphonie, 4 écus . . . . . | 12 l. | |
| 12 violons . . . . . . . . . | 36 l. | |
| 2 petites grâces à 5 l. 10 s. ci. | 11 l. | |
| 6 assistants, amours, zéphirs. etc . | 9 l. | |
| Baigneur et garçon tailleur . . | 6 l. | |
| 2 sauteurs . . . . . . . . | 11 l. | |
| Machiniste et 2 menuisiers . . | 7 l. | |
| Ouvriers à 1 l.. . . . . . . . | 16 l. | |
| M^elle de L'Estang . . . . . | 11 l. | |
| M^r de Beauchamp. . . . . . | 11 l. | |
| Chandelle . . . . . . . . . | 30 l. | |
| Concierge à cause du feu. . . | 3 l. | |
| Soldats . . . . . . . . . . | 15 l. | |
| Frais ordinaires . . . . . . | 40 l. | |
| En tout | 351 l. | Trois cent cinquante une livres. |

Les répétitions pour *Psyché* avaient commencé au Palais-Royal le 7 juin. La première en public eut lieu le 24 juillet avec une recette de 1022 livres 10 sols, et eut 37 représentations consécutives jusqu'au 23 oct. en attendant la reprise du 15 janvier suivant.

# CHAPITRE XXVII

## LES FOURBERIES DE SCAPIN

Comédie en prose, en trois actes.
Théâtre du Palais-Royal : 24 mai 1671.

*Reproches adressés à Molière au sujet de cette pièce. — Nécessité de boucher un trou. — Distribution de la pièce. — Pourquoi l'on ne retrouve pas le costume de Scapin.*

Nous avons vu dans le précédent chapitre comment la Salle du Palais-Royal avait été restaurée en prévision de la représentation de *Psyché*, transportée de la Salle du château des Tuileries à la ville. La première pièce nouvelle donnée après la réouverture du 10 avril furent les *Fourberies de Scapin*, le dimanche 24 mai, avec le *Sicilien* (reprise).

Représentation sans grand éclat, dont la recette ne s'éleva qu'à 545 livres 10 sols, et dont Molière faisait peu de cas. Mais pourquoi certains commentateurs se sont-ils montrés si sévères pour cette pièce ? Boileau lui-même semble faire la moue en n'y reconnaissant plus l'auteur du *Misanthrope*. Mais Molière n'est pas que l'auteur du *Misanthrope* et de *Tartuffe*. Il a dans son bagage le *Médecin malgré lui* et le *Bourgeois gentilhomme*. Comme directeur, il a tout un genre de clientèle à contenter. Les *Fourberies*, qui feront rire, boucheront un trou en attendant que les machines de *Psyché* soient prêtes sur son théâtre, et il faudra encore passer deux mois d'été. Que lui importe donc que l'on dise qu'il a pris l'idée de sa pièce dans le *Phormion* de Térence, qu'il a emprunté la scène XI du deuxième acte au *Pédant joué* de Cyrano, et que la fameuse phrase « Que diable allait-il faire en cette

galère ? » n'estpas de lui ! A-t-il donc jamais pensé
à la postérité en opérant ce rapiéçage... pas plus qu'en
écrivant ses autres œuvres, sans doute ?

Prenons donc les *Fourberies* pour ce qu'elles sont...
pour une de ces pantalonnades auxquelles les Italiens
avaient habitué le public de ce même théâtre, et ne
soyons pas plus exigeants que les spectateurs de l'an
1671 pour qui la pièce avait été faite.

Molière a monté la pièce avec le soin qui présidait
à toutes ses distributions : il tient le rôle de Scapin,
comme il a tenu celui de Mascarille. Les deux pères sont
représentés par Hubert et du Croisy, les deux jeunes
gens par Lagrange et Baron, et, selon la tradition, c'est
ce bretteur de de Brie qui devait tenir le rôle de Sylvestre. Melle Beauval est facilement reconnaissable sous les
traits de la rieuse Zerbinette, et Melle Molière est toute
charmante sous les traits de Hyacinte.

On s'est étonné que le costume de Scapin n'ait pas
été retrouvé dans l'inventaire de Molière, après décès.
Le Bibliophile Jacob (Paul Lacroix) fait, à ce sujet une
remarque assez juste dans son *Iconographie Moliéresque*. Ce costume, insinue-t-il, ne se retrouve pas,
pas plus du reste que celui de Mascarille, parce que,
selon toutes probabilités, ces costumes typiques
devaient rester dans la garde-robe du théâtre.

# CHAPITRE XXVIII

## LA COMTESSE D'ESCARBAGNAS

Comédie en prose en 1 acte
Théâtre de la Cour à St-Germain-en-Laye : 2 Décembre 1671 et *Pastorale*.
Théâtre du Palais-Royal : 8 Juillet 1672 *sans Pastora'e*.

*La Comtesse d'Escarbagnas à St-Germain-en-Laye, intercalée dans des ballets. — Distribution de la pièce. — Programme du Ballet des Ballets. — Mort de Madeleine Béjart. — Une part de sociétaire en 1672.*

Le 21 Novembre 1671, avait eu lieu le mariage de Monsieur avec Élisabeth-Charlotte de Bavière, fille de l'Électeur Palatin. Le 27, la Troupe de Molière reçut l'ordre de partir pour St Germain-en-Laye où l'on attendait la nouvelle Duchesse d'Orléans, Princesse Palatine, qui y arriva, en effet, le 1er Décembre. La première représentation de la *Comtesse d'Escarbagnas*, comédie en un acte en prose, agrémentée d'une *Pastorale* dont il ne nous est resté que la liste des personnages eut lieu le lendemain. Le tout composait un divertissement intitulé le *Ballet des Ballets* (1).

Indépendamment du livret imprimé pour la Cour, et servant seulement de programme, la pièce en entier ne fut jamais imprimée du vivant de Molière, et figura pour la première fois dans l'édition collective de 1682.

Il s'agissait tout simplement de donner un divertissement à Madame, et, le roi, ayant fait choix des plus beaux endroits des ballets qui avaient été représentés devant lui depuis quelques années, avait ordonné à Molière de composer une comédie qui enchaînât tous ces différents morceaux de musique et de danse.

(1) Livret in-4° de R. Ballard, 1er décembre 1671

La pièce qui nous est parvenue ne peut donc donner qu'une faible idée de sept actes, précédés d'un prologue et suivis chacun d'un intermède.

### Acteurs de la Comédie.

| | |
|---|---|
| La Comtesse d'Escarbagnas | M<sup>elle</sup> Marotte. |
| Julie. | M<sup>elle</sup> Beauval. |
| Cléante. | Lagrange. |
| Le petit Comte, fils de la Comtesse. | Gaudon. |
| Bobinet | Beauval. |
| M. Tibaudier, Conseiller | Hubert. |
| Harpin, Receveur des tailles. | Du Croisy. |
| Andrée, suivante de la Comtesse | M<sup>elle</sup> Bonneau. |
| Criquet | Finet. |
| Jeannot | Boulonnois. |

On remarquera que pour des rôles secondaires, la Troupe, en cette circonstance, s'était adjoint des auxiliaires qui n'étaient nullement sociétaires.

### Acteurs de la Pastorale

| | |
|---|---|
| Une Nymphe | M<sup>elle</sup> De Brie. |
| La Bergère en homme | » Molière. |
| La Bergère en femme | » Molière. |
| Un Berger amant | Baron. |
| Premier pâtre | Molière. |
| Second pâtre | La Thorillière. |
| Un Turc | Molière. |

### Prologue

Le Prologue réunissait le premier Intermède des *Amans magnifiques* avec les chants et les danses du Prologue de *Psyché*. Vénus, descendue du Ciel, jetait les fondements de toute la Comédie et des divertissements qui vont suivre.

### Premier acte de la Comédie.

#### PREMIER INTERMÈDE

La Plainte qui fait le premier Intermède de *Psyché*.

*Second acte de la Comédie.*

SECOND INTERMÈDE.

Cérémonie magique de la *Pastorale comique*, représentée dans la troisième entrée du *Ballet des Muses.*

*Troisième acte de la Comédie.*

TROISIÈME INTERMÈDE.

Combat des suivants de l'Amour et des suivants de Bacchus, qui fait le quatrième Intermède de *George Dandin.*

*Quatrième acte de la Comédie.*

QUATRIÈME INTERMÈDE.

Entrée d'une Égyptienne, dansante et chantante, suivie de douze Égyptiens dansants, tirée de la *Pastorale comique*, représentée pour la troisième entrée du *Ballet des Muses.*

Entrée de Vulcain, des Cyclopes et des Fées, qui fait le second Intermède de *Psyché.*

*Cinquième acte de la Comédie.*

CINQUIÈME INTERMÈDE.

Cérémonie Turque du quatrième acte du *Bourgeois gentilhomme.*

*Sixième acte de la Comédie.*

SIXIÈME INTERMÈDE.

Entrée d'Italiens, tirée du *Ballet des Nations*, représenté à la suite du *Bourgeois gentilhomme.*

Entrée d'Espagnols, tirée du même *Ballet des Nations*

*Septième et dernier acte de la Comédie.*

SEPTIÈME ET DERNIER INTERMÈDE.

Entrée d'Apollon, de Bacchus, de Mome et de Mars qui fait le dernier Intermède de *Psyché.*

Il s'agissait, comme on le voit, de mettre sous les

yeux de la nouvelle princesse, toutes les scènes de ballets qui avaient remporté le plus de succès à la Cour, et ce sont encore les Ballets de Molière, ou composés pour des pièces de Molière, qui tiennent la plus grande place.

Sans doute ces intermèdes se rattachaient fort peu à l'action, ou même ne s'y rattachaient pas du tout, mais nous ne comprenons guère comment la *Comtesse d'Escarbagnas* qui ne nous est parvenue qu'en un acte,—même en y ajoutant la Pastorale que nous ne connaissons pas — pouvait remplir sept actes? Il est vrai que, dans une représentation semblable, les ballets tenant toute la place, peu importait le texte que l'on débitait entre deux intermèdes.

Le 7 Décembre la Troupe revint de Saint-Germain, chaque comédien ayant reçu « pour nourritures » 66 livres, puis repartit par ordre, pour Saint-Germain toujours, le 9 février suivant, pour n'en revenir que le 26. Lagrange nota sur son Registre, à cette dernière date : « Reçeu pour nourritures 135 livres, et gratifications 84 livres pour un habit, deux cent dix neuf livres. ESCARBAGNAS, balet, ci... 135 livres ». Cette dernière somme pour sa part.

C'est pendant ce second séjour à Saint-Germain pour la *Comtesse d'Escarbagnas*—le 17 Février—un an exactement avant Molière — que mourut Madeleine Béjart, dans sa maison vis-à-vis le Palais-Royal. Elle voulut être enterrée au cimetière St-Paul, sous les charniers, près des siens. Molière revenu sans doute en toute hâte de Saint-Germain, signa l'acte d'inhumation le 19, en compagnie de Béjart cadet. Ainsi disparaissait la conseillère des années de lutte et de vie nomade, laissant quelques biens à son frère Louis et à sa sœur Geneviève, et instituant sa légataire universelle Armande Béjart, femme de Molière, sa jeune sœur, selon les actes plus ou moins faussés, sa fille, selon l'opinion de tous les contemporains.

La clôture annuelle eut lieu cette année le 5 avril 1672. La part entière de sociétaire avait été de 4233 liv. Le Dimanche de Quasimodo, 24 avril, notre fidèle historien de la Troupe de Molière, Lagrange, se fiança. Le lendemain 25, il fut marié à St Germain-l'Auxerrois avec Marie Ragueneau de l'Estang, qui fut reçue dans la Compagnie à demie-part, à la charge de payer Chasteauneuf, gagiste, soit 3 livres par jour (jusqu'au 11 août, différend aplani).

Le même jour, c'était encore, à la même église, le mariage de Jean Baraillon, tailleur ordinaire des Ballets du Roi, avec Jeanne Françoise Brouart, sœur de M<sup>elle</sup> de Brie (sœur de mère). Elle était fille d'un des violons du roi.

Quant à la *Comtesse d'Escarbagnas*, mise en un acte, elle fut représentée pour la première fois en public le 8 juillet, en même temps qu'une reprise, du *Mariage forcé*. Cette dernière pièce seulement avait conservé ses « ornements ».

# CHAPITRE XXIX

## LES FEMMES SAVANTES

Comédie en vers, en 5 actes.
Théâtre du Palais-Royal : 11 Mars 1672.

*Les Femmes savantes, ouvrage préparé de longue main. — Froideur des spectateurs. — Causes de ce demi-échec. — Compte-rendu de de Visé. — Allusions transparentes. — Costume de Chrysale. — Clôture de la saison.*

On admet généralement que les *Femmes savantes* furent jouées devant la Cour, avant de paraître aux chandelles sur la scène du Théâtre du Palais-Royal, le vendredi 11 mars 1672, c'est-à-dire quatre mois avant la *Comtesse d'Escarbagnas* dont nous nous sommes occupé dès son apparition à St-Germain.

Un fait existe : c'est que l'ouvrage ne fut pas conçu au dernier moment. Aucune pièce peut-être, dans tout le répertoire moliéresque — sauf *Tartuffe* — ne fut plus pondérée. Un an auparavant, le 13 mars 1671, Molière en avait fait enregistrer le privilège. Quelques jours avant la première, le mercredi des Cendres, 2 mars, il en faisait la lecture chez M. de la Rochefoucauld.

L'annonce de la pièce nouvelle fait encaisser 1735 livres, et cependant il faut changer l'affiche après 20 représentations consécutives. Pourquoi ce demi-succès ? Cet ouvrage n'est-il pas un des meilleurs du Maître ?

M. G. Monval, à qui nous avons toujours recours lorsque nous nous trouvons embarrassé, semble nous en avoir donné les raisons (1).

(1) *Théâtre complet de J.-B. Poquelin de Molière*, Ed. Jouaust, annoté par G Monval, t. VIII.

Les *Femmes savantes*, nous dit-il en substance, sont pour ainsi dire la continuation des *Précieuses ridicules*. Mais depuis quinze ans, le vent a changé. De la littérature les précieuses sont passées à la science. C'est un nouveau travers à combattre. Nous pourrions ajouter que la première de ces pièces, en un acte seulement, n'avait pas de grandes prétentions. On n'y parlait qu'en prose, et l'on y voyait de véritables caricatures. Les *Femmes savantes* sont en 5 actes, en vers ; l'allure n'est plus la même. Revenons aux réflexions de Monval.

La froideur des spectateurs s'explique, ajoute-t-il, par le manque d'intrigue et d'intérêt, car les questions que l'on agite sont indifférentes à la plupart des spectateurs. Autant dire que la pièce n'a été écrite que pour une élite. Il fallait donc être dans le secret pour savoir que Trissotin, qui s'appelait tout d'abord *Tricotin*, masquait à peine le nom de Cotin, célèbre abbé alors en disgrâce auprès du roi. Dans le personnage de Vadius, on voulait voir le poète Ménage, en s'appuyant sur ce que la dispute entre Vadius et Trissotin n'était que la reproduction d'une scène qui avait en lieu chez Mademoiselle entre Ménage et Cotin.

On a beaucoup épilogué sur les personnalités de Vadius et de Trissotin (1), mais, nous le répétons, ce sont des détails qui ne pouvaient intéresser qu'un

---

(1) L'Abbé d'Olivet, *Histoire de l'Académie françoise*, t. II, p. 185. Selon ui, la scène s'est passée entre l'abbé Cotin et Ménage chez Mademoiselle. — *Mémoires pour servir à l'histoire des gens de lettres* par le Père Niceron, t. XXIV, p. 225 et 226. Pour lui, il s'agit de l'abbé Cotin, ennemi littéraire de Despréaux et de Molière. — *Menagiana*, t. III, p. 25, édit. 1729. Molière a ridiculisé Cotin. — *Boloeana* in-12, p. 34. C'est Despréaux qui indiqua à Molière la scène à faire. Elle s'était passée entre le frère du satirique, Gille Boileau, et l'abbé Cotin. Molière recherchait un mauvais ouvrage pour exercer sa critique, et Despréaux lui apporta le propre sonnet de l'abbé Cotin avec un madrigal du même auteur. Les deux pièces furent imprimées dans les œuvre galantes, t. II, p. 512, Paris 1665, etc. Les Frères-Parfait, dans leur *Histoire du Th. Français*, t. XI, p. 214 indiquent en note que pour Ménage-Vadius, il suffit de lire la scène où les ouvrages de ce savant sont désignés pour se convaincre qu'il n'y a pas d'erreur possible pour la personnalité désignée.

nombre restreint de spectateurs. Il n'était pas donné
à tout le monde de connaître les petites intrigues
qui se dénouaient ou se nouaient à l'Hôtel de Rambouillet, rendez-vous de tous les beaux esprits, et où
Molière, du reste, avait libre accès, jusqu'au jour
cependant, où ayant appris que Cotin et Ménage le
raillaient, il n'y remit plus les pieds. On voit comment
il prit sa revanche.

Les compte-rendus de la première des *Femmes
savantes* sont très rares. Le plus connu est celui de
de Visé ; mais il ne faut pas oublier que de Visé fut
toujours un adversaire de Molière. Ne nous attendons
pas à trouver ici beaucoup d'indulgence ; il est cependant bien forcé de reconnaître les mérites de l'ouvrage.

De Visé avait entrepris au commencement de l'année
1672 son ouvrage périodique « *Le Mercure galant* ».
Voici en quels termes il s'exprime dans sa lettre du
12 mars (2) :

« Jamais dans une seule année l'on ne vit tant de
belles pièces de théâtre, et le fameux Molière ne nous a
point trompés dans l'espérance qu'il nous avait donnée
*il y a tantôt quatre ans* de faire représenter au Palais-
Royal une pièce comique de sa façon qui fût tout à fait
achevée. On y est bien diverti, tantôt par ces précieuses
ou *Femmes savantes*, tantôt par les agréables railleries
d'une certaine Henriette, et puis par les ridicules
imaginations d'une visionnaire, qui se veut persuader
que tout le monde est amoureux d'elle. Je ne parle
point du caractère d'un père qui veut faire croire à un
chacun qu'il est le maître de sa maison, qui se fait fort
de tout quand il est seul, et qui cède tout dès que sa
femme paraît. Je ne dis rien aussi du personnage de
M. Trissotin, qui tout rempli de son savoir, et tout
gonflé de la gloire qu'il croit avoir méritée, paraît
si plein de confiance de lui-même, qu'il voit tout le
genre humain fort au-dessous de lui. Le ridicule enté-

(2) *Mercure galant*, t. I.

tement qu'une mère que la lecture a gâtée, fait voir pour ce M. Trissotin, n'est pas moins plaisant ; et cet entêtement, aussi fort que celui du père dans *Tartuffe*, durerait toujours, si, par un artifice ingénieux de la fausse nouvelle d'un procès perdu, et d'une banqueroute, (qui n'est pas d'une moins belle invention que l'exempt dans l'*Imposteur*), un frère, qui, quoique bien jeune, paraît l'homme du monde du meilleur sens, ne le venait faire cesser en faisant le dénouement de la pièce.

« Il y a, au troisième acte une querelle entre ce Monsieur Trissotin et un autre savant, qui divertit beaucoup ; et il y a au dernier un retour d'une certaine Martine, servante de cuisine, qui avait été chassée au premier, qui fait extrêmement rire l'assemblée par un nombre infini de jolies choses qu'elle dit en son patois, pour prouver que les hommes doivent avoir la préférence sur les femmes.

« Voilà confusément ce qu'il y a de plus considérable dans cette comédie qui attire tout Paris. Il y a partout mille traits d'esprit, beaucoup d'expressions heureuses, et beaucoup de manières de parler nouvelles et hardies, dont l'invention ne peut être assez louée, et qui ne peuvent être imitées. Bien des gens font des applications de cette comédie, et une querelle de l'auteur, il y a environ huit ans, avec un homme de lettres qu'on prétend être représenté par M. Trissotin, a donné lieu à ce qui s'en est publié ; mais M. Molière s'est suffisamment justifié de cela par une harangue qu'il fit au public deux jours avant la première représentation de sa pièce ».

Après ces coups d'encensoir, de Visé tente de réhabiliter l'abbé Cotin :

« Et puis ce prétendu original de cette agréable comédie ne doit pas s'en mettre en peine, s'il est aussi sage et aussi habile homme que l'on dit, et cela ne servira qu'à faire éclater davantage son mérite, en

faisant naître l'envie de le connaître, de lire ses écrits
et d'aller à ses sermons. Aristophane ne détruisit
pas la réputation de Socrate en le jouant dans une de
ses farces, et ce grand philosophe n'en fut pas moins
estimé de toute la Grèce ».

Le couplet se termine néanmoins par une invitation
au public d'aller voir la nouvelle comédie de Molière :

« Mais pour bien juger du mérite de la comédie dont
je parle, je conseillerais à tout le monde de la voir
et de s'y divertir, sans examiner autre chose, et sans
s'arrêter à la critique de la plupart des gens qui croient
qu'il est d'un bel esprit de trouver à redire ».

Nous avons cité le morceau en entier parce qu'il est
le compte-rendu le plus complet que nous connaissions
sur une pièce de Molière à son apparition, et que de
Visé, malgré tout esprit de boutique qui lui faisait
jalouser le grand Maître, a bien été forcé de reconnaître
les mérites de l'ouvrage. La dernière phrase est précieuse à retenir. Dans un certain monde, il n'était pas
de bon ton d'approuver ces critiques.

On ne s'étonnera pas de ne pas trouver un mot de
l'interprétation dans cet article. Ce n'était pas l'usage.
Nous savons pourtant que la distribution des rôles
en avait été faite avec un soin parfait. Le bonhomme
Chrysale, c'est Molière. Le rôle de Philaminte, femme
de Chrysale est encore tenu par un homme : Hubert.
On ne connaîtra que plus tard l'emploi de duègne confié
à des femmes. Baron et Lagrange jouent Ariste et
Clitandre. Quant aux deux poètes, Molière en a remis
la caricature à La Thorillière-Trissotin et du Croisy-
Vadius .Ce dernier comédien a toujours eu la spécialité
de peindre, sur le vif les cuistres et les pleutres.

Les deux sœurs sont personnifiées par les deux
plus jeunes actrices de la Compagnie : Armande
Melle de Brie, et Henriette Melle Molière. Geneviève
Béjart qui frise déjà la cinquantaine est chargée du
rôle un peu outrancier de Bélise, mais sous le nom de

M^elle Villaubrun (1). Quant à Martine, la tradition veut que ce rôle ait été tenu par une servante de Molière, laquelle portait peut-être véritablemen nom.

Le costume que portait Molière dans les *Femmes savantes* nous est connu par l'inventaire après décès :

« Un habit servant à la représentation des *Femmes savantes*, composé de juste-au-corps et haut de chausses de velours noir et ramage à fonds aurore, la veste de gaze violette et or, garnie de boutons, un cordon d'or, jarretières, aiguillettes et gants ; prisé vingt livres». Un portrait reconstitué d'après ces indications, a été dessiné par Geffroy pour l'édition des œuvres de Molière, Paris, Mellado, 1868.

La « première » des *Femmes savantes* avait été donnée le 11 mars avec 1735 livres de recette. La onzième clôtura la saison théâtrale le 5 avril, avec 593 livres. Les parts entières de l'année se montaient à 4233 livres. On rejoua encore huit fois les *Femmes savantes* à la réouverture après Pâques, avec de faibles entrées puis la pièce fut enfin retirée de l'affiche.

---

(1) Il a toujours été assez difficile d'établir la biographie de cette actrice, à cause de la variété de ses noms. Geneviève Béjart, sœur de Madeleine, Joseph et Louis, avait d'abord pris au théâtre le nom de sa mère, *Hervé*, afin d'éviter la répétition du même nom. Baptisée le 2 juillet 1624 à Saint-Paul, elle épousa le sieur Loménie de *Villaubrun*, nom sous lequel on la désigna. Devenue veuve vers 1671, elle se remaria avec un sieur J.-B. *Aubry* des Carrières, d'où le nom d'Aubry. (*Dictionnaire des Comédiens* par Henry Lyonnet, T. I, p. 129.)

# CHAPITRE XXX

## LE MALADE IMAGINAIRE

Comédie-Ballet en prose et en 3 actes
Théâtre du Palais-Royal : 10 Février 1673.

*Le* Malade imaginaire, *comédie-ballet.* — *Le chemin parcouru.* —
*L'approche du carnaval.* — *Montant des frais journaliers.* —
*Distribution de la pièce.* — *Mort de Molière.* — *Fondation*
*de la* Comédie française.

De toutes les comédies de Molière, le *Malade imagi-*
*naire* est celle dont les premières représentations atti-
rèrent le plus l'attention des moliéristes, sans dout·
parce que ce fut au sortir de la quatrième que le
Maître mourut.

Aujourd'hui, le *Malade imaginaire* nous apparaît
comme une comédie en trois actes. Quelquefois, dans
une circonstance exceptionnelle, un jour d'anniver-
saire (le 15 janvier) ou le Mardi gras, la Comédie française et l'Odéon font suivre cette représentation de la
*Cérémonie,* ce qui fournit le prétexte de faire défiler
devant le public tous les sociétaires et tous les pension-
naires, dans un costume moliéresque recouvert d'une
robe de médecin. « *Dignus, dignus est entrare, in nostro*
*docto corpore* » chante le chœur. Mais cet ouvrage, dans
sa nouveauté, fut donné en comédie-ballet, c'est-à-dire
agrémenté de chants et de danses. Cette représentation
suggère les réflexions suivantes à M. Maurice Pellis·
son (1) : « Quel chemin parcouru du *Mariage forcé,*
crayon léger et rapide, au *Malade imaginaire,* composition ample, et tout près d'être parfaite ! »

Avec quelle mesure, en effet, avec quel goût l'auteur
a su fondre cette fois les éléments divers dont il dispose

(1) *Les Comédies-Ballets de Molière,* p. 85, ouvr. déjà cité.

Comble d'habileté qui lui a permis, tout en subordonnant la musique et la danse à la poésie, de ne point les lui sacrifier, et de maintenir au contraire, entre la poésie, la danse et la musique, une étroite corrélation sans contrainte.

Molière, au seuil de la cinquantaine, est arrivé au *summum* de son génie. Jamais, dans le domaine comique il n'a donné une pièce qui soit mieux conçue ; il y a poussé jusqu'à ses dernières limites ses dons d'observation. Est-ce parce que, malade invétéré, il ne guérit pas, qu'il va chercher de mettre à nu l'inanité de la médecine — de son temps ? Peu nous importe. Bien que frappé à mort, il va rassembler tout ce qui lui reste de forces vitales pour mettre les rieurs de son côté. Le Carnaval approche. C'est l'époque des grosses recettes. Pour rester conforme à la tradition, il va frapper un grand coup — avant cette fermeture annuelle de Pâques, qu'hélas ! il ne verra pas cette année. Et cette fois, ce n'est pas pour la Cour, qui le bouscule et le presse, c'est pour son public qu'il a travaillé.

Lagrange nous laisse entendre avec quels soins on a monté la pièce : « Les frais de la dite pièce du *Malade imaginaire*, nous dit-il, ont été grands à cause du prologue et des intermèdes remplis de danses, musique et ustensiles (accessoires) et se sont montés à 2400 liv.

« Les frais journaliers ont été grands, à cause de 12 violons à 3 livres, douze danseurs à 5 livres 10 sols, trois symphonistes à 3 livres, sept musiciens ou musiciennes, dont il y en a deux à 11 livres, les autres à 5 livres 10 sols. Récompenses à Mrs Beauchamp pour les ballets, à Mr Charpentier pour la musique. Une part à Mr Baraillon pour les habits. Ainsi les dits frais se sont montés par jour à 250 livres.

« Lorsqu'on cessa les représentations à Pâques, la troupe devait encore plus de 1000 livres des dits frais extraordinaires (1) ».

(1) *Registre de Lagrange*, p. 142.

On aurait pu, il est vrai, mettre en regard les chiffres des recettes, qui furent pour les quatre premières avec Molière, de 1992, 1459, 1879 10 sols, 1219, et pour les neuf suivantes, à partir de la reprise du 3 mars, avec La Thorillière dans le rôle d'Argan, d'une moyenne de 1185 livres (1).

On s'accorde à fixer comme suit la distribution de la comédie du *Malade imaginaire* :

| | |
|---|---|
| Argan . . . . . . . . . . . . . | Molière. |
| Béralde . . . . . . . . . . . . | Du Croisy. |
| Cléante . . . . . . . . . . . . | Lagrange. |
| M. Diafoirus . . . . . . . . . . | De Brie. |
| Thomas Diaforius . . . . . . . . | Beauval. |
| M. Purgon . . . . . . . . . . . | |
| Fleurant . . . . . . . . . . . . | La Thorillière |
| Béline . . . . . . . . . . . . . | Melle Lagrange. |
| Angélique. . . . . . . . . . . . | Melle Molière. |
| Toinette . . . . . . . . . . . . | Melle Beauval. |
| Louison . . . . . . . . . . . . | La petite Beauval. |

Quant au costume d'Argan, on ne le trouve pas dans l'inventaire dressé chez Molière après décès. Il y a tout lieu de croire qu'il était resté au théâtre, et qu'il servit à son successeur dans ce rôle.

(1) Lagrange écrit dans son *Registre* : « Vendredy 3ᵐᵉ mars on recommença le *Malade imaginaire*. M. de la Thorillière joua le roosle de M. de Molière. » D'autre part les Frères Parfait, qui écrivaient leur *Histoire du Théâtre françois* cinquante ans plus tard, ont déclaré p. 285, t. XI : « Rosimond, le meilleur acteur comique de la Troupe du Marais, s'engagea dans celle du Palais-royal pour remplir les rôles de Molière ; pour cet effet, il se prépara à celui du Malade imaginaire, qu'il fut en état de jouer le vendredy 3 mars, et qu'il continua jusqu'à la clôture ordinaire du Théâtre qui se fit le 21 du même mois. »

A en croire Lagrange, Rosimond ne fut attaché à la troupe qu'après la réouverture de Pâques, le 3 mai. Il n'en est moins vrai que M. Paul Lacroix et bien d'autres ont adopté la version des frères Parfait. Peut-être ne connaissaient-ils pas la note de Lagrange ? Que Rosimond ait repris le rôle, ceci est incontestable, mais pourquoi avant la réouverture de Pâques, et avant d'être attaché à la troupe ? Disons en passant que ce Rosimond (1640-1686) fut un comédien lettré, auteur de pièces représentées, et le plus grand collectionneur de pièces de théâtre de son siècle. Comme Molière, il mourut presque subitement, et de ce fait, son inhumation nocturne dans le cimetière des morts-nés de Saint-Sulpice ressembla par plus d'un point à celle de son prédécesseur.

La mort de Molière entraîna fatalement le démembrement de la troupe qu'il avait mis tant de peine à former. La Thorillière, Baron, Beauval et sa femme passèrent à l'Hôtel de Bourgogne. Mais cet événement fut suivi d'un autre encore plus fâcheux. Lulli, qui avait le privilège de l'Opéra, obtint du roi l'autorisation de faire représenter ses ouvrages de musique dans la salle du Palais-Royal.

En d'autres termes, la veuve de Molière, entourée des comédiens qui lui étaient restés fidèles, se trouvait sans théâtre... jusqu'au jour où, le roi ayant déclaré qu'il ne voulait à Paris que deux troupes de comédiens français, dont l'une à l'Hôtel de Bourgogne, la troupe de Molière fusionna avec celle du Marais sous le nom de troupe Guénégaud, du nom de la nouvelle salle dont l'ouverture eut lieu le 9 juillet 1673, avec *Tartuffe*. Mais il fallait attendre l'année 1680 pour assister à la réunion de toutes les troupes, d'où la date de « fondation » de la COMÉDIE FRANÇAISE.

# TABLE DES MATIÈRES